全国职业教育规划教材·文秘系列

档案工作实务

（第二版）

主　编　向　阳　吴广平
参　编　张玉芳　吴　蔚　黄　河
　　　　杨海燕　骆伟娟
主　审　许文生

内 容 简 介

本书是针对各企事业单位档案工作实际而编写的一本工学结合教材，由档案专业主管机关的专家会同长期从事档案专业教育的高校教师一起编写而成，全面介绍了档案工作的基础知识、工作流程以及各种不同档案的管理方法和技能。 本书深入浅出、内容翔实、体例新颖、叙述生动，并以操作技能的训练为主，理论介绍为辅，每章由相关案例导入，增加了该书的实用性和可读性。

本书既可以作为高职高专学生档案管理课程教材，也可以作为在职档案工作人员的培训教材。

图书在版编目(CIP)数据

档案工作实务 / 向阳，吴广平主编.—2 版.—北京：北京大学出版社，2013.1

（全国职业教育规划教材·文秘系列）

ISBN 978-7-301-21731-3

Ⅰ.①档… Ⅱ.①向… ②吴… Ⅲ.①档案工作－高等职业教育－教材 Ⅳ.①G27

中国版本图书馆 CIP 数据核字（2012）第 294694 号

书　　名　档案工作实务（第二版）
著作责任者　向　阳　吴广平　主编
策划编辑　傅　莉
责任编辑　傅　莉
标准书号　ISBN 978-7-301-21731-3
出版发行　北京大学出版社
地　　址　北京市海淀区成府路 205 号　100871
网　　址　http://www.pup.cn　新浪微博：@北京大学出版社
电子信箱　zyjy@pup.cn
电　　话　邮购部 62752015　发行部 62750672　编辑部 62754934
印 刷 者　北京圣夫亚美印刷有限公司
经 销 者　新华书店
787 毫米×1092 毫米　16 开本　16.5 印张　381 千字
2008 年 1 月第 1 版
2013 年 1 月第 2 版　2022 年 3 月第 9 次印刷
定　　价　36.00 元

再 版 序

本书从2008年出版至今已近四年时间，随着这四年中我国档案工作的改革逐步深入，国家相关政策和规定的再次调整，各地档案资源数字化、网络化的进程日渐加快，档案信息服务的形式和手段也不断丰富，与之相对应，书中的一些内容也需要进行更新和调整。同时，经过四年多的教学和实训，我们根据学生学习技能和接受知识的实际情况，对书中的内容进行了进一步的总结和提炼。基于以上两方面的原因，本书的调整和更新已势在必行。

本次再版，我们按照国家高职教育的最新理念，通过对企业档案工作岗位能力的归纳和总结，采用高职教育中任务驱动教学法和"教、学、做"一体化的设计思路，对全书的体例进行了全面调整，将原来的章、节改为八个典型工作模块，每个模块内再划分为若干个工作任务。这一改变绝不仅仅只是名称上的变化，更重要的是突出了能力本位的思想，把原有教学内容分解为一个个相对独立的项目，并通过对具体任务的完成，培养学生的职业意识，训练学生的职业能力。在每个任务后面，我们还根据基层档案工作的实际，设计不同的实训环节，让学生能够在做中学，在学中做。通过全书多个实训练习，让学生在动手动脑过程中完成知识到能力的转化，真正实现"教、学、做"一体化目标。

从目前我国基层档案工作的开展来看，存在一个两难的状况：一方面基层档案工作人才普遍缺乏，特别是受过专门档案工作技能训练的人才奇缺；另一方面企业的发展与规范管理又急需专业档案工作人员来挑起重担。所以，我们希望通过这本经过更新的教材，能够帮助文秘、行政、经管等文科类专业的学生提高档案意识，强化档案工作知识，实实在在地训练出一批具有一定的企业档案管理技能的人才，弥补中小型企业档案工作人员不足的现状。

编　者

2012年11月

前　言

进入 21 世纪以后，档案工作进入了一个全新的发展时期。社会的高度重视，新档案载体的不断出现，档案工作数字化、网络化、虚拟化的新要求，都给档案工作的开展带来前所未有的机遇和挑战，并迫切需要一大批掌握全新的档案知识和技术能力的人才充实到档案工作者队伍中来。

本书针对目前的档案工作实际，以机关、企业等基层单位档案室为出发点，全面介绍了档案工作的内容、工作方法、操作技能等内容，具有系统性、实用性、针对性以及可操作性等特点。本书没有采用过去档案管理学中以文书档案为主体的编写方式，而是将文书档案、科技档案、会计档案、声像档案、实物档案等多种档案类型有机地结合起来，系统地加以介绍。特别是计算机与档案管理等章节，融合了最新的科技成果，迎合了当前档案数字化的要求，从而更符合基层档案工作的具体情况，能够直接指导基层档案工作的实践。此外，本书在编写上还尽可能突破原有教材的模式，采用以一个完整的故事作为案例导入的方式，在体例上尽量体现任务驱动的特色。

本书是一本完全按照工学结合思路编写的教材。其作者都是长期从事档案业务指导和教学科研工作的专家学者，他们有着丰富的实践经验和扎实的理论素养。本书内容是各位专家学者多年理论的积累和实践的总结，所选案例也大多是基层档案工作中的实例。同时，本书还借鉴了大量国内外的最新研究成果，因此应当能为企业基层档案工作的开展和完善提供指导和帮助。本书不仅可以作为高职高专院校的档案管理课程教材，也可以作为在职档案工作人员的培训教材。

本书由珠海市档案局许文生局长整体策划，对全书的写作进行指导，并担任主审；吴广平副局长具体负责组织编写，并对全书的编写任务统筹安排。具体编写情况分工如下：第一章、第七章由向阳同志撰写，第二章由张玉芳同志撰写，第三章由吴广平同志撰写，第四章由吴蔚同志撰写，第五章由黄河同志撰写，第六章由杨海燕同志撰写，第八章由骆伟娟同志撰写；最后由广东科学技术职业学院的向阳同志负责全书的修改统稿。此外，本书在出版过程中还得到了珠海泰坦软件系统有限公司卢良鹏董事长、杨金刚副总经理、毛建强经理的大力支持。本书档案计算机管理部分所介绍的软件也是以泰坦档案管理软件为基础，在此一并表示感谢。

编　者

2012 年 8 月

目　　录

模块一　档案和档案工作 1

任务一　了解我国档案和档案工作的发展 2

一、我国古代的档案和档案工作 2

二、我国近代的档案工作 4

三、我国现代的档案工作 5

任务二　熟悉档案的概念、性质与作用 6

一、档案的概念 6

二、档案的性质和作用 7

任务三　熟悉档案工作和档案机构 9

一、档案工作的内容与性质 9

二、我国档案机构的设置 11

任务四　了解我国档案法制工作 14

一、我国档案法制工作的开展 14

二、我国档案法规体系 15

三、《档案法》的基本内容 16

模块二　文书档案的管理 20

任务一　认识文件 21

一、什么是文件 21

二、文件的分类与特点 22

三、通用文件的种类 23

四、专用文件的种类 25

五、公文的体式与稿本 25

六、文件处理 27

任务二　文件归档 29

一、归档的含义与意义 29

二、归档范围 30

三、归档方法 32

四、归档时间 32

五、归档要求 32

任务三　归档文件的整理 33

一、立卷 34

二、单件归档 39

任务四　文书档案的鉴定与移交 43

一、文书档案鉴定工作概述 43

二、文书档案鉴定的几个阶段 47

三、保管期限表及保管期限的划分 48

四、鉴定工作的组织与制度 53

五、档案的移交 54

模块三　科技档案的管理 57

任务一　认识科技档案 58

一、科技档案的定义 58

二、科技档案的内涵 59

三、如何区分科技档案和文书档案 61

四、科技档案的种类 62

五、科技档案的特点 64

任务二　科技档案的收集 65

一、科技档案收集工作的含义 65

二、科技文件的归档 65

三、档案室科技档案收集工作的措施 68

四、科技专业档案馆的收集 69

任务三　科技档案的整理 70

一、科技档案整理工作的含义 70

二、科技档案整理工作的步骤 71

三、科技档案分类 72

四、科技档案组卷 88

五、科技档案的系统排列 94

六、科技档案编目 95

七、图纸的整理 99

八、科技档案案卷的装订 101

九、科技档案装盒 102

任务四　编制科技档案号 103

一、科技档案号的模式 103

二、科技档案号的编制方法 103

三、常见基本类型档案的编号 104
任务五　编制科技档案目录 106
一、科技档案总目录 107
二、科技档案分类目录 107

模块四　会计档案的管理 123

任务一　认识会计档案 124
一、会计档案的定义 124
二、会计档案的管理原则 124
三、会计档案的特点 125
四、会计档案的种类 125
五、会计档案的形成 126
六、会计档案的归档 127
七、会计档案的作用 127
任务二　会计档案的整理 128
一、会计档案的整理原则 128
二、会计档案的分类 129
三、会计档案的组卷 129
四、会计档案保管期限划分 131
五、会计档案的排列与编号 134
六、会计档案装盒 137
七、会计档案目录的编制 138
八、会计档案的排架 139
任务三　会计档案的移交、利用、鉴定与销毁 140
一、会计档案的移交 140
二、会计档案的开发利用 141
三、会计档案的鉴定与销毁 141

模块五　声像、实物档案的管理 143

任务一　认识声像档案 144
一、声像档案的定义 144
二、声像档案的特点 145
三、声像档案的收集 145
四、声像档案的种类 146
任务二　照片档案的管理 147
一、照片档案的定义 147
二、照片档案的范围 147
三、照片档案的构成 147
四、照片档案归档要求 148
五、照片档案的整理 148
六、照片档案的考证与价值鉴定 156
七、照片档案的保管与保护 157
八、照片档案的提供利用 157
任务三　录音、录像档案的管理 158
一、录音、录像档案的收集 159
二、录音、录像档案的分类 159
三、录音、录像档案的整理与编目 160
四、录音、录像档案的鉴定 161
任务四　实物档案的管理 162
一、实物档案的定义和特点 162
二、实物档案的基本范围 163
三、实物档案的整理与编目 163

模块六　计算机与档案管理 166

任务一　档案目录数据库的建设与应用 167
一、档案目录数据库建设原则 167
二、文书档案机读目录数据著录 168
三、档案目录管理软件使用范例 173
任务二　电子文件的归档与管理 180
一、电子文件和归档电子文件的概念 180
二、电子文件的基本特征 181
三、电子文件的归档原则 181
四、电子文件的归档范围 182
五、电子文件的收集要求 182
六、电子文件的归档 183
七、归档电子文件的整理 183
八、归档电子文件的保管 183
九、归档电子文件的利用 184
十、电子文件归档管理系统实例 184
任务三　纸质档案的数字化 189
一、档案数字化概述 189
二、纸质文书档案数字化步骤 191

模块七　档案保管 196

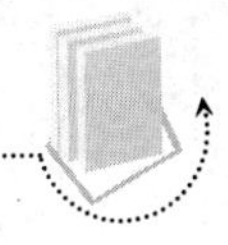

任务一　档案保管概述……197
一、档案保管的含义……197
二、档案保管的重要性……197
三、档案保管的任务、基本原则和要求……198
四、档案保管与档案工作其他环节的关系……199
五、影响档案寿命的因素……200
任务二　档案保管的物质条件……203
一、档案库房……203
二、档案装具……205
三、温、湿度测量及控制调节设备……205
四、灭火除尘设备……206
五、档案修复设备……207
六、库房照明采光设备……207
任务三　档案库房的日常管理……207
一、档案柜（架）的排列与编号……208
二、档案的排列存放……208
三、档案存放地点索引……208
四、档案代卷卡……209
五、全宗卷……210
六、温、湿度的记录、控制与调节……211
七、档案的安全检查……212
模块八　档案的提供利用与编研……214
任务一　档案的提供利用……215
一、档案提供利用工作概述……215
二、档案提供利用的方式……217
三、开放档案工作……224
任务二　档案的编研……226
一、档案编研的基本内容、意义和特点……226
二、档案资料汇编与档案参考资料……228
任务三　常用档案参考资料的编制……231
一、大事记……231
二、组织沿革……239
三、专题概要……244
四、会议简介……245
五、统计数字汇集……247

模块一　档案和档案工作

档案和档案工作在我国已经有几千年的历史，但直到近代我国才形成具有现代意义的档案工作，业内对档案的含义和作用也逐渐有了统一的认识。学会档案管理技能首先应该对档案和档案工作有必要的认识和了解。

知识目标

- 了解档案和档案工作的起源、发展
- 熟悉档案定义的内涵和外延
- 掌握档案工作的基本理论

技能目标

- 能分辨文书和档案之间的区别与联系
- 熟悉企业档案部门的设立，并能协助有关方面建立和完善档案机构
- 能熟练完成文书收文、发文处理及归档程序

案例导入

小赵刚刚从某大学中文专业毕业，应聘到×集团公司办公室。第一天上班，办公室陈主任把他叫到办公室，“小赵，我刚看了你的简历，知道你在学校各方面都不错，公司最近推行规范化管理，档案管理一直是我们的一个薄弱环节，所以公司决定让你和老徐一起负责这方面的工作。”

“档案管理？”小赵在学校学的是中文专业，从来没有接触过档案工作，没有一点专业知识，他有点为难。

“怎么，有困难吗？”陈主任看出他的为难。

“档案管理，这个方面我在学校没有学过。”

“老徐从事过多年的档案管理工作，他非常有经验，头几个月你先跟着他学，我相信

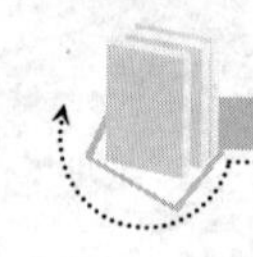

以你的能力能够很快上手的。”陈主任接着说，“要知道，公司的档案是公司非常重要的财富，内容涉及公司的行政、管理、党务、经营、技术、设备、后勤等各个方面，而且很多档案都有非常强的机密性，这可是个非同小可的工作。你要好好跟着老徐学，而且必须在最短时间里，掌握档案工作的基本知识。有问题吗？”

“我会尽力做好的。”话虽这么说，但小赵心里一点底都没有。

和陈主任谈完话，小赵找到老徐借了一堆档案方面的书籍，回到宿舍认真学起来。

档案管理工作是秘书人员及办公室工作人员日常最主要的工作内容之一。一方面，档案工作是秘书及行政工作的起点，档案可以帮助我们在最短的时间内了解组织的工作内容、工作特点和规律，以便更好地开展工作，提高工作效率。另一方面，档案工作也是秘书及行政工作的终点，工作处理完毕后，各种有价值的相关文件最终都会作为档案信息加以整理和保存，并通过各种途径服务于今后的各项工作。因此，掌握档案工作理论和技能具有现实的指导意义。掌握档案的概念、性质、作用，了解档案工作的内容和方法，是学习本课程的第一步。

任务一　了解我国档案和档案工作的发展

相关知识

一、我国古代的档案和档案工作

档案是随着人类社会的发展而逐渐产生和发展起来的，文字的产生、社会分工的日益复杂以及社会管理活动的出现，都为档案的产生创造了基本条件。有学者认为，上古时代的结绳和刻契两种记录方式就是原始的文书档案，理由是这也是人类记录历史、传递信息的一种方式；但更多的观点则认为，结绳和刻契虽然能起到记录信息的作用，但它们更主要的是一种辅助记忆的方式，打成的绳结、刻出的符号本身不具有明确而固定的含义。我国目前公认出现最早的档案是 3 500 多年以前殷商时期的甲骨档案。在河南安阳小屯村出土的甲骨残片中，包含着大量商朝的文书和档案资料。之所以认定甲骨残片属于档案的范畴，是因为以下三个理由。第一，甲骨档案直接真实地记录了历史。从甲骨档案的内容来看，其中记录了从武丁到商纣共计 273 年的社会历史活动，包括殷王的田猎、祭祀、天时、征伐、王事等方面，数量众多，内容丰富。第二，甲骨档案的文字可以辨认。甲骨文已经是相当成熟的文字，在 10 余万片的甲骨档案上共有 4 500 多字，其中可辨认的有 2 000 多字。第三，甲骨档案经过了人们有意识地收集、保存，有专门的人员和场所对其进行管理。殷商时期的甲骨文书多由卜官制作，制作程序和公文结构都有严格的规定，处理完毕的文书都按一定的规律集中起来，整理分类后存放在“天府”之内，由专人保管。《尚书·多士》中记载：“惟殷先人，有典有册。”这里的典、册都是指文书、档案材料。考古学家陈梦家在《殷墟卜辞综述》一书中也认为，这些卜辞“属于王室的文书记录，是殷代的王家档案”。

到了春秋战国时代，我国的档案工作得到了进一步发展，档案的载体有了很大的变化，

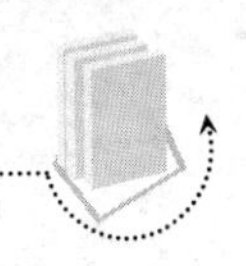

出现了青铜、简牍、缣帛等形式，文书的种类也逐渐增多，格式、用语和使用范围也逐步成形。当时从周王室到各诸侯国都设有专门起草文书、保管档案的官员。据史料记载，著名哲学家老子曾做过周王室的“柱下史”，专门负责保管王室档案。著名的思想家、教育家孔子根据收集到的上古文书，编纂了我国第一部档案文件汇编《尚书》，其中收录了从传说中的尧、舜、禹到春秋时期的各类公文 59 篇，包括典、谟、誓、诰、训、命等文种。尽管这些公文不乏后人伪托的，但它还是保留了我国最早的公文史料，是研究我国公文起源、公文形式、公文作用的重要凭证，也是我国档案编研工作最经典的范例。

秦汉时期是我国封建社会档案工作发展的初期。从秦朝开始，我国公文的文种使用范围第一次由最高统治者明文规定。《史记·秦始皇本纪》中提到秦代公文种类包括“制”、“诏”、“奏”等。秦统一中国后，设丞相府专门负责接收天下公文、发诏令。丞相府内设曹、主簿等官职主管文书、档案工作。这些都为后世档案工作的规范化奠定了基础。到了汉代，档案工作又有了新的发展，出现了大量新文种，如“策书”、“戒书”、“章”、“表”、“驳议”等。在制度上，汉朝基本承袭了秦朝的旧制，在中央设有尚书台，总管全国章奏的接收、拆阅、审批以及诏书的起草、封印等工作。尚书台设尚书令和尚书仆射主管文书工作，下设各曹负责各类文书的起草、办理。在地方各郡设有主簿和记室令史，县设有县丞、主簿，负责各级政府机构的文书、档案工作。汉代还建有“兰台”、“东观”、“石渠阁”等专门机构，作为保存档案的库房，这些机构是我国国家档案馆的雏形。

经过动荡不安的南北朝，我国进入了封建社会的巅峰——唐宋时期。这一时期我国的档案工作有了进一步发展。隋唐实行了“三省制”，三省共管公文，即中书出令、门下审议、尚书执行。到唐中期以后，中央起草诏令的部分任务由翰林学士代替。这一时期档案工作更加规范，而且更加被统治者所重视。例如对记载封建统治者言行的记注材料——起居注和进政记的记录和保管都有了更加严格的规定。此外，户籍档案、舆图档案、甲历档案（官员铨选、任用过程中形成的档案）的内容完整性和丰富性都大大超过前代。在唐代的封建法典《唐六典》和《唐律疏议》中还从法律的角度对文书、档案工作进行了规定，把档案的管理提到一个新的高度。宋朝承袭唐代的制度，同时加强了中央集权统治，建立起严密的封建专制制度。国家虽然设有三省六部，但已徒具虚名，另有凌驾于三省之上的政事堂，同时为了避免一个机构权力过大，还设有统领全国军政的枢密院以及掌握全国财政的最高机关三司。国家机构的膨胀使得档案也大大增多起来。中央设有通进司专门管理全国的文书档案工作，三省中还分别设有收贮皇帝诏令、制书和其他文书档案的制敕库房，也称为“架阁库”。此外还设有专门贮藏档案的机构——金耀门文书库，三司六部的档案在本部门保存一定时期后，要交给金耀门文书库保存。后来宋朝还在各地普遍设置收贮文书档案的架阁库，负责管理全国各地的文书档案。

明朝建立之初就收集了大量的元代各级政府档案，这对维护政权、巩固统治、稳定社会起了重要作用。明朝的文书处理机构更加完善，各机构也有了明确分工，中书科掌握书写诏、敕、制、诰，诰敕房掌握书办文官诰敕、揭贴、翻译外国文书，制敕房掌握书办制、敕、诏书、诰命、册、表等机密文书。通政司专门负责收文，掌管接收内外章奏及敕奏封驳之事。各部、都督府、都察院、大理寺都设有架阁库和照磨所，负责各类档案材料的管理，另外还建立了收贮全国黄册的档案库房——后湖黄册库。明嘉靖十三年（公元 1534 年），

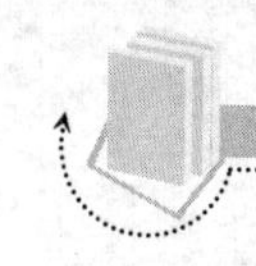

明世宗开始修建专门用做保存皇族档案的库房——皇史宬。皇史宬以我国古代“石室金匮”的档案保管理念设计，全部以砖石建成，至今保存完好，堪称我国古代档案建筑的典范。但从明朝开始，文牍主义盛行，文书的种类繁多，行文制度复杂，加上明朝后期政治腐败、吏治废弛，故严重影响了档案工作的开展。

清代档案工作基本上承袭了明朝，但也有一定的发展。清政府在中央设有两个并列的收文机构——奏事处和通政司，负责收发奏折文书和各种题本。内阁中设典籍所等十二所，分别掌握各类文书档案工作。中央六部各设司务厅，掌收外省衙门公文。雍正七年成立了“军机处”，负责拟定皇帝的谕旨，办理皇帝的各种“朱批”。清代的档案制度十分严格，在文书的格式、办理程序、避讳、保密以及档案的收藏、保存、利用等方面都有详细的规定。

二、我国近代的档案工作

辛亥革命以后，具有资产阶级共和国性质的革命政权——南京临时政府成立。南京临时政府建立之初，就开始对清朝政权旧有的文书档案工作进行了改革。临时政府第二号令就是《公文程式令》，规定了令、咨、呈、示、状五种公文的名称和使用范围，制定了新的办文制度，革除公文中各种封建色彩，采用公元纪年。临时政府在总统府设有秘书处，该处分设总务、财政、军事、文牍、收发等科，分别负责各类文书、档案工作。各级军政府内也设有秘书厅、秘书处或秘书科，负责各地方的文书、档案工作。一些部门还颁布了一批文书、档案工作的规章制度，如《外交部编档办法》、《外交部保存文件规则》等。这一时期还就“文书”和“档案”两个概念进行了区别，明确了两者定义：“凡处理公事之文件曰公文”；档案则是“经删繁摘要”编辑纂修的“专档”。

袁世凯窃取了辛亥革命成果后，践踏了南京临时政府公文改革的成果，复活了“奏折”等封建公文，同时将公元纪年改为“洪宪年”，对一些重要的文书档案也进行了大肆破坏。在袁世凯统治的4年时间里两次下令烧毁档案，随后几年中还发生了著名的“八千麻袋事件”。原清内阁的八千麻袋档案，几经辗转，藏于端门门洞，后因北洋政府教育部经费困难，就将这批共计15万斤的档案以大洋4 000元卖给了北京同懋增纸店。虽经罗振玉等人多方收购，但大多数已散失或销毁。这一事件充分暴露了北洋军阀统治的腐朽。

国民党政府统治时期的文书档案工作较北洋军阀时期有了一定的改进。1928年国民党政府公布了《公文程式条例》，规定了新的公文种类和公文格式，同年公布的《修正内政部办事细则》又对文书处理程序进行了规定，要求按收文和发文两个阶段来处理文书。在档案工作方面，1928—1932年，国民党政府陆续建立了一大批专门的档案机构，集中保管各级机关的档案材料，先后颁布了《档案室办事规则》、《文卷管理规则》等档案工作的规章制度，用以规范档案工作的开展。1933年为了强化统治，提高行政效率，解决文书档案工作中存在的办事拖沓、人浮于事的现象，国民党政府开展了“行政效率改革”，要求公文的撰写、办理尽量从简，提倡使用白话文及新的标点符号以及文书档案合二为一的“文书档案连锁法”。随着文书档案改革运动的开展，文书档案人员的培养逐渐提到议事日程。1939年国民党政府在湖北私立武昌文华图书馆专科学校内设立了档案管理专科，后又开办档案管理职业培训班，专门培养档案工作人员。随后全国其他地区也相继开办了一些文书档案专修班。

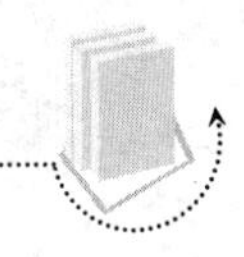

从20世纪30年代初期，一些学者开始对档案的理论进行探讨。他们一方面总结中国历代档案工作的经验，另一方面介绍西方的档案工作理论，引进了西方的一些先进的档案分类法，完成了一批早期档案的著作，如周连宽的《县政府档案处理法》（1935年）、龙兆佛的《档案管理法》（1940年）、梁上燕的《县政府公文处理与档案管理》（1942年）及傅振伦的《公文档案管理法》（1946年）等。这些著作从不同的角度探讨了档案的一般概念、作用、组织、管理原则和方法、档案保管、文书档案人员的选拔等理论问题，从而迈出了我国档案理论研究的第一步。

三、我国现代的档案工作

早在中华人民共和国建立之前，中国共产党就对档案工作给予了高度重视。1931年由瞿秋白同志起草、周恩来同志指示试行的《文件处置办法》，是目前发现的我党最早的关于文书、档案工作的文件，其中明确规定了文件的形成、处理及档案的分类、保管、销毁等具体办法。《文件处置办法》末尾有个“总注”，指出：“如可能，当然最理想的是每种二份，一份存阅（备调阅，即归还），一份入库，备交将来（我们天下）之党史委员会。”从中可以看出老一辈革命家对革命的必胜信念和对文书档案工作的重视。在其后的各个历史时期，我党为加强档案工作采取了一系列的具体措施，改革旧的公文程式，建立新的文书、档案工作制度，为中国革命的胜利提供了保障。

中华人民共和国建立初期，党中央和人民政府又对档案工作进行了一系列的改革。1952年中共中央办公厅和政务院公布了《公文处理暂行办法》，这是中华人民共和国成立后第一个全国性的公文法规。《公文处理暂行办法》总结了我党在各个历史时期公文改革的经验和成果，明确了新公文的性质、地位、任务和作用，规定了新的公文文种、用途、格式、行文关系、写作要求以及集中管理机关档案的原则。这个文件标志着我党领导的对封建公文和资产阶级公文改革的基本完成，标志着社会主义新公文管理制度的诞生。1954年在党的第一次全国档案工作会议上，通过了《中国共产党中央和省（市）级机关文书处理工作和档案工作暂行条例》，为我国档案工作的开展指明了方向。同年10月，在国务院第二次会议上审议通过成立国家档案局，负责管理全国的档案工作。国家档案局的成立标志着我国档案事业发展到一个新的阶段。在文书档案工作飞速发展的形势下，文书档案的理论研讨、专业教育等事业也蓬勃兴起。

“文化大革命”时期，档案工作与其他各项事业一样受到了严重的摧残，大批专业人员调离岗位，机构撤销，多年积累起来的工作经验和研究成果被否定和批判，大量珍贵档案被销毁。

粉碎“四人帮”以后，档案工作经过拨乱反正和全面整顿，重新走上了发展之路。改革开放以来是我国档案工作发展最迅速、成果最显著的时期。总结三十多年来的实践，新时期文书、档案工作的开展主要有以下特点：

（1）完善的法制建设为档案工作的开展奠定了坚实的基础；

（2）现代的技术手段为档案工作的开展插上了腾飞的翅膀；

（3）成熟的专业队伍为档案工作的开展提供了强大的动力；

（4）规范的专业建设为档案工作的开展提供了科学的理论。

历史经验告诉我们，只要我们坚持改革开放的路线方针，遵循档案工作的规律，运用科学的思维方式，采取现代化的技术手段，我国的档案工作就必将得到更加充分的发展，为我国社会主义各项事业作出更大贡献。

实训练习

1. 实训材料

教师上课之前应准备好实训用的文件材料，文件的内容和价值尽可能多样化。准备的文件材料将作为档案材料，用于档案的鉴定、分类、整理、编目等实训。

2. 实训方式

将全班同学分成若干小组，组数以双数为宜，每组选出组长 1 名。组数和每组人数根据所准备的文件材料数量而定，以平均每人 10 份文件材料为宜。每组准备一本实训记录本，以记录每次实训的过程及收获。

任务二　熟悉档案的概念、性质与作用

相关知识

一、档案的概念

（一）档案概念的演变

档案在我国商代就已经出现，但历代对它有不同的称呼。商代称“册”，周代称“中”，秦汉时期称“典籍”，汉魏以后称“文书”、“文案”、“案牍”等。“档案”一词出现于明末清初，现存顺治年间的官府文书中已有“档案”一词。清人杨宾的《柳边纪略》一书中对“档案”一词更是有明确的解释：“边外文字多书于木，往往传递者曰牌子，以削木片若牌故也；存贮年久者曰档案，曰档子，以积累多贯皮条挂壁若档故也。然今文字之书于纸者，亦呼为牌子、档子矣。”这里所说的档案已经和现代意义的档案概念基本一致。

随着时代的发展，档案的内涵不断地丰富，外延也不断扩大，现在已经发展成为一个包括多种载体、门类齐全的大家族。

（二）档案概念的表述

综合国内外的相关定义，我们把档案概念表述为：档案是指机关团体、社会组织和个人在社会活动中产生的，作为原始记录保存起来以备查考的文字、图表、声像及其他各种载体的历史记录。

这一表述明确了以下几个方面。

1. 档案是在社会活动中逐渐形成的

档案不是凭空编造出来的，而是随着社会实践活动逐渐形成、逐渐积累起来的。人们在

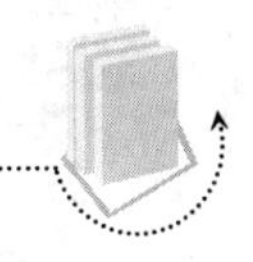

各种社会活动中为了解决或者记录的各种问题、事件、思想，形成了各种文件材料和原始记录，为了便于今后的查考利用，才将它们加入鉴别并集中保存起来，档案也就因此产生。

2. 档案是真实的历史记录

与其他各种信息材料相比，档案直接记录了各种事件和活动最本来的面貌，是社会活动最真实、最直接、最原始的记录。因此，档案的凭证价值要高于其他任何一种信息材料。

3. 档案是由文件转化而来的

（1）办理完毕的文件才能转化成为档案。正在办理中的文件材料不能作为档案，但这里所说的办理完毕，并不一定是文件所涉及的工作完全结束，只要文书处理程序结束，就能看做是办理完毕。

（2）具有查考利用价值的文件才能转化成为档案。并不是每一份文件都会对今后的工作具有利用价值，这就需要我们用科学的方法对文件进行鉴别和判定，从中选择那些内容全面、意义深远、典型性强的文件加以保存。

（3）只有按照一定规律集中保存起来的文件才能成为档案。办理完善、具有保存价值的文件材料，如果没有按照一定的规律集中保存，只能算做是零散文件，而不能算做严格意义的档案。

4. 档案的形式是多种多样的

在传统的观念中，只有党政工作中形成的各种文件材料才算是档案。其实，档案家族包括的范围非常广泛，除了前面提到过的甲骨、金石、简牍、缣帛等材料外，磁记录档案、感光记录材料、激光记录材料在档案中所占的比例越来越大，作用也越来越明显。

二、档案的性质和作用

（一）档案的性质

1. 档案的原始记录性

和文书的现实执行性比较起来，档案最基本的性质是原始记录性。

档案是人类社会生活的产物，直接记录了人们的工作活动和各个方面的情况，具有原始、直接、真实的特点。理解档案的原始记录性对于档案管理以及处理档案工作同外部的某些关系，都具有实际的指导意义。

（1）明确档案原始记录性的意义在于能够帮助我们明确档案的历史真迹不允许篡改，作为档案人员应该努力维护档案的完整真实。由于在社会活动中存在着很多危害档案真实性的人为和自然因素，故如何最大限度保证档案的历史真实不被损害，成为档案人员的重要职责。

（2）明确档案的原始记录性能使我们在形成文件的过程中，就尽可能维护其真实可靠，不让虚假的信息混入其中，这也是档案人员职业道德的重要体现。特别是在一些重大活动上，如何处理当前利益与历史真实，如何处理领导意图与客观事实，都是档案人员必须思考和解决的问题。

（3）原始记录性也是档案和图书、情报等文字记录的重要区别所在。尽管图书、情报也是社会重要的信息源，也能够记录和反映人类的社会活动和历史发展，但与档案比较起

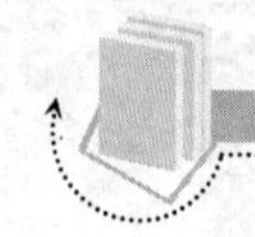

来，它们在原始记录性方面明显不足。档案是在社会活动中自然形成的，不是为了特定目的人为编撰、加工的，所以档案对历史的记载和反映更加原始、真实、直接。

2. 档案的信息性

除了原始记录性以外，档案和文书一样也有信息性的性质，它也是一种重要的社会信息源。

3. 档案的知识性

档案的内容反映了一定历史时期的社会发展状况、人们对客观事物的认识程度以及当时生产力发展的水平，是人类知识的传承体，所以知识性也是档案的重要属性。

（二）档案的作用

档案在社会生活的各个领域都发挥着重要作用。它是行政工作的查考凭证，生产建设的必要依据，科学研究的基本条件，政法工作的有力武器，也是对群众进行宣传教育的生动素材。把以上作用归纳起来，可以看出档案的作用主要表现在凭证和参考两个方面。

1. 凭证作用

档案有时需要直接作为我们工作活动的真实凭证，这一点是文书凭证作用的延续。从档案的形成来看，档案是原始记录材料，能够比较真实地记载事件发生的全过程，反映当事人的思想和行为，可以作为今后证实某一事实的依据；从档案的形式上看，档案保留了当事人的笔迹、印章、声音、形象，也可以直接用来证实有关事实。

2. 参考作用

档案也是我们总结经验、吸取教训、开展工作的有益参考。由于档案上记录着人们的思想和行动、经验和教训，因此它可以帮助我们了解过去、指导现在、探知未来。特别是作为秘书人员，应善于利用档案的记载，并从档案中吸收前人的成果，这也是开展工作、提高业务水平的重要途径。

实训练习

1. 实训材料

本模块任务一的文件材料。

2. 实训方式

将全班同学分成若干小组，各小组就所分发的文件材料讨论以下问题：
（1）档案是什么？
（2）档案与个人发展有什么关系？
（3）档案与社会有什么关系？
（4）简述中国历史上的档案。

3. 教师评判

教师根据各组的讨论情况作评判。

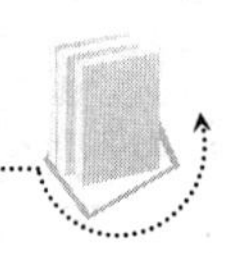

任务三　熟悉档案工作和档案机构

相关知识

一、档案工作的内容与性质

（一）档案工作的内容

档案工作有广义的和狭义的两种含义。广义的档案工作是指一切与档案有关的工作活动，包括档案事业管理、档案教育、档案科研、档案法规等工作内容；狭义的档案工作专指档案的业务工作，即具体对档案文件进行整理、保管、开发利用的工作。本书以狭义的档案工作为研究对象，主要涉及机关单位的档案管理活动，这也是秘书人员的工作内容之一。档案业务工作主要由图 1-1 所示工作环节组成。

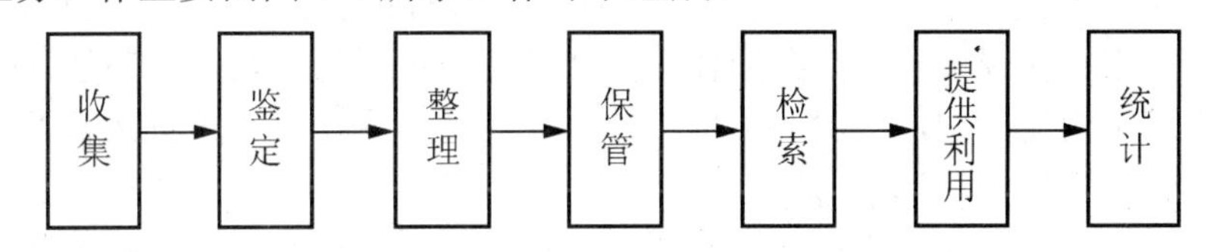

图 1-1　档案业务工作环节

首先，通过收集工作把机关单位产生的零散文件集中起来；然后，通过鉴定工作去芜存真，让档案变得更加精炼；通过整理工作对档案进行分类、组合，实现档案的系统化，再加以妥善保管；通过检索工作提取档案中有用的检索信息，编制各类检索工具，为利用者提供查找线索；最后顺利地进行提供利用。档案统计则是通过收集各个工作环节中的数据，进行分析研究，对档案工作的开展进行有效的控制。

（二）档案工作的性质

档案工作是一项具有管理性、服务性和政治性的工作。

1. 管理性

从工作内容上说，档案工作是负责管理档案信息的一项专门性工作。与其他管理性工作一样，档案工作有着自己的管理对象、管理手段、管理理论和管理原则。从具体工作单位来说，档案工作又是为特定的管理工作提供信息支持，是特定管理工作的组成部分。

2. 服务性

从与其他工作的关系上说，档案工作是一项为各项具体工作服务的条件性工作，服务性是档案工作与其他各项工作的主要区别所在。从档案工作本身上说，服务性是档案工作赖以生存和发展的基础，离开服务性档案工作也就没有了存在的必要。强调档案工作的服务性能够帮助我们摆正档案工作的位置，树立服务观点。

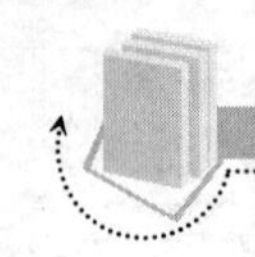

3. 政治性

从档案的产生来看，档案代表了一定阶级利益，为一定阶级所掌握，因此档案工作也就不可避免地带有一定的政治性。从历史的发展上看，档案工作的政治性表现在对党和国家历史真实面貌的维护上。档案真实记录着历史发展的轨迹，肩负着维护历史真实面貌的重担，如果我们不能用对历史负责的态度来对待档案，就可能给历史留下空白或误区。

（三）文书工作与档案工作

对于一般的工作单位而言，文书工作和档案工作是两个既有密切联系、又有明显区别的工作。两者都是秘书工作中的重要内容，是秘书人员必须掌握的理论知识和工作技能。了解和分析文书工作与档案工作的区别和联系，能够帮助秘书人员更好地从秘书工作的实际需要出发，把文书工作和档案工作作为一个整体来看待和处理。

文书工作和档案工作在我国的历史发展中一直是合二为一的，并没有明显的区别，很多负责拟定办理文书的官员同时也兼有档案管理的任务。到了近代，随着档案学和秘书学的形成，文书工作、档案工作逐渐走向专业化，特别是在20世纪30年代的行政效率改革活动中，一些专家把这两项工作进行了区分，研究文书和档案的著作相继问世。在20世纪五六十年代，档案工作逐步独立，自成体系；文书工作也日趋完善，文书学开始兴起。两项工作也逐渐有了明显区别，一般的单位常单独设立文书或秘书来负责文书工作，设档案员来负责档案管理工作。

进入21世纪以后，秘书工作的内容和方法发生了很大的变化，尤其是办公室自动化程度的提高，网络办公、无纸化办公等新事物的出现，使文书工作和档案工作之间的界限开始逐渐模糊。一份文件从草拟、审核、办理到归档、分类、检索都可以在计算机上完成，还可以通过网络进行远距离传递和调用，而这些都可以由一位工作人员来承担。越来越多的专家学者提出文书工作和档案工作一体化的问题，即从文件运行机制和文件生命周期的角度来全面把握这两项工作。

对于规模较大、机构设置齐全、工作分工明确的机关单位，文书工作和档案工作仍然可以由不同的机构和人员分别来承担，但要求文书人员和档案人员必须对这两项工作都有比较全面的了解。文书人员要熟悉档案分类、保管的理论和方法，让文书从形成开始就符合档案管理的规范；档案人员也要了解文书工作的规律和特点，保证文书立卷和分类符合本单位的实际，便于本单位工作的利用。对于规模较小的机关单位，特别是各类企业、基层单位，文书工作和档案工作往往没有明确的区分，多半是由秘书人员承担，这就更需要将两项工作作为一个整体来进行安排。例如在立卷归档时没有必要一定按一般要求等到第二年上半年，而可以采取随办随档的办法；在对文书进行鉴定和组卷时，也可以参照档案保管期限表的要求，制定本单位的“三合一”制度，即文书立卷、保管期限划分、档案分类的统一制度。

1. 文书工作和档案工作的联系

文书和档案的紧密联系也决定了文书工作和档案工作是两项密切相关的工作。

（1）文书工作和档案工作是一个完整的工作流程。

国家档案局颁布的《机关档案工作条例》第十四条明确规定：“一个机关在工作活动中形成的全部档案，应在文书或业务部门立卷的基础上，按照一定的要求进行分类、加工

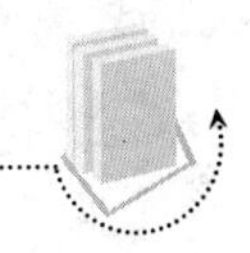

整理和保管。”从以上规定可以看出，文书工作和档案工作都是对文件材料进行处理的工作活动，两者是一个完整的工作流程。文件经过草拟、审核、印发、办理完毕后就会经过立卷归档进入档案工作程序，由档案工作人员对其进行进一步的整理加工，使已经推动现实效用的文件变成一种历史文化财富。

（2）文书工作和档案工作互相影响、相互补充。

文书工作和档案工作的关系非常密切、缺一不可。基层部门形成、积累的文件材料是档案工作的物质基础，没有它，档案工作就无法开展；且各部门文书工作的好坏、归档文件材料的质量，也会直接影响档案工作进展。各部门的文件材料归档后，通过档案人员的加工整理，反过来又为各部门工作提供服务，为新的文件形成提供素材。文书工作是档案工作的基础，档案工作是文书工作的延续，两者互相依存、互相制约、互相促进，但是不能互相取代和混淆。

2. 文书工作和档案工作的区别

（1）两者的工作任务不同。

文书工作的主要任务是高质量地形成文书，安全有序地办理文书，完整妥善地保管文书，正确发挥文书的作用；档案工作的主要任务是集中、统一、科学地管理国家档案，大力开发档案资源，更好地为本单位及社会各项工作服务。

（2）两者的服务对象不同。

文书工作的服务对象主要是本机关的领导和各项工作活动；档案工作的服务对象是广大社会公众，而且提供利用的范围越大，档案的价值体现得越充分。

（3）两者的工作目的不同。

文书工作的主要目的是实现文书的现实效用，是机关单位工作运作的工具和手段；档案工作的主要目的是实现档案的历史价值，它通过维护社会的历史真实面貌，为今后的工作提供参考和凭证。

综上所述，文书工作和档案工作是两个既有密切联系、又有明显区别的工作，两者都是秘书工作中的重要内容，是秘书人员必须掌握的理论知识和工作技能。秘书人员要站在一个宏观的角度，从秘书工作的实际需要出发，把文书工作和档案工作作为一个整体来研究。

二、我国档案机构的设置

我国档案工作目前已经成为一个完整的系统，包括档案行政管理机构、档案馆和机关档案室等三大部分。

（一）档案行政管理机构

档案行政管理机构是负责管理国家档案事业的机构，包括国家档案局以及各级档案局、处等。《中华人民共和国档案法》（以下简称《档案法》）规定：“国家档案行政管理部门主管全国档案事业，对全国的档案事业实行统筹规划，组织协调，统一制度，监督和指导；县级以上地方各级人民政府的档案行政管理部门主管本行政区域内的档案事业，并对本行政区域内机关、团体、企事业单位和其他组织的档案工作实行监督和指导；乡、民族乡、镇人民政府应当指定人员负责保管本机关的档案，并对所属单位的档案工作实行监督和指导。”

国家档案行政管理机构的主要任务是：负责国家档案工作方针政策、法律标准的研究

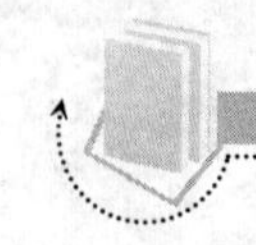

和制定，建立国家档案工作制度；负责所属档案部门档案工作的指导、检查和监督；规划和筹建各级各类档案馆；负责档案工作宣传、出版、对外交流等工作；组织和指导档案工作经验交流、档案工作专业教育和档案科学研究工作。

（二）档案馆

档案馆是国家科学文化事业机构，是国家永久保存档案的中心，是各项工作利用档案的基地。档案馆在一个国家的档案事业发展中具有举足轻重的作用，是衡量一个国家档案工作发展水平的标志。

我国的档案馆基本上是按地区结合专业、时期等其他特点来设置，分为中央级档案馆（中央档案馆、第一历史档案馆、第二历史档案馆等）、地方档案馆（各省市自治区档案馆）和专业档案馆（中国地质档案馆、中国气象档案馆、各地城市建设档案馆等）。据相关统计资料显示，全国共有各级各类档案馆 3 987 个，其中国家综合档案馆 3 161 个，国家专门档案馆 245 个，部门档案馆 146 个，企业档案馆 215 个，文化事业单位档案馆 126 个，科技事业单位档案馆 94 个。档案馆总建筑面积 570.6 万平方米，其中库房面积 285.6 万平方米，形成了具有中国特色的档案馆网络。

全国各级各类档案馆共保存档案 25 284.5 万卷、7 635.8 万件；录音磁带、录像磁带、影片档案 72.3 万盘；照片档案 2 459.3 万张；底图 5 759 万张；电子档案中的磁带 46.7 万盘、磁盘 22.5 万张、光盘 48 万张；缩微平片 458.3 万张、开窗卡 217.3 万张、卷片 25 506.6 万幅；资料 4 059.6 万册。

统计数据显示，全国各级各类档案馆共开放档案 7 267.4 万卷（件）；保管需进行抢救的全国重点档案 4 084.8 万卷（件），已抢救档案 758.3 万卷（件）。

档案馆的具体任务在《档案法》和《档案馆工作通则》中都有明确规定：

（1）接收与征集本级各机关、团体及其所属单位具有长期和永久保存价值的档案以及有关资料，并科学地加以管理；

（2）通过多种形式，积极开展档案资料的利用工作；

（3）积极参与国家和地方的编史修志工作。

（三）机关档案室

机关档案室是机关单位的组成部分，是提高机关工作效率和工作质量、维护机关历史真实面貌的重要机构。机关档案室从其地位上说，是整个国家档案的源泉，也是国家档案工作的基础。整个国家档案的完整程度和管理质量，首先取决于机关档案室的工作。

机关档案室的基本任务包括：对本机关文书部门或业务部门文件材料的归档工作进行指导和监督；接收和保管本机关各部门交来的档案材料，进行必要的整理、鉴定、统计、检索和提供利用工作；定期把具有长久保存价值的档案向相关档案馆移交。

机关档案室一般可分为以下六种类型：

（1）普通档案室；

（2）科技档案室；

（3）音像档案室；

（4）人事档案室；

（5）综合档案室；

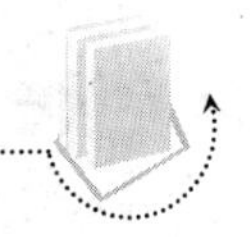

（6）联合档案室。

目前，我国档案工作机构已经形成了一个由不同层次、不同类型档案机构组成的科学系统，并在我国社会主义建设中发挥着重要作用。各档案机构的结构与关系如图 1-2 所示。

实训练习

根据图 1-2，分析讨论本地档案机构的设置。

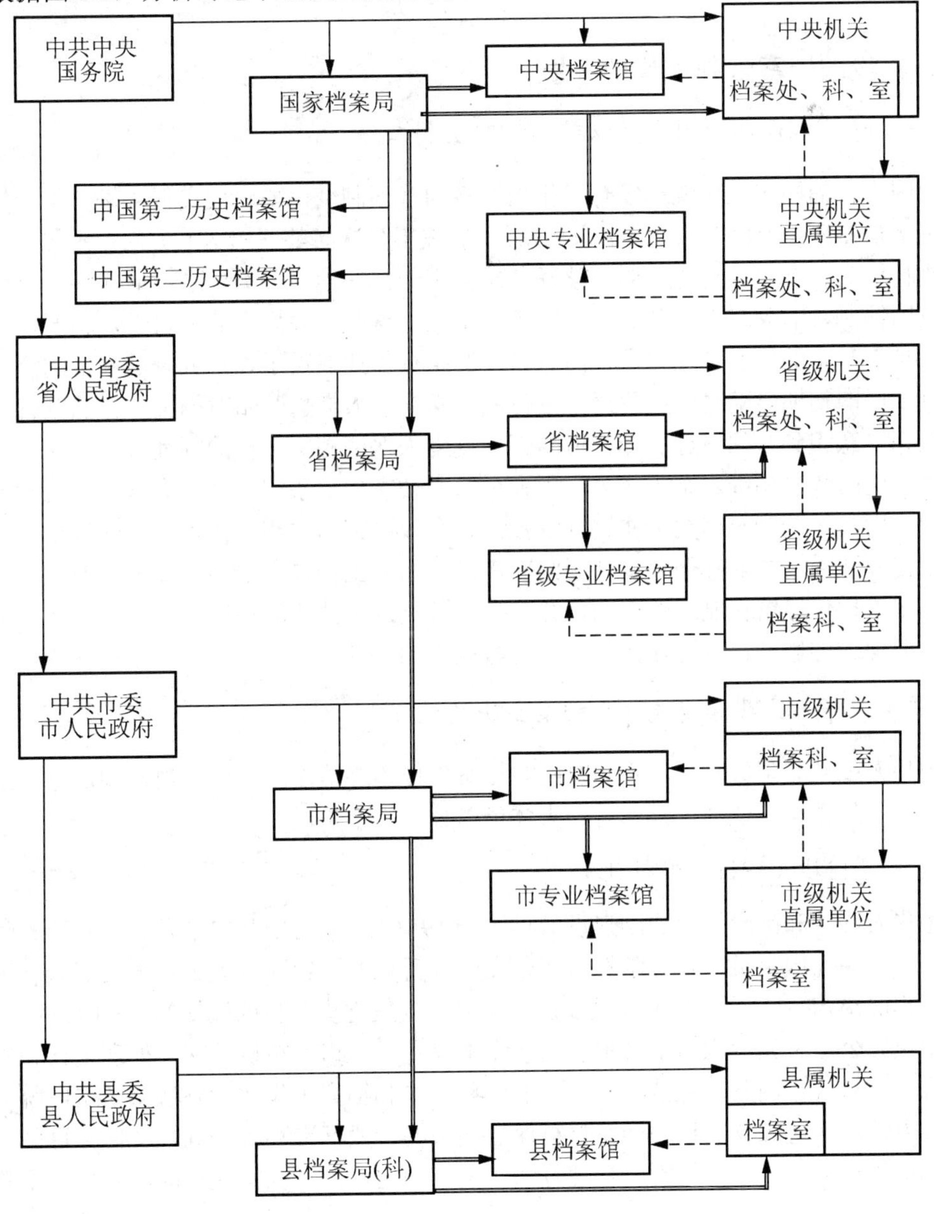

图 1-2 我国档案系统结构图

说明：1. ——►领导关系；2. ---►档案交接关系；3. ══►业务指导关系

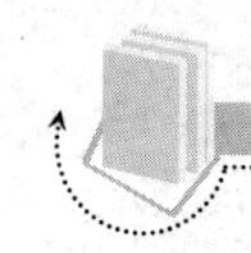

任务四　了解我国档案法制工作

相关知识

一、我国档案法制工作的开展

（一）中华人民共和国成立以前的档案法制工作

我国古代的档案工作就已经有了相当严格的管理制度，如唐代实行“每三年一拣除”的档案鉴定制度；宋代采用“置册分门编录”、按年月次序整理档案的方法；元代将入库的档案进行编类、立号、封题；明代整理黄册采用年代—地区分类标准；清代嘉庆年间，内阁典籍厅编制《清理东大库分类目录》等。不过，这些相关规定缺乏科学性和严密性，只能算做是最基本的档案管理要求，而且制度的执行往往取决于长官或者是皇帝的意志。

到了民国初期，随着资产阶级政治体制的建立，人们也开始对档案工作法制管理有了新的认识，意识到必须通过更加严格的管理制度来保证档案工作的顺利进行，保证档案发挥作用。民国政府相继颁布了《公文程式令》、《公文程式条例》、《档案室办事规则》、《文卷管理规则》等制度对档案工作进行规范，各个政府部门也相应作出了一些规定，如《外交部编档办法》、《外交部保存文件规则》等，对档案工作提出了管理要求。但是，这一时期的档案管理仍停留在制度的层面，并没有上升到国家法律的高度，而且由于政府中的旧习俗、旧观念的影响，制度在执行上存在着很大的问题。

（二）中华人民共和国成立后档案立法的过程

中华人民共和国成立后，党和政府对档案工作始终给予了高度重视，制定了一系列的法律法规。从档案立法的过程上看，大体可以分为三个阶段。

1. 初级阶段（1951—1954 年）

中华人民共和国的档案法制建设最早始于 1951 年，4 月中共中央办公厅和政务院秘书厅发布了《保守国宝机密暂行条例》、《公文处理暂行办法》和《关于加强文书处理工作和档案工作的决定》，7 月中共中央又发出了《关于收集党史资料的通知》。在随后的几年里，中共中央办公厅又先后颁布了《中国共产党中央和省（市）级机关文书处理工作和档案工作暂行条例》、《中国共产党县级机关文书处理工作和档案工作暂行办法》、《文电统一管理的具体办法》、《确定党的机关档案材料保管期限的一般标准》等法规性文件。这些文件对我国档案工作的一些基本原则、管理方法作出了规定，为《档案法》的产生打下了基础。

2. 探索阶段（1954—1979 年）

1954 年 11 月，第一届全国人民代表大会常务委员会第二次会议根据国务院总理周恩来的提请，批准在国务院设立中华人民共和国国家档案局（以下简称国家档案局）；1955 年

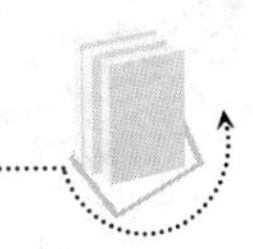

11 月，国务院批准颁发了《国家档案局组织简则》，规定了国家档案局的职责、权利和任务，规定了国家档案局是我国管理档案行政事务的最高管理机关。国家档案局的成立标志着我们档案工作进入一个全新的历史阶段，档案的法制工作也迈上一个新的台阶。

1956 年，国务院通过了《关于加强国家档案工作的决定》，这个决定是《档案法》颁布之前的一个重要规定，对我国各级档案工作机构设立、国家全部档案的范围、档案工作的基本原则都作出了明确规定。1959 年，国家档案局在广东省兴宁县召开了县档案工作现场会议，讨论通过了《县档案工作暂行通则》；1960 年，国家档案局在上海市召开了现场工作会议，通过了《省档案馆工作暂行通则》；同年全国档案工作会议上讨论通过了《机关档案工作通则》，分别对县档案馆、省档案馆和机关档案工作中机关档案室的原则、体制、机构、人员、任务作出了明确规定。这些法规性文件的产生标志着我国档案工作法制化建设逐步走向完善。虽然在十年“文化大革命”中，档案工作受到了严重的冲击，但由于有以上的基础，在经过十一届三中全会后的恢复整顿后，全国的档案工作迅速发展起来。

3. 成熟阶段（1979 年至今）

1979 年国家档案局开始考虑制定《档案法》，1980 年正式组织有关人员进行起草。经过近 30 次的反复修改，最终于 1987 年 6 月 7 日由国务院向全国人民代表大会常务委员会提交了《关于提请审议〈中华人民共和国档案法（草案）〉的议案》，并在第六届全国人民代表大会常务委员第 22 次会议上于 1987 年 9 月 5 日表决通过，于 1988 年 1 月 1 日起施行。1990 年，国家档案局第 1 号令发布了《中华人民共和国档案法实施办法》（以下简称《档案法实施办法》）。

《档案法》的制定和颁布实施，是我们档案事业发展史上的一件大事，是我国社会主义档案工作走向成熟的重要标志。《档案法》的诞生使档案工作的开展从此有了自己的法律依据，同时也使我们档案法规体制真正建立和完善起来。

随时我国社会主义市场经济体制的确立，《档案法》中的一些条款已经难以适应新形势下档案事业发展的客观需要，国家档案局开始着手对《档案法》进行修改。1996 年第八届全国人民代表大会常务委员会第 20 次会议正式通过了关于修改《档案法》的决定。1999 年 5 月国务院批准修订，1999 年 6 月国家档案局第 5 号令重新发布了《档案法实施办法》。

二、我国档案法规体系

到目前为止，我国已经建立起完整的档案法规体系，成为保证我国档案事业健康发展的重要支柱。

（一）国家法律

针对档案工作的国家法律主要包括两个方面。

（1）由全国人民代表大会常务委员会制定的《档案法》，这是我国档案工作的基本法律，是国家档案法律体系的核心。

（2）国家宪法和刑法等各种国家法律中有关档案工作的条款，如《中华人民共和国宪法》、《中华人民共和国刑法》、《中华人民共和国文物保护法》、《中华人民共和国森林法》、

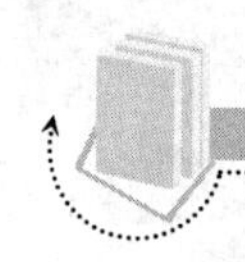

《中华人民共和国继承法》、《中华人民共和国专利法》、《中华人民共和国会计法》等法律中都有涉及档案的相关条款，这些条款和《档案法》一样，是约束一切档案行为的准则。

（二）行政法规

国务院制定的档案方面的法规称为档案行政法规，主要包括一些决定、条例、规定、办法等，如由国务院公布的《关于加强国家档案工作的决定》、《机关档案工作条例》、《档案法实施办法》等。此外，在国务院颁布的一些法规里也有与档案工作有关的条款，如《党政机关公文处理工作条例》等，也属于行政法规系列。

（三）地方性法规

全国各地方人民代表大会及其常务委员会制定的有关档案工作方面的决定、条例、规定、办法，称为档案地方性法规。如《广东省档案管理规定》（1998 年 6 月 1 日）、《深圳经济特区档案与文件收集利用条例》（2002 年 4 月 26 日）、《珠海市档案管理条例》（2003 年 9 月 26 日）等。这些地方性法规在本地区内有很强的针对性和操作性，对于地方档案工作的开展具有很大的指导意义。

（四）规章

（1）部门档案规章。部门档案规章是国务院各部、办、委、局制定的关于档案和档案工作的法规文件，也有些规章是由几个部委联合制定的。如国家档案局制定的《档案馆工作通则》、中华人民共和国财政部制定的《会议档案管理办法》、国家档案局与原建设部联合制定的《档案馆建筑设计规范》等。

（2）地方政府档案规章。地方政府档案规章是由全国各地方人民政府制定的有关档案工作方面的决定、条例、规定、办法等，是各地根据本地区具体情况制定的针对本地区档案和档案工作特点的规章，如有必要，经地方人大审议，可上升为地方性法规。如《广东省档案馆收集档案范围实施细则》、《广东省名人档案管理办法》、《广东省乡（镇）档案管理办法》等。

三、《档案法》的基本内容

《档案法》共分为六章二十六条，即总则、档案机构及其职责、档案的管理、档案的利用和公布、法律责任和附则。其具体内容主要包括以下几个方面。

（一）规定了档案机构及其职责

《档案法》第二章规定了我国档案机构包括：档案行政管理部门；机关、团体、企业事业单位及其他组织的档案机构；中央和县级以上地方各级各类档案馆。

国家档案行政管理部门（即国家档案局）对全国档案事业实行统筹规划，组织协调，统一制度，监督和指导。县级以上地方各级人民政府档案行政管理部门（即各级档案局）主管本行政区域的档案事业，并对本行政区域内的档案事业实行统筹规划，组织协调，统

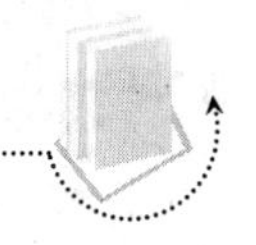

一制度，监督指导。乡、民族乡、镇人民政府应当指定人员负责保管本机关的档案，并对所属单位的档案工作实行监督的指导。

机关、团体、企业事业单位及其他组织的档案机构或档案工作人员负责保管本单位的档案，并对所属机构的档案工作实行监督和指导。

中央和县级以上地方各级各类档案馆负责接收、收集、整理、保管和提供利用各分管范围内的档案。

（二）确定了国家档案范围

《档案法》第二条规定："本法所称的档案，是指过去和现在的国家机构、社会组织以及个人从事政治、军事、经济、科学、技术、文化、宗教等活动直接形成的对国家和社会有保存价值的各种文字、图表、声像等不同形式的历史记录。"这一条明确了国家档案管理的范围，无论是国家、集体或是个人所有的档案，凡属"对国家和社会有保存价值的"，一律受《档案法》的保护。

（三）明确了档案和档案工作的管理原则

《档案法》第五条规定："档案工作实行统一领导、分级管理的原则，维护档案完整与安全，便于社会各方面的利用。"这一条明确了我国档案工作的基本原则。

1. 统一领导，分级管理是我国档案工作的组织原则和管理体制

统一领导是指国家统一制定档案工作的法规、方针、政策和制度；国家档案局对全国档案工作实行统一领导；地方档案行政管理部门对本地区的档案工作实行统一领导。

分级管理是指国家和地方各级档案行政管理部门分级负责管理所辖地区的档案工作和保管档案的实体。对于档案实体的管理，国家在中央、省（市、自治区）、县（县级市）分别设立档案馆，保存相应机关单位的档案。

2. 维护档案的完整与安全是档案管理的基本要求

维护档案的完整包括数量上的完整和质量上的完整两个方面：数量上完整是指要保证应当保存的档案不残缺遗漏；质量上的完整是要保持档案的有机联系，档案排列有序。

维护档案的安全包括物质安全和政治安全两个方面：物质安全是指尽量延长档案的寿命，防止各种有害因素对档案的影响；政治安全是指保证档案不被盗窃、丢失、篡改，档案机密不被泄露。《档案法》第三条规定："一切国家机关、武装力量、政党、社会团体、企业事业单位和公民都有保护档案的义务。"

3. 便于社会各方面对档案的利用是档案工作的根本目的

国家档案工作的设立就是为了满足社会对档案的利用需要，因此《档案法》第十三条规定："各级各类档案馆，机关、团体、企业事业单位和其他组织的档案机构，应当建立科学的管理制度，便于对档案的利用；配置必要的设施，确保档案的安全；采用先进技术，实现档案管理的现代化。"便于社会各方面的利用是档案工作的出发点，所有工作都必须围绕着这个目的进行，离开它档案工作就失去了方向。

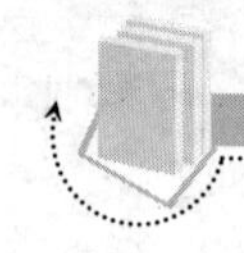

（四）规定了档案的开放和公布权限

开放档案是我国社会主义现代化建设的需要，是我国科学文化事业发展的需要，也是我国社会主义民主的直接体现。

《档案法》第十九条规定：“国家档案馆保管的档案，一般应当自形成之日起满三十年向社会开放。经济、科学、技术、文化等类档案向社会开放的期限，可以少于三十年，涉及国家安全或者重大利益以及其他到期不宜开放的档案向社会开放的期限，可以多于三十年，具体期限由国家档案行政管理部门制订，报国务院批准施行。

档案馆应当定期公布开放档案的目录，并为档案的利用创造条件，简化手续，提供方便。中华人民共和国公民和组织持有合法证明，可以利用已经开放的档案。”

将档案开放的规定写入《档案法》是我国档案工作发展的重大进步，它标志着档案信息从过去封闭的管理状态中，走向了社会、走向了公众，它是档案工作科学文化性质的最好体现，同时也标志着我国档案工作与世界档案工作接轨。

《档案法》第二十二条对档案公布的权限也作出了具体的规定：“属于国家所有的档案，由国家授权的档案馆或者有关机关公布；未经档案馆或者有关机关同意，任何组织和个人无权公布。

集体所有的和个人所有的档案，档案的所有者有权公布，但必须遵守国家有关规定，不得损害国家安全和利益，不得侵犯他人的合法权益。”

（五）规定了《档案法》的法律责任

为了保证《档案法》的贯彻实施，维护法律的严肃性，《档案法》对法律责任作出了相应的规定。

《档案法》第二十四条规定：“有下列行为之一的，由县级以上人民政府档案行政管理部门、有关主管部门对直接负责的主管人员或者其他直接责任人员依法给予行政处分；构成犯罪的，依法追究刑事责任：

（1）损毁、丢失属于国家所有的档案的；

（2）擅自提供、抄录、公布、销毁属于国家所有的档案的；

（3）涂改、伪造档案的；

（4）违反本法第十六条、第十七条规定，擅自出卖或者转让档案的；

（5）倒卖档案牟利或者将档案卖给、赠送给外国人的；

（6）违反本法第十条、第十一条规定，不按规定归档或者不按期移交档案的；

（7）明知所保存的档案面临危险而不采取措施，造成档案损失的；

（8）档案工作人员玩忽职守，造成档案损失的。

在利用档案馆的档案中，有前款第一项、第二项、第三项违法行为的，由县级以上人民政府档案行政管理部门给予警告，可以并处罚款；造成损失的，责令赔偿损失。

企业事业组织或者个人有前款第四项、第五项违法行为的，由县级以上人民政府档案行政管理部门给予警告，可以并处罚款；有违法所得的，没收违法所得；并可以依照本法第十六条的规定征购所出卖或者赠送的档案。”

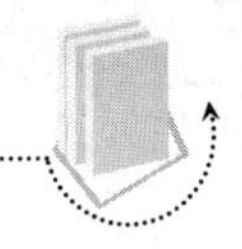

第二十五条规定："携运禁止出境的档案或者其复制件出境的，由海关予以没收，可以并处罚款；并将没收的档案或者其复制件移交档案行政管理部门；构成犯罪的，依法追究刑事责任。"

实训练习

组织观看与档案有关的影视作品，强化学生对档案的认识。

模块二　文书档案的管理

文书档案是机关、团体、企业事业单位在日常管理活动中形成的各种文件材料，是一个单位工作活动的重要记录，也是我国档案种类中最重要的一类。文书档案管理技能是档案管理技能的基础，对于学习其他类型档案管理有着指导性作用。

知识目标

- 了解文书与文书档案的基本知识
- 掌握文书处理的一般程序
- 熟悉文书档案归档工作的要求

技能目标

- 能协助有关部门组织本单位的档案归档工作，制定本单位的归档制度
- 能完成文书档案立卷归档的程序
- 能准确对文书档案的价值进行鉴定，并给定准确的保管期限

案例导入

小赵正对着一大堆文件发呆，他已经看了几天档案方面的书籍，但却还是不知道怎么将书上的方法用在这堆文件上面。书上说的立卷、归档、分类看上去头头是道，但对于具体的文件他仍然没有概念。他只好放下文件，去找老徐。

老徐弄明白了他的疑问，拉他坐下来，把那堆文件按不同特点一一分开。他向小赵介绍说："其实说白了，就是庄子所谓的'同同异异'，把相同或相似的归在一起，把不同的区别开来，这样才能做到井然有序。"

然后老徐又详细地向小赵讲解了文件的各种特征，包括时间、责任者、主题、组织机构、内容属性等等，以及如何根据这些特征对文件进行分类、组卷，如何建立一个案卷；同时也向小赵介绍了文书档案整理的一般程序。

这一课对于小赵非常重要，他开始明白如何将这些不同来源和内容的文件，组织在一起。

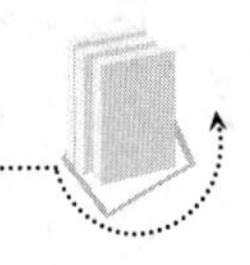

文书档案，是反映企业事业单位党政工作、行政管理等活动形成的文件材料，又称党政档案，或党政工团档案。学会文书档案管理是掌握档案管理技能的基础。

任务一　认 识 文 件

相关知识

我们在掌握文书档案管理技能之前，首先必须要了解文件，这是因为文件与文书档案有着不可分割的密切关系。文书档案与文件的关系主要体现为：一方面，文书档案来源于文件，因为绝大部分文书档案都是由文件转化而来的；另一方面，文书档案是文件的一种归宿，日常工作处理完毕的文件经过鉴定，其中有价值的部分将作为档案保存。从实质上来讲，文件与文书档案是同一事物的不同阶段。

一、什么是文件

（一）文件的含义

文件是法定机关、团体、企业事业单位和个人在各种活动里，为互相联系和处理事务等实际需要，用文字、图表等方式直接记录下来的具有完整体式和处理程序的信息材料。

文件的外延包括两大部分：公务活动形成的文件，包括收文、发文、内部文件等公文；私人活动形成的私人文件。如图 2-1 所示为一文件范本。

（二）文件与文书、公文

与文件接近的相关概念还有“文书”和“公文”。

珠海市档案局文件

珠档字[2007]6号

关于转发《机关文件材料归档范围和文书档案保管期限规定》的通知

各区档案局、市直各单位：

现将国家档案局第 8 号令关于《机关文件材料归档范围和文书档案保管期限规定》以及省档案局关于执行该规定的意见转发给你们，望遵照执行。

珠海市档案局

二〇〇七年二月十三日

主题词：档案工作　规定　通知

珠海市档案局办公室　　2007 年 2 月 12 日印发

（共印 200 份）

图 2-1　文件范本

文书是人们在社会实践活动中为了凭证、记载、公布和传递的需要，以文字的方式在一定书写材料上表达思想意图的一种书面记录，包括私人文书和公务文书。文书是一个集合名词，是各类文书材料的泛称，不指单份或几份公文材料；单份或几份具体的文书材料一般称作文件。

公文是公务文书的简称，是法定机关与组织发布政策法令、传达工作意图、联系公务与记载公务活动的一种文字工具。

二、文件的分类与特点

（一）文件的分类

1. 按文件的使用范围分类

（1）通用文件，是指党政军各级机关、社会团体、企业事业单位在工作活动中普遍使用的文件，如通知、通告。

（2）专用文件，是指企业事业单位在其专门的业务范围的工作活动中，根据特别需要而专门形成和使用的文件，如起诉书、投标书。

2. 按文件的行文方向分类

（1）上行文，是指下级机关向它所属的上级领导机关发送的文件，如报告、请示。

（2）下行文，是指上级领导机关对所属的下级机关的发送的文件，如命令、指示、批复、通知。

（3）平行文，是指不相隶属的机关（含同级机关、没有领导指导关系的机关和非同一系统的机关）之间的发送的文件，如函、介绍信。

3. 按文件的来源分类

（1）发文，即本单位拟制并发出的文件，包括外发文、内发文（内部文件）。

（2）收文，即外单位的来文。

4. 按文件的密级分类

按文件的密级不同，可将文件分为对外公开文件、国内公开文件、内部使用文件、秘密文件、机密文件、绝密文件等。

5. 按文件的性质作用分类

按文件的性质作用不同，可将文件分为规范性文件、领导指挥性文件、公布性文件、陈述呈请性文件、商洽性文件、证明性文件等。

6. 按文件的体式分类

按文件的体式不同，可将文件分为红头文件、白头文件、原始记录等。

（二）文件的特点

由于本模块重点学习的是文书档案，而文书档案的来源主要是通用文件，故此处主要以通用文件为例介绍文件的特点。

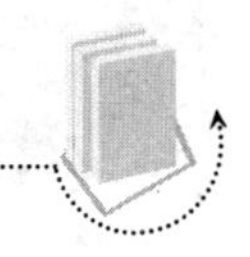

（1）法定作者：公文是由法定作者形成的。

（2）法定权威：公文具有现实执行效用，代表着特定组织的法定权威。

（3）规范体式和程序：公文必须符合统一的格式要求并按法定程序进行处理。

三、通用文件的种类

文件的种类简称文种，是根据文件的特定目的、作用来决定的。不同的文件种类，体现为不同的名称，反映着不同的目的和要求，也反映着行文机关之间的关系和发文机关的权限范围。因此，划清各文件种类的使用界限，正确地使用文件名称，对于做好文书处理工作具有重要的意义。

根据1996年印发的《中国共产党机关公文处理条例》规定，通用文件共有13种；根据中共中央办公厅和国务院2012年4月16日联合印发的《党政机关公文处理工作条例》规定，党政机关公文共有15种。除此之外，在我们日常工作中，也还有一些其他常用文种。为了便于大家学习和应用，我们综合上述两个规定，并结合工作实际，以文件的性质作用为类别，向大家介绍一些常见的通用文件种类。

（一）规范性文件

规范性文件又统称为规章制度，是机关、团体、企业事业单位在公务管理中为约束组织成员或规范生产技术操作而制定的各种规则、章程、制度的总称。规范性文件常见的文种如下。

（1）章程：是政党、社会、团体规定本组织内部事务的一种共同遵守的文件，内容一般包括本组织的性质、宗旨、任务、组织原则和机构、组织成员的条件、权利和义务以及活动方式等，如《广东省高职高专文秘类专业协作委员会章程》。

（2）条例：国家机关制定或批准的规范性文件，用以规定比较长时期实行的调整国家生活某个方面的准则以及某些专门人员的任务和权限，具有法律性质。条例有单行条例、组织条例和工作条例等，如《中华人民共和国政府信息公开条例》。

（3）规定：是国家机关、社会团体、企业事业单位对某项专门工作或事务所制定的规程和要求，具有约束性，如《杭州市政府信息公开规定》（市政府令第202号）。

（4）办法：是对某项工作或事项确定具体实施方法的文件，也用于对某一法律文件、规定实施的具体化，如《环境信息公开办法（试行）》（国家环境保护总局令第35号）。

此外，规范性文件还包括细则、规程、制度等不同种类。

（二）领导指示性文件

常见的领导指示性文件的文种如下。

（1）命令（令）：适用于公布行政法规和规章、宣布施行重大强制性措施、批准授予和晋升衔级、嘉奖有关单位和人员。命令（令）由行政领导机关发布，如国家主席、国务院及其部委、各级政府等。

（2）决定：适用于对重要事项作出决策和部署、奖惩有关单位及人员、变更或者撤销下级机关不适当的决定事项。决定一般由法定会议、法定常设机构或机关首长发布。

（3）决议：适用于会议讨论通过的重大决策事项。

（4）批复：适用于答复下级机关的请示事项，是典型的下行文。

（5）意见：适用于对重要问题提出见解和处理办法。

（6）通报：适用于表彰先进、批评错误、传达重要精神或者情况。

（7）通知：适用于发布、传达要求下级机关执行和有关单位周知或者执行的事项，批转、转发公文。通知可以是下行文或平行文，用途十分广泛。

（三）公布性文件

常见的公布性文件的文种有公告、公报和通告三类。

（1）公告：适用于向国内外宣布重要事项或者法定事项，如《关于在台湾海峡进行军事演习的公告》。

（2）公报：适用于公布重要决定或者重大事项，如《国民经济统计公报》、《国务院公报》。

（3）通告：适用于在一定范围内公布应当遵守或周知的事项，如《关于禁止燃放烟花爆竹的通告》。

（四）陈述呈请性文件

常见的陈述呈请性文件的文种有请示、报告和议案三类。

（1）请示：适用于向上级机关请求指示、批准。请示是典型的上行文，一般不用于向平行机关请求批准或商洽事项。平行机关之间请求批准或商洽事项，可以使用另一个文种“函”。

（2）报告：适用于向上级机关汇报工作，反映情况，或答复上级机关的询问。根据其内容的性质，报告可以分为汇报性报告、情况报告和建议性报告。报告也是典型的上行文，但不要求上级答复。必要时，上级也可以批转报告。

（3）议案：适用于各级人民政府按照法律程序向同级人民代表大会或人民代表大会常务委员会提请审议事项。议案不可以滥用于其他用途。

（五）商洽性文件

常见的商洽性文件的文种主要有函。

函：适用于不相隶属机关之间商洽工作、询问和答复问题、请求批准和答复审批事项。函的用途十分广泛，在上、下级机关之间，以及不相隶属机关之间皆可用。

（六）证明性文件

常见的证明性文件的文种有证明、介绍信、合同、会议纪要和记录等，其中证明和介绍信应用十分广泛。

（1）合同（或协议书）：亦称“契约”，是机关、团体、企业事业单位或个人之间，经过协商而签订的共同遵守的协议，多数用于经济领域。凡依法签订的各种合同，都是一种法律行为，各方必须严格遵守。

（2）纪要：适用于记载会议主要情况和议定事项。一般的会议纪要不能直接下发，可用通知印发。

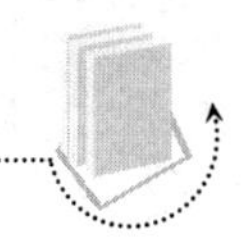

（3）记录：以备查考的一种机关内部文件，用于记载会议发言、领导人的讲话或工作活动等。记录包括会议记录、领导人讲话记录、电话记录、值班记录以及大事记等。

（七）综合管理性文件

常见的综合管理性文件的文种有计划、规划、工作要点和总结四类。

（1）计划：是机关团体、企业事业单位在完成某一时期或某一项工作之前，对工作目的、要求、指标、时限所作的书面要求，或是对未来一定时期内工作或活动作出预先部署和安排的文件。它是各级机关、企业事业单位工作活动的指南。

（2）规划：是对某一地区、某一事业或工作全局性、长期性的计划文件。

（3）工作要点：是概括地指出某一时期工作活动任务、要求和安排的文件。

（4）总结：是对过去的工作或完成的任务，进行全面、系统地回顾、检查、分析、评定而写成的书面材料。

四、专用文件的种类

专用文件分为外交、司法、军事、计划、统计、会计、审计和科技等专用文件，每类专用文件还分有许多文种。现仅以外交文件、司法文件和会计文件为例进行介绍。

（一）外交文件

外交文件是国与国之间，国际组织之间，或国家与国际组织之间外交往来的专用文件的统称。广义的外交文件包括国书、全权证书、授权证书、领事证书、条约、批准书、联合公报、联合声明、联合宣言、护照和签证等。狭义的外交文件是指国家之间的书信往来，包括照会、函件和备忘录三种。

（二）司法文件

司法文件是我国司法机关在依法处理刑事、民事等案件中形成和使用的文件。它是记载和认定侦查、起诉、审判等活动的书面依据和凭证。如公、检、法机关的立案报告，案件侦查终结报告，起诉状，起诉书，开庭通知书，判决书，裁定书，调解书，各种笔录，搜查证，逮捕证，审判公告等。

（三）会计文件

会计文件是指机关、企业事业单位在会计核算过程中形成的文件，主要包括会计凭证、会计账簿、会计报表。

五、公文的体式与稿本

（一）公文的体式

体式，即文体和结构。

1. 公文的文体

公文的文体体裁是语体文，一般以说明为主，必要时也可加以记述和议论。

2．公文的结构

公文一般由份号、密级和保密期限、紧急程度、发文机关标志、发文字号、签发人、标题、主送机关、正文、附件说明、发文机关署名、成文日期、印章、附注、附件、抄送机关、印发机关和印发日期、页码等组成。

（1）份号。公文印制份数的顺序号。涉密公文应当标注份号。

（2）密级和保密期限。公文的秘密等级和保密的期限。涉密公文应当根据涉密程度分别标注“绝密”“机密”“秘密”和保密期限。

（3）紧急程度。公文送达和办理的时限要求。根据紧急程度，紧急公文应当分别标注“特急”“加急”，电报应当分别标注“特提”“特急”“加急”“平急”。

（4）发文机关标志。由发文机关全称或者规范化简称加“文件”二字组成，也可以使用发文机关全称或者规范化简称。联合行文时，发文机关标志可以并用联合发文机关名称，也可以单独用主办机关名称。

（5）发文字号。由发文机关代字、年份、发文顺序号组成。联合行文时，使用主办机关的发文字号。

（6）签发人。上行文应当标注签发人姓名。

（7）标题。由发文机关名称、事由和文种组成。

（8）主送机关。公文的主要受理机关，应当使用机关全称、规范化简称或者同类型机关统称。

（9）正文。公文的主体，用来表述公文的内容。

（10）附件说明。公文附件的顺序号和名称。

（11）发文机关署名。署发文机关全称或者规范化简称。

（12）成文日期。署会议通过或者发文机关负责人签发的日期。联合行文时，署最后签发机关负责人签发的日期。

（13）印章。公文中有发文机关署名的，应当加盖发文机关印章，并与署名机关相符。有特定发文机关标志的普发性公文和电报可以不加盖印章。

（14）附注。公文印发传达范围等需要说明的事项。

（15）附件。公文正文的说明、补充或者参考资料。

（16）抄送机关。除主送机关外需要执行或者知晓公文内容的其他机关，应当使用机关全称、规范化简称或者同类型机关统称。

（17）印发机关和印发日期。公文的送印机关和送印日期。

3．公文的格式

国家机关的公文之所以要有一定的规格体式，主要是为了保证公文的完整性、正确性、统一性和有效性，同时也为文书处理工作提供方便。

（1）公文的版式按照《党政机关公文格式》国家标准执行。

（2）公文使用的汉字、数字、外文字符、计量单位和标点符号等，按照有关国家标准和规定执行。民族自治地方的公文，可以并用汉字和当地通用的少数民族文字。

（3）公文用纸幅面采用国际标准 A4 型。特殊形式的公文用纸幅面，应根据实际需要确定。

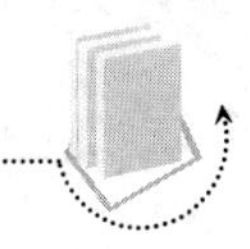

（二）公文的稿本

（1）草稿：无领导签署，一般不归档，但重要或特殊文件草稿需归档。

（2）定稿：草稿经领导签发或讨论通过形成定稿，一些重要文件的定稿应同正本一起归档。

（3）正本：重要文件的正本必须归档。

（4）副本：是与正本内容完全相同的复制件或留存件，与正本具有同等的效力。

（5）试行本、暂行本、修订本、不同文字稿本：都有不同的法律效力。

六、文件处理

文件材料从产生到归档，要经过一系列的工作程序。这些程序中的各个环节，如办理、管理、整理、归档等一系列相互关联、衔接有序的工作，就是文件处理。

根据《党政机关公文处理工作条例》规定，“公文处理工作应当坚持实事求是、准确规范、精简高效、安全保密的原则”。同时规定，公文由文秘部门或专人统一收发、审核、用印、归档和销毁。概括起来，文书处理工作的要求是准确、及时、安全、统一。

（一）文件的运转

文件的运转，是指公文的形成和处理须经过一系列的程序。不同性质的文件，处理程序也有所不同。公文的处理程序一般包括发文制作程序和收文办理程序两部分。换言之，文件的运转可分为两个阶段：一是在机关内部经过的发文制作阶段；二是送给相关单位之后要经过的收文办理阶段。

1. 行文关系

机关之间公文往来，是根据党的组织系统、国家体制、本机关所处的地位、机关的职权、机关之间的工作关系而产生的行文关系来进行的。这种根据组织关系、本机关职权、地位、本机关与其他机关之间的工作关系而形成的文件往来关系，就是行文关系。

2. 行文方向与方式

行文方式一般有逐级行文、多级行文和越级行文三种。不同的行文方向，可以选择相应的行文方式。行文方向及方式应根据行文关系和行文规则来确定。

（1）下行文：可以采用逐级行文，或多级行文的方式。

（2）上行文：一般采用逐级行文方式。必要时可以采取多级行文方式。非特殊情况下一般不使用越级行文方式。

（3）平行文：由于不存在上下级关系，因此，可以根据工作需要直接行文即可。

3. 行文规则

行文时应注意以下基本规则。

（1）行文应根据隶属关系和职权范围确定。一般不得越级行文，特殊情况需要越级行文的，应当同时抄送被越过的机关。

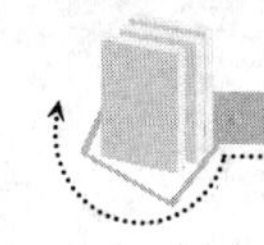

（2）按行文关系选择行文方向和文种，如“请示”与“函”。

（3）政府部门一般不得向下一级政府行文，部门内设机构一般不向外行文。

（4）联合行文时，要明确主办单位，并将其名称排在文头中的第一个。

（5）要注意分清主送和抄送，抄送必须是真正有关的机关；主送单位要明确，机关一般不能直接向领导人行文，下发的重要文件应抄送上级。

（6）“请示”要一文一事，请示问题要求办复的文件，只能写主送一个机关，请示不能同时抄送给下级；报告中不能带有请示事项，不能用“请示报告”等不规范的名称。

（7）必须严格控制发文范围和数量，严禁滥发文件。

（8）行文要清楚发文单位和收文单位的职责，不能党政不分。

（二）文件运转程序

1. 收文办理程序

收文办理程序一般包括签收登记、审核、拟办、批办、承办、催办、查办、签注、立卷、归档或销毁等程序。党政机关收文办理主要程序包括签收、登记、初审、承办、传阅、催办、答复等。以下具体介绍收文办理程序的几个主要环节。

（1）签收登记：文件的签收登记是管理文件的一种必要措施，是文书处理工作的一项重要制度，要求严格执行，手续要清楚。签收登记具体是由收发人员在对方要求的发文登记本上签字，在收到的文件左上方空白处盖收文章，并填写收文时间和顺序号等；在收文登记簿上进行登记，登记的项目包括顺序号、收文日期、来文机关、来文文号、机密等级、标题、签收人、备注等，登记顺序一般按年、月、日流水登记。

（2）审核：收到下级机关上报的需要办理的公文，文秘部门应当进行审核。审核的重点是：是否应当由本机关办理；是否符合行文规则；是否符合国家法律、规范等。

（3）拟办：由办公室（秘书科、综合科）在收到登记后的文件后，按文件内容和办理要求，提出建议、提示，指出应送给谁或哪一个部门办理等意见，以供参考。

（4）批办：批办就是由机关领导对文件应由谁或哪一部门办理及如何处理等写出批示意见。

（5）承办：承办是指具体科室或人员按领导批示意见和文件本身的要求进行具体办理的过程。

（6）催办：催办是办公室（秘书科、综合科）对文件的承办进行检查和督促。

（7）签注：就是由承办人在文件处理单上注明该文件的办理情况或结果。

2. 发文办理程序

发文办理程序一般包括拟稿、核稿、签发、复核、编号、缮印、校对、用印、发文登记、分发、立卷、归档或销毁等环节程序。党政机关发文办理主要程序包括复核、登记、印制和核发等。以下具体介绍发文制作程序的几个主要环节。

（1）拟稿：指撰拟公文文稿，是根据领导的交拟意见或批办意见起草文件的工作。

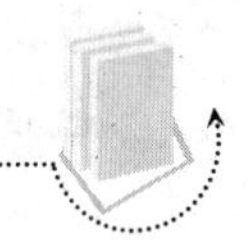

（2）核稿：指机关办公部门或负责拟稿的业务部门的领导人对撰稿进行审查。

（3）签发：指机关主管领导对审核过的公文稿进行最后审定并签署印发。签发时领导要写明意见并签名，同时还要写上日期。

（4）复核：指公文在正式印制前，文秘部门对其进行复查审核，主要包括审核处理程序、附件材料、文件格式等方面。

（5）缮印和校对：按规定手续经过签发的文件，即可以缮印。缮印和校对工作是文书处理工作的重要环节，这些工作做得好坏，直接关系到文件处理的速度和准确性。要求认真校对，保证不出错漏。

（6）用印：指在需要加盖印章的文件上盖上机关公章或签署领导人的印章。落印要求“齐年盖月压落款”。

（7）发文登记：指在文件用印封发之前，对文件主要内容进行登记检查的环节。

实训练习

1. 实训内容

加深学生对文件的认识，学会起草正式的文件，熟悉文件的运转程序。

2. 实训方式

（1）将全班同学分成若干小组，组数以双数为宜。

（2）每组 1～2 名成员负责起草一件正式的文件，文件草稿交其他成员修改，最后由组长签署，形成定稿。

（3）将定稿打印成正本，要求文件各部分齐全，格式规范。

（4）各小组两两交换文件，进入收文处理阶段。由小组成员进行签收、登记，并提出拟办意见，再交组长批办。

（5）最后将本组的定稿和正本以及其他组的来文归档保存。

3. 教师评判

教师根据各组的文件运转情况作评判。

任务二　文件归档

相关知识

一、归档的含义与意义

归档就是各机关、团体、企业事业单位的文书处理部门在文件办理完毕后，按有关规定，对其中有查考保存价值的文件，按照它们在形成过程中的自然规律和特点，进行分类、排列、编目使之有序化，并向档案室或档案人员移交的过程。

归档是文件向档案的转化标志，是文书处理的终点、档案管理的起点。

二、归档范围

根据国家档案局 2006 年 12 月 18 日颁发的第 8 号令《机关文件材料归档范围和文书档案保管期限规定》及国家档案局、国务院国有资产监督管理委员会印发的档发〔2004〕4 号文《国有企业文件材料归档办法》规定，凡属归档范围的文件材料，必须按有关规定向本单位负责档案工作的部门移交，实行集中统一管理，任何个人不得据为己有或拒绝归档。下面分别介绍机关与企业文书材料的归档范围。

（一）机关文件材料归档与不归档范围

1. 机关文件材料归档范围

一般来说，本机关形成的文件材料是归档的主体和核心。本机关制发的文件，即发文，也是归档的收集重点。依据国家档案局 2006 年第 8 号令《机关文件材料归档范围和文书档案保管期限规定》，机关文件材料归档范围如下：

（1）反映本机关主要职能活动和基本历史面貌的，对本机关工作、国家建设和历史研究具有利用价值的文件材料；

（2）机关工作活动中形成的在维护国家、集体和公民权益等方面具有凭证价值的文件材料；

（3）本机关需要贯彻执行的上级机关、同级机关的文件材料，下级机关报送的重要文件材料；

（4）其他对本机关工作具有查考价值的文件材料。

以上归档范围的文件材料，主要有以下几方面的来源和内容。

（1）本机关形成的文件材料，包括：本级召开的党的代表大会，人民代表大会，政治协商会议，工会、共青团、妇联代表大会的文件材料；本级党委、人大、政协、纪检、共青团、工会、妇联等党政机关的常委会、执委会、主席团会议、全体委员会会议、政府常务会、办公会议的文件材料；本机关党组（党委、党支部）会议和行政办公会议的纪要、记录；本机关召开工作会议、专题会议的文件材料；本机关联合主办、协办召开会议的文件材料；本机关承办国际性会议、大型展览会、博览会的文件材料；本机关制发的各种业务文件、请示、批复、工作计划、总结等文件材料；本机关编写的大事记、组织沿革、简报、情况反映、规章制度；本机关机构编制、干部人事、党、团、纪检、工会、保卫、信访工作形成的文件材料；本机关事务管理工作形成的文件材料等。

（2）上级机关制发的文件材料，包括：上级机关制发的属于本机关主管业务的文件材料；上级机关制发的属于非本机关主管业务但要贯彻执行的文件材料；上级机关制发的关于本机关机构设置、领导人任免、人员编制等文件材料。

（3）同级机关制发的非本机关主管业务但要贯彻执行的文件材料。

（4）下级机关报送的报告、计划、总结、统计材料。

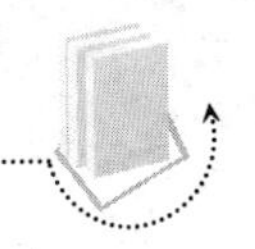

2. 机关文件材料不归档的范围

依据国家档案局2006年第8号令《机关文件材料归档范围和文书档案保管期限规定》，机关文件材料不归档的材料主要有：

（1）上级机关的文件材料中，普发性不需本机关办理的文件材料，任免、奖惩非本机关工作人员的文件材料，供工作参考的抄件等；

（2）本机关文件材料中的重份文件，无查考利用价值的事务性、临时性文件，一般性文件的历次修改稿、各次校对稿，无特殊保存价值的信封，不需办理的一般性人民来信、电话记录，机关内部互相抄送的文件材料，本机关负责人兼任外单位职务形成的与本机关无关的文件材料，有关工作参考的文件材料；

（3）同级机关的文件材料中，不需贯彻执行的文件材料，不需办理的抄送文件材料；

（4）下级机关的文件材料中，供参阅的简报、情况反映，抄报或越级抄报的文件材料。

（二）企业文件材料归档范围

企业文件材料归档范围包括企业在筹备、成立、经营、管理及产权变动过程中形成的具有保存价值的文件材料。其中，属于文书档案归档范围的是党群工作、行政管理工作、经营管理工作和生产技术管理等四个方面管理性的文件材料。

（1）党群工作形成的文件材料，包括：党务综合性工作、党员代表大会或党组织其他有关会议；党组织建设、党员和党员干部管理、党纪监察工作、重要政治活动或事件；宣传及思想政治工作、企业文化和精神文明建设、统战工作；职工代表大会、工会工作、共青团工作、女工工作；专业学会、协会工作，群众团体活动等。

（2）行政管理工作形成的文件材料，包括：企业筹备期的可行性研究、申请、批准，企业章程；企业领导班子（包括董事会、股东会、监事会和经理层，下同）构成及变更、企业内部机构及变更；企业领导班子的活动；综合性行政事务，企业事务公开，文秘、机要、保密、信访工作，印鉴的管理；法律事务，纪检监察，公证工作；审计工作；职工人事管理，劳动合同管理，劳动工资和社会保险，职务任免，职称评聘；职工教育与培训工作；医疗卫生工作；后勤福利，住房管理；公安保卫，综合治理，防范自然灾害；外事工作等。

（3）经营管理工作形成的文件材料，包括：企业改革，经营战略决策；计划管理，责任制管理，各种统计报表，企业综合性统计分析；资产管理，房地产管理，资本运作，对外投资，股权管理，多种经营管理，产权变动、清产核资；属企业所有的知识产权和商业秘密及其管理；企业信用管理，形象宣传；商务合同正本及与合同有关的补充材料，有关的资信调查等；财务管理，资金管理，成本价格管理，会计管理；物资采购、保存、供应和流通；经营业务管理，服务质量管理；境外项目管理；招投标项目管理等。

（4）生产技术管理工作形成的文件材料，包括：生产准备、生产组织、调度工作；质量管理，质量检测和质量控制工作；能源管理；企业管理现代化和信息化建设，科技管理；生产安全，消防工作，交通管理；环境保护、检测与控制；计量工作；标准化工作；档案、图书、情报工作等。

三、归档方法

（一）严格登记

可以采用计算机登记，也可以采用收、发文登记簿登记。登记的内容包括来文的文件题名、责任者、密级、收文编号、收文时间等。

（二）平时归类

文书人员在公文办理完毕后，及时把文件归入有关类目，就是文件的平时归类工作。做好平时归类工作，有利于文件收集的齐全完整；有利于提高档案的整理质量；有利于公文的查找利用和安全保密；有利于提高文书管理水平和机关工作效率。

要做好平时归类工作，首先要编制好平时归类的类目。平时归类的类目是在年初公文还没有形成以前，根据机关工作活动和文件形成的规律，对一年内可能产生的文件按照归档要求和方法预拟的分类方案。常用的分类方法有两种：一是按问题分类，即按文件内容所反映的问题分类；二是按组织机构分类，即按机关内的组织机构分类，有几个机构就设几类，机构的名称就是类的名称。

其次，确定了文书的归类类目之后，文书人员在公文办理完毕后，要及时把文件归入有关类目。

（三）及时检查

所谓及时检查，就是指及时对归类文件进行检查，包括检查文件内容是否完整，文件归类是否正确，文件收集是否齐全等。

（四）注意“账外”文件的收集

所谓“账”，是指收、发文登记簿。“账外”文件，就是未经收、发文登记的文件，主要包括：外出开会或参加活动带回来的文件，重点收集对象是单位领导；直接送到承办部门的文件，重点收集对象是业务科室；内部文件，如规章制度、会议记录、图表、名册、书刊、会议材料等，重点收集对象是单位综合部门。

四、归档时间

根据规定，属于文书档案的文件材料一般应在第二年上半年归档。

根据单位的具体情况也可以随办随档，即把办理完的文件即时归档。但随办随档可能造成期限不准确、无法人为排序、同一事由文件过于分散、件号随机等问题。对此可分两步走：平时录入、整理，但暂不定件号；次年集中统一编制件号。

五、归档要求

概括地说，文书档案的归档要求是：齐全完整；系统科学；优质精练；及时迅速；手续完备。具体而言，对文书档案进行归档时应注意以下事项。

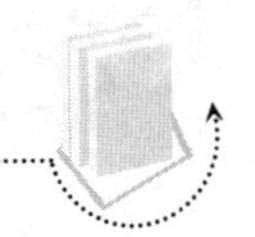

（1）归档的文件种类、份数以及每份文件的份数均应齐全完整。有文件发文稿纸、文件处理单的，应与文件正本定稿一并归档。已破损的文件应予修整，字迹模糊或易褪色的文件应予复制。

（2）遵循文件形成的规律，保持文件之间有机联系，区分不同价值，便于保管和利用。

（3）归档文件应为原件，机关联合召开会议、联合行文所形成的文件材料原件应由主办机关归档，其他机关以复制件或副本归档。

（4）归档文件使用的书写材料、纸张、装订材料等应符合档案保护要求。例如：字迹材料要符合耐久性的要求；文件尺寸大于 A4 规格的，要按 A4 规格进行折叠或裁剪，小于16 开规格的要进行托裱；会生锈的金属物，归档时都必须去掉，用线或对纸张无损害的材料装订。

（5）认真履行归档手续。文书处理部门或业务部门向档案部门移交档案时，交接双方应根据案卷目录详细清点，经过认真核对后，如确认无误，双方即可履行签字手续，并将案卷目录中的一份由档案部门签字后，交还移交单位妥善保存。必要时，移交单位须编写归档文件简要说明，交接双方还应填写交接清单或移交清单。

实训练习

1．实训材料

教师事先准备好 30 份左右的文件，这些文件包括需要归档的重要文件，也包括重份文件、外单位文件、临时性文件和事务性文件。

2．实训内容

学习文件的归档，熟悉文件的归档范围及归档方法。

3．实训方式

让每位同学在一定时间内，判断这些文件是否应该归档，并将归档和不归档的文件分开。如班级人数较多，也可以两位同学一起进行训练。

4．教师评判

教师根据分类的情况进行评分，并做出点评。

任务三　归档文件的整理

相关知识

目前，归档文件的整理方法有两种：立卷和单件归档。立卷的整理方法形成并适用于手工管理时代，是传统的归档文件整理方法，但并非唯一方法。单件归档的整理方法，形成并适用于计算机管理单位。

一、立卷

（一）案卷与立卷

所谓案卷，就是由若干互有联系的文件构成的组合体。案卷是档案基本保管单位。所谓立卷，就是把零散的文件组合成若干个案卷的过程。

（二）立卷原则

（1）遵循形成规律和特点——按其历史原貌；
（2）保持有机联系——同一问题，同一案卷；
（3）区分不同价值——价值相近可组为一卷；
（4）便于保管利用——立小卷。

（三）立卷的整理步骤

立卷的整理步骤如图 2-2 所示。

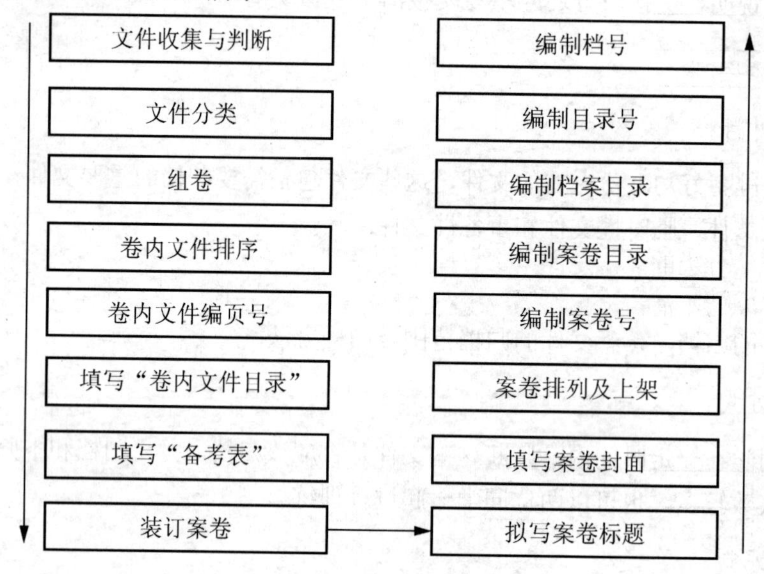

图 2-2　立卷的整理步骤

立卷的全过程就是将零散的文件组合成内容相关或相近的案卷，并为档案的进一步管理编好档号。

1. 文件的收集与判断

文件的收集工作就是把分散在本机关各股（科）室或各内部机构及工作人员手中的案卷、公文、材料、统计报表、名册、图纸、照片、录音录像带、电子光盘、荣誉实物（锦旗、奖杯）等载体，按照国家法规，有计划、有步骤地全面集中到本机关综合档案室的工作。

文件的判断就是对所收集的文件进行分析，一是判断其是否具有归档价值，剔除没有保存价值的文件材料；二是判断档案的“生存期”，提出文件应保存的年限。

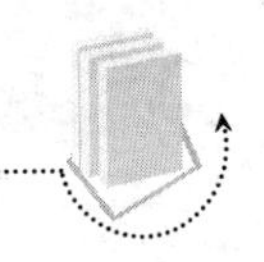

2. 文件分类

一个年度的文件，应根据本机关内部机构设置、职责分工、文件形成的数量等情况，按照文件自然形成的规律以及保持文件之间的有机联系进行分类。

（1）分类方法。

① 按“年度—内设机构—（问题）—保管期限”的分类方法。即先将归档文件按年度分类，然后每个年度下按机构分类，再在机构下按保管期限分类；或者把同一机构形成的文件按问题分类，最后才按保管期限分类。根据国家档案局2006年第8号令，文书档案保管期限定为永久、定期两种，定期一般又分为30年、10年。按此法分类的类名为机构名称。这种方法简便易行，又容易掌握，既可以使同一组织机构形成的文件相对集中，又能较好地反映机关工作的历史面貌，保持文件的历史联系。这种分类方法的适用范围是机构明确、稳定、职能清晰的大、中单位。

【例2-1】某单位2011年文书档案如下：

办公室—	永久	30年	10年
监察科—	永久	30年	10年
法规科—	永久	30年	10年
业务科—	永久	30年	10年

② 按“年度—（问题）—保管期限”的分类方法。即先将归档文件按年度分类，然后每个年度下按保管期限分类；或者在每个年度下按问题分类，再在问题下按保管期限分类。按这种方法分类的类名是期限名称或问题名称。这种分类方法的适用范围是机构不明确、多变化、职能不清晰的单位或无内设机构的小单位。

【例2-2】某单位2011年文书档案如下：

行政类—	永久	30年	10年
业务类—	永久	30年	10年
人事类—	永久	30年	10年

（2）分类步骤。

① 按文件形成的年度分开。不同年度的文件不得混淆，计划、预算、决算、总结、统计报表应放在文件内容针对的年度；长远规划应放在文件内容针对的头一年，多年度的总结、报告，应放在文件针对的最后一年；跨年度的案件应放在结案的一年；跨年度的会议文件应放在会议结束的年度；其他文件应放在文件形成的年度。

② 按文件形成的机关的级别分开。可分成上级、本级、下级与平级机关。对有密切联系的文件可不按形成机关的级别分开，如本机关的请示与上级的批复，下级的请示与本机关的批复，应与本机关文件分在一起组卷。

③ 按文件承办的部门不同分开。

④ 按文件内容所反映的不同问题或不同类型分开。

⑤ 按文件不同的保管期限分开。根据本机关《文书档案保管期限表》的规定将同一问题或同一类型的文件按永久、30年、10年三种保管期限分开，然后分别组卷。

3. 组卷

组卷，就是将分好类的文件材料组合成案卷。组卷要保持文件之间的有机联系，卷内文件的问题要相对单纯，从实际出发，要区分文件的不同价值，分别组卷。

常用的组合方法有内容组合、文件名称组合、工作活动组合、问题组合、其他组合等。

（1）本机关的各种业务文件、调查研究材料、规章制度等，应按文件内容所反映的问题组卷，尽量做到问题单一。

（2）会议文件，可按数量多少，一会一卷或数卷。

（3）各种统计报表、名册等，一般按同一种格式、名称或同一地区组卷。

（4）工作计划、总结报告等综合性文件，一般按作者和文件名称组卷。

（5）案件材料，每案一卷或数卷。

（6）人民来信，按来信人所反映的问题，或来信人所在的地区分别组卷。

（7）科研、生产、建设管理工作形成的图表和文字材料，每个项目一卷或数卷。

（8）简报、刊物，按名称组卷。

（9）省、市（包括市属单位）其他单位来文，不是针对本机关的，按作者或问题组卷。

在文件之间的联系与文件价值发生矛盾时，要正确处理两者之间的关系：若文件之间的联系密切，且价值相近，则应照顾文件的联系；反之，若文件之间有一定联系，但价值相差很远，则应照顾价值。

4. 卷内文件排序

组合成卷之后，每个案卷内的文件还需要进行系统化排列，使它有条理，便于查阅。

卷内文件排列的方法要根据实际情况确定。例如，处理同一问题、同一作者、同一文件名称组成的卷，可按日期进行排列；一卷之内的文件有几个作者、几个具体问题或几个名称的卷，可按重要程度进行排列；卷内有几种名称的文件时，先排领导、指导性的文件，后排一般性的文件；一个案件组成的卷，先排处理结论或决定，后排交代、调查、旁证材料；一个卷内涉及几个人物的文件，可按姓氏笔画排列；来文与复文组成的案卷，可将本单位形成的文件排在前面，上级与下级机关送来的文件排在后面；同一份文件的各种文稿文本，打印、铅印的存本在前，定稿在后，如果保存历次稿本时，定稿在前，历次稿依次在后；转发件在前，被转发件在后；正文在前，附件在后。

5. 卷内文件编页号

卷内文件经过系统排列之后，应给一个案卷内的所有文件编一个流水顺序号，并用号码机打在文件页面上端外侧的角上。双面印刷的要编为两页，即正面的号码编在右上角，反面的号码编在左上角。如果文件背面是空白的则不用编号，卷内目录也不用编号。

6. 填写“卷内文件目录”

每个案卷的卷首页要附上“卷内目录”，要按目录中的项目要求，逐项填写正确、完整。若原标题不具体，应根据文件的内容，重新拟制。永久、30年案卷的卷内目录应打印一式三份；10年案卷的卷内目录一式两份。

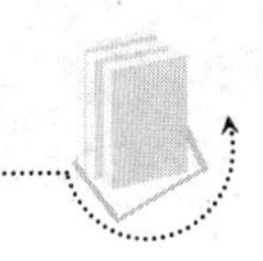

7. 填写“备考表”

卷内备考表一般用于对卷内文件材料特殊情况的说明，以便管理者和利用者了解卷内文件的特点。

8. 装订案卷

装订案卷的目的是保护文件不受损坏和便于保管。装订案卷要求做到装订牢固结实、整齐美观。装订案卷要拆除文件上的金属物，对破损和大小不一的文件要进行修补、切齐和折叠。没有装订线的文件要另用纸加宽。切齐文件时应注意不要把文件边上的批示切掉。案卷要在左边和下边取齐，在左边三孔一线装订。案卷装订好后要逐个检查有否脱页等。

9. 拟写案卷标题

案卷标题是对卷内全部文件的主要内容与成分的概括揭示，它是案卷的名称，一般由作者、问题、名称三部分组成。作者是指卷内文件形成的单位或个人，写作者可用全称或规范的简称。问题是指卷内文件所反映的内容。它是标题的重点，应用简练的文字，全面、概括、确切地把卷内文件的内容揭示出来。不要漏写、错写某一个问题，也不要把所有问题一一罗列。名称是指卷内文件的名称，如果卷内文件名称较多，也可概括地填写。

拟写案卷标题要求全面、准确、概括地反映卷内文件内容，文字简洁通顺、符合语法，切忌笼统、冗长或罗列堆砌文件标题。内容涉及一定地区或时间的案卷，需要标明地区和时间。拟写案卷标题最好是在组卷后，结合卷内文件系统排列时及时写出来，以免重复翻阅卷内文件，费时误工。标题拟定后，另用一张纸写好夹在卷上备用。

10. 填写案卷封面

案卷封面要标明立档单位（即全宗机关名称，如珠海市××局）、组织机构名称（如××科）或类别（如党务类、综合类等）、案卷所属年度、案卷号、案卷标题和卷内文件页数。填写案卷封面时，要用耐久的字迹材料书写或打印，字体工整，标点符号清楚。

11. 案卷排列及上架

案卷排列就是固定全宗内各案卷之间的排放顺序，按照保管期限分别排列。

所有案卷立好之后，要根据一定的原则和方法进行系统的分类排列。案卷排列的基本原则是：区分保管期限，照顾案卷之间的联系和重要程度。

案卷排列的具体方法为：首先区分永久、30 年、10 年不同期限的案卷，分别排列；在每个期限内，将案卷按组织机构、问题分类排列，然后再进一步按案卷之间的联系和重要程度进行排列；若只有一层组织机构而案卷较多的单位，可直接按问题分类，然后按联系和重要程度进行排列；若是只有一层组织机构且案卷不多的单位，也可以直接按联系和重要程度进行排列。

一个全宗内每年的案卷排列方法应基本一致，如若组织机构调整变动，案卷排列可随之变动。

12. 编制案卷号

案卷经系统排列后，要编制案卷号以固定案卷的位置。案卷的编号方法有两种，应根据单位案卷数量多少而选用。

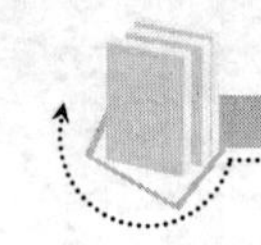

方法一是分保管期限大流水编号。这种编号方法适应每年档案数量较少的单位。编制方法是：三个期限分别编流水号，给每个案卷编定一个固定的号码，形成三条流水号；下一年度的案卷在三个期限内分别连续编号；形成三本目录可使用若干年。

方法二是按年度分保管期限编制小流水号。这种方法适应档案数量较多的单位。编制方法是：每年三个期限分别编制流水号；下一年度的案卷又重新在三个期限内分别编号；每年形成三本目录。

13. 编制案卷目录

一个单位一年的全部档案，经过立卷并进行了系统排列编号之后，要将案卷逐个登记到案卷目录上。因此，案卷目录也就是一个单位一年的案卷名册，它是档案目录的重要组成部分。通过填制案卷目录，可进一步揭示和巩固一个单位一年的全部案卷的分类体系、案卷内容、案卷的排列次序，以便档案材料的利用、保管、统计等。不同保管期限的案卷要分别按顺序填写案卷目录。

14. 编制档案目录

档案目录又称案卷文件目录，以前也称全引目录。档案目录是档案馆（室）档案材料的基本检索工具，也是档案保管、统计、检查等一系列工作的主要依据。档案目录以后可作为机关档案室向档案馆移交档案的清册。

档案目录由立卷情况说明、案卷目录、卷内文件目录外加硬质封面组成。永久、30年期限的档案目录编制一式两份，10年期限的档案目录编制一式一份。

立卷情况说明的内容包括：一年之中本机关的主要工作概况、本机关主要领导成员、内部机构和业务范围有何变动；本年立卷工作完成时间、情况、案卷总数，其中永久、30年、10年保管的案卷各多少；其他有必要说明的情况。

15. 编制目录号

目录号，即编制好的目录本身的编号。目录号的组成结构是：大类代字＋保管期限代号＋目录顺序号。

（1）大类代号。根据广东省机关档案分类办法规定，机关档案原则上分为7大类。分类后的档案，分别用英文字母按顺序编大类代字，如党政工团档案（即文书档案）的代字为“A”。

（2）保管期限代号。永久保管为“1”，30年保管期限为“2”，10年保管期限为“3”。

（3）目录顺序号。即按年度（或若干年）给目录编上顺序号。每本目录内的案卷号都应是从1开始的连续自然数。

【例2-3】“小流水”目录号如下：

2008年——A1·1　　A2·1　　A3·1

2009年——A1·2　　A2·2　　A3·2

2010年——A1·3　　A2·3　　A3·3

…　　…　　…

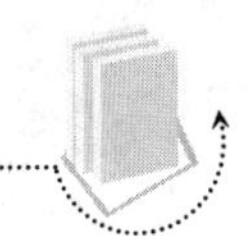

【例 2-4】“大流水”目录号如下：

1996—2000 年——A1·1　　A2·1　　A3·1

2001—2005 年——A1·2　　A2·2　　A3·2

2006—2010 年——A1·3　　A2·3　　A3·3

…　　…　　…

16. 编制档号

档号即每一份具体的档案的代号。档号由 4 个层次的号码共同组成：全宗号＋目录号＋案卷号＋页号（件号）。

二、单件归档

（一）单件归档的指导思想和基本方法

立卷适用于原手工管理方式，便于保管。案卷是档案的基本管理单位，也是档案管理理论的重要基础。但在计算机管理环境下，立卷就没有多大必要，没有案卷也查得到文件。

本着“简化整理，深化检索，提高效率，方便利用”的指导思想，2000 年国家档案局颁布了《归档文件整理规则》，广东省档案局也印发了《文件材料归档方法改革方案》，提出了以自然件为归档单位，逐件整理归档的归档方法。

为方便检索和有效提供利用，单件归档的前提是使用电子计算机和国家档案局推荐的优秀档案管理软件。单件归档的适用范围，目前原则上仅用于文书档案，其他门类的档案仍按原方法整理。文书档案中原已立卷的也不需要按新方法重新整理。

单件归档的基本归档方法是顺其自然，单件归档。即顺应文件形成时的本来状况，以自然件为归档单位，逐件整理归档。

（二）单件归档的利与弊

立卷的整理方法形成并适用于手工管理，其实质是对文件材料实行了案卷级管理。与之相比，单件归档的整理方法形成并适用于计算机管理，实质上是从案卷级管理深入到了文件级管理，在实现文件条目计算机管理（必须可提供多途径、多方式、全方位的检索）的基础上，还可以更进一步实现全文管理，从而为文档一体化管理提供了有利条件。

单件归档的优点是：适应办公自动化、文档一体化趋势；化整为零，可以减少文件积压；减少了工作量，如免去了组卷、打页号、拟案卷标题、写卷皮、编案卷目录、编目录号等环节，提高了效率；便于利用和保密；便于档案馆提高进馆质量，减少重复件。

单件归档也有不利的一面，主要表现在：对计算机的依赖性很大，必须注意数据的安全；文件易散失。

（三）单件归档的整理方法

1. 收集

收集要求仍然是齐全完整，收集范围仍然是收文、发文和内部文件。

2. 区分年度

单件归档原则上按形成年度归档，所以要区分年度。一系列内容有联系的文件，应尽可能待文件处理完毕后，将相关文件集中在同一年度归档。时间跨度特别长的，可分别在形成的当年即行归档。

3. 分类

《广东省文件材料归档方法改革方案》（以下简称《改革方案》）中提出了“年度—机构—保管期限”和 “年度—保管期限”两种分类形式。其中，机构的含义，是指本单位内设机构，并非文件发文单位。

单件归档的两种分类形式在应用中要根据工作实际正确选用，如地级市以下的一般立档单位都不适宜按机构分类。因此，除特殊情况外，各立档单位可实行“年度—保管期限”的分类形式。

由于以“件”为单位确定期限，所以允许同一事由或问题的文件分散在不同期限。

4. 文件排序

先将归档文件材料按三个保管期限分开，不同期限再分别排序。同一期限内，原则上按时间先后排序即可。

为了便于归档文件的集中调阅及特殊情况下的手工检索，一般要将同一保管期限的文件材料按照“机构—时间”先后排列，要尽可能将关系密切（如同一次活动、同一项工作、同一个会议形成）的文件材料排列在一起，尽可能按照职能、问题、关系、责任者、文号等特征有规律地进行排列。同一文件的不同稿本，正本在前，定稿在后；不同文字的文本，原文本在前，译文本在后。要使文件实体排列尽可能有规律，以备特殊情况下的不时之需。

5. 以“件”装订

归档文件应按件装订。所谓“件”，一般是以每份文件为一件，文件正本与定稿为一件，正文与附件为一件，原件与复制件为一件，报表、名册、图册等一册（本）为一件，转发文与被转发文为一件。有价值的文件处理单应予保留，并与被处理文件作为一件。请示与批复要分别为一件，不能视为一件。装订时，正本在前，定稿在后；正文在前，附件在后；原件在前，复制件在后；转发文在前，被转发文在后；原文在前，译文在后。

归档文件应去除可能生锈的金属物，重新装订。永久、30年期限档案可用无酸纸纸袋套装或不锈钢书订装订，也可用棉线装订。短期保存的档案可以不起钉，按原装订归档。

大于A4幅面的材料要折叠为A4幅面，小于16K的材料要托裱，如介绍信等，但原已装订成册的除外。托裱要使用宣纸或白纸，不能用废纸；要托为平面单页，不能重叠。

6. 页数与页码

归档文件的“页数”，是指归档文件的有效页面数。被转发文件、文件的附件、予以保留的文件处理单、文件定稿等，不论其页面大小、不论原有页码如何编制，均应一并计算总的有效页面数，并准确填入“归档文件目录”。

文件全文中原有页码不连续、不完整或不符合页数计算规范的，应重新编制连续、完整、规范的页码。

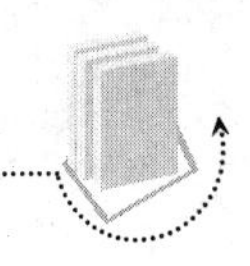

7. 编档号

归档文件要逐件在首页右上方或上方的空白处加盖档号章，并填写有关栏目的内容。档号章不可以盖在处理单或白纸上。档号章的项目及填写内容如下。

（1）全宗号：档案馆给立档单位编制的代号。档案室如没有全宗号可暂时不填。

（2）类别号：一个立档单位不同门类档案的代号，如文书档案为“A”。此项为必填项。

（3）期限：即保管期限，标注该份归档文件的保管期限，如永久（可简写永）、30年、10年。此项为必填项。

（4）年度：指归档年度，并非文件成文年度，以4位阿拉伯数字标注公元纪年。此项为必填项。

（5）机构：填写文件形成或主办部门的简称或代号，不分机构编档号的单位此栏不填。

（6）件号：以年度为界，每年必须从1编起，不能跨年度连续编号，各期限分别编流水号。

关于归档文件材料的档号编制方法问题，《改革方案》中有不分机构的大流水号、分机构的小流水号两种“件号”编制方法。前者是以年度为界线，由全宗单位档案室集中整理归档的，一个保管期限编一个大流水号；后者是由全宗单位内各部门分别整理归档的，每个部门内按保管期限分别编三个小流水号。也就是说，采用大流水号，各机构不断号；采用小流水号，各机构要断号。由于地级市以下一般立档单位都不适宜按机构分类，因此要相应地采用“大流水号”，即同一立档单位内每年分期限共编三条流水号。

【例2-5】“大流水号”编档号方式如下。

2009年	2010年
永久：1、2、3……85	永久：1、2、3……94
30年：1、2、3……60	30年：1、2、3……88
10年：1、2、3……234	10年：1、2、3……354

8. 归档文件目录及计算机录入

归档文件目录包括以下基本项目：机构；件号；责任者；文号；题名；日期；页数；备注。

（1）机构：指文件形成或主办部门，不分机构编档号的，就不能填写“机构”项。

（2）件号：指文件分类排列的编号。

（3）责任者：指制发文件的组织或个人，亦即文件的署名者或发文机关。

（4）文号：指文件的发文字号。没有发文字号的不填写。

（5）题名：指文件的标题，一般应照实抄录。原文没有标题的应当加拟标题，外加“[　]”号；原文有标题但不能说明文件内容的，应重拟标题，重拟标题外加“[　]”号附于原标题之后。

（6）日期：指文件形成的日期。填写时可省略“年”、“月”、“日”字，在表示年、月数字的右下角加“.”号。

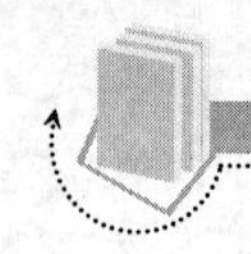

（7）页数：指每一份归档文件本身的有效页面数。

（8）备注：用以标注归档的变化情况或参见档号。

计算机录入要按照归档文件目录的基本项目和录入规范，尽量完整准确。录入完毕，要打印出纸质的归档文件目录，永久、30年期限的目录需一式两份，10年期限的目录需一式一份。

9. 档案目录

档案目录的组成包括归档说明、归档文件目录外加硬质封面。

归档说明的内容包括：本年度立档单位主要工作概况；本年度内设机构及机关党、政主要领导人变化情况；本年度文书归档情况（含归档工作的组织情况、文件材料完整与否、档案数量、有何缺陷和问题等）。

三个期限的目录必须分别装订，原则上每年应形成三本目录。实际工作中如立档单位归档文件较少，其目录也可在同一期限内按顺序跨年度装订在一本目录硬夹内，即同一本目录内有多个年度，多条流水号。目录夹封面与脊背的项目要填写完整。

除计算机数据外，归档文件纸质目录，要求打印并装订。永久、30年期限的纸质目录至少一式两份，其中一份在档案移交时一并移交到档案馆或文件中心，另一份由立档单位备查；10年期限的可以一式一份，如有特殊需要可相应增加目录份数。

除档案目录外，各单位应根据实际需要，选择编制一些其他的档案检索工具，如文号档号对照表、各种常用的专题目录等，以方便日常手工检索。

10. 装盒

装盒就是将归档文件按件号顺序装入档案盒，并填写档案盒盒脊、备考表等项目。

文件必须经过装订或装袋，不得散页装盒。同一个流水号内的归档文件按件号顺序装盒，应尽量装满档案盒，档案总量少或最后文件不足一盒的，可适当选用较薄的档案盒。但不同归档年度或不同期限的文件不得同盒。

档案盒盒脊内容包括全宗名称、全宗号、类别号、机构、年度、起止件号，不按机构归档的机构项目不用填写。由于“盒”不是档案的基本保管和统计单位，因此档案盒不必编制盒号，盒内也不需要编制文件目录。

备考表置于盒内文件之后，项目包括盒内文件情况说明、整理人、检查人和日期。盒内文件情况说明主要填写盒内文件缺损、修改、补充、移出、销毁等情况。整理人指负责整理归档文件的人员姓名。检查人指检查文件整理质量的人员姓名。

11. 上架排列

分开期限上架排列，各期限适当留有空箱，同期限内按年度连续上架，以便于管理和移交。

实训练习

1. 实训材料

准备卷盒、文件若干，要求文件标题准确，格式规范，项目完整，内容应包括两个不同的方面。

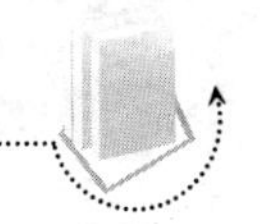

2. 实训内容

熟悉单份文件的归档方法，掌握文件的分类及整理。

3. 实训方式

（1）将全班同学分成若干小组，每个小组发 2 个卷盒、20 份文件。

（2）每组同学在规定时间里，按照单份文件归档的要求，对文件进行处理，包括加盖归档章、填写档号、打印页码，最后装在文件套内。

（3）小组合作对 20 份文件进行分类，分类的标准根据文件的内容而定，并说明分类理由。

（4）整理好的文件按类别分装在两个卷盒中，并填写好文件目录。

4. 教师评判

教师根据各小组对文件的归档、分类和整理情况进行评分，并做出点评。

任务四　文书档案的鉴定与移交

相关知识

文书档案的鉴定是指对档案保存价值的鉴定，也就是全面考察档案对本单位和社会的现实作用与历史作用，决定档案的存毁，确保档案的质量。

文书档案鉴定的基本内容包括：制订鉴定的原则与标准（归档与不归档范围和档案保管期限表）；对有保存价值的档案划分保管期限；对保管期限已满，确定已失去保管价值的档案进行销毁；围绕上述鉴定所开展的一系列组织工作等。归纳起来，文书档案的鉴定主要包括两个方面：一方面是确定哪些档案应该保存，保存多长时间；另一方面是确定哪些档案不予保存，进行销毁。

一、文书档案鉴定工作概述

（一）文书档案鉴定的原则

鉴定工作的原则，是从国家和人民的整体利益出发，用全面的、历史的、发展的、效益的观点，确定档案的价值。

从国家和人民的整体利益出发判断档案的价值是文书档案鉴定工作的总的指导思想，也是评价档案保存价值的基本标准。档案是整个国家和人民的历史文化财富，是整个社会的财富，其保管利用关系到各方面的利益。档案鉴定不能只站在个别单位的角度决定档案是否保存或保存多久，而是要站在整个国家和人民整体利益或是整个社会的角度来判断档案的价值。全面的、历史的、发展的、效益的观点是对这一总指导思想的进一步阐述。

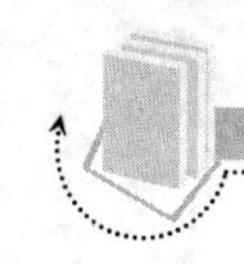

1. 全面的观点

全面的观点有三个方面的含义：一是全面地分析文件各方面的特征，从档案的来源、内容、时间、文本、外形等方面综合判断档案的价值；二是全面地把握被鉴定档案与其他档案之间的联系，如本单位的各个内设机构之间、各种问题之间、本单位与其他单位之间具有的联系；三是全面地预测社会对档案利用的需求，利用需求是多种多样的，如行政的、业务的、技术的、生产的、研究的等，只有在鉴定时对各种需求进行全面分析和考察，才能相对准确地对档案的价值作出判断。不能孤立地简单断定档案的保存价值（如孤本与普发文件）。

2. 历史的观点

历史的观点是要求把档案放在它所形成的历史条件下去分析它的内容与形式，离开当时的历史条件判断档案的价值是不准确的。因为档案是历史的记录，历史的进程以档案的形式记录下来，因此从某种意义上说，保存了档案便保存了历史。例如，鉴定“文革”时期形成的档案时，不能因其内容的荒唐而否定其保存价值，无论如何它都是当时的历史写照（如小岗村土地承包合同代表着中国改革开放）。

3. 发展的观点

社会是不断发展变化的，故鉴定时要注意用发展的观点判断档案的价值，预测档案未来的作用。随着社会的发展变化，利用档案的因素也会随之变化，现在有用的档案，随着时间的推移，将来可能没有用处；而现在尚未用上的档案，将来可能会有用处。因此，鉴定时要求一定要对利用需求可能进行预测，既要看到档案当前的作用，也要看到档案未来的作用，档案价值的鉴定才相对准确（如名人档案、票证收藏、家庭档案）。

4. 效益的观点

效益的观点是指在分析档案价值时要考虑收益与付出之比，只有当档案发挥的作用超过因保存档案所付出的代价时才判定其具有保存价值。任何一个社会、任何一个国家所能提供的档案保存能力都是有限的，人力、物力、财力等因素必然直接制约档案保存的质量和数量。因此，在鉴定工作中应摒弃不计成本、多多益善的观点，效益的观点不是可以量化的概念，只是一种指导思想和观念（如定期10年，收文）。

全面的、历史的、发展的、效益的这四个观点之间是辩证统一的关系，鉴定时应力求兼顾，从这几个角度去充分认识和估计档案的作用，判定档案的价值。

（二）鉴定档案价值的方法

档案的保存价值有两个决定性因素：档案自身的特点和社会利用需求。档案价值鉴定方法就是对这两方面的情况进行综合的分析、判断。

1. 分析档案的自身特点

档案自身的特点包括档案的来源、内容、作者、时间、名称、文本及外形特征等。

（1）分析档案的来源。档案的来源是指档案的形成者。通常的情况是，对于档案馆来

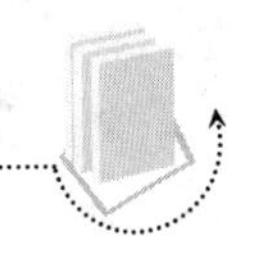

说，在本地区具有重要影响的单位或著名人物形成的档案价值就大，基层单位和一般人物形成的档案价值相对较小。对于各单位而言，本单位形成的档案价值大于外单位发来的，有隶属关系的单位来文比非隶属关系的来文价值大，针对本单位主管业务的、需要贯彻执行的文件比非本单位主管业务、参考性文件价值要高。对于本单位内部来说，本单位领导人、决策机构、综合性办公机构、主要业务职能机构、人事机构、外事机构制发的文件保存价值大于一般行政事务机构、后勤机构及辅助机构制发的文件。

（2）分析档案的内容。档案的内容是决定档案价值的最基本因素，因为利用档案主要是利用其内容。分析档案的内容主要从以下三点考虑。一是从重要性上考虑。一般来说，反映党的方针政策、重大事件、主要业务活动的比反映一般性、事务性活动的重要，反映本单位主要职能活动、中心工作和基本情况的比反映非主要职能活动、日常工作和一般情况的重要，反映典型性问题的比反映一般性问题的重要。二是从独特性上考虑。档案室应注意保存记述本单位特殊事件、特殊产品、特殊人物、特殊成果以及某些特殊传统的档案和反映本单位改革、发展过程中具有开创性意义的新人、新事、新政策、新做法的档案；综合档案馆应注意选择和保存反映本地区政治、经济、历史、文化、地理、民俗等方面特色的档案；专业档案馆应注意保存反映本系统行业特色的档案。三是从时效性上考虑。文件有效期的长短对档案的价值有较大的影响，有些因现行效用的消失而改变档案价值的形态。例如，方针政策性、法规性、综合计划性文件在失去效用后，其价值将由行政价值转变为科学研究价值；而契约、合同、协议等法权方面的文件通常在有效期及法律规定的起诉期内十分重要，超过此期限后便降低以致失去保存价值，当然，其中一些具有科学、历史研究价值的，仍可划为永久保存。

（3）分析档案的名称。文件的不同名称具有特定的性能和用途，因而可以在一定程度上反映文件的价值。一般而言，决定、决议、命令、条例、纪要、报告等往往用于反映方针政策、重大事件和主要业务活动，具有权威性和重要性，价值较高；而通知、简报、来往函件等往往用于处理一般事务，价值较低。

（4）分析档案的形成时间。一般来说，档案产生的时间离今天越远，保留下来的越少，也就显得越珍贵。正因为如此，各个档案馆及一些档案室所保存的明清以前的档案、明清档案、民国档案和革命历史档案一般不准销毁。此外，文件形成时间是历史的标志，在任何重要历史时期形成的文件都具有特殊的保存价值。

（5）分析档案的文本。同一份文件在撰稿、印制过程中形成了各种稿本，不同稿本的文件，在行政效能、凭证作用等方面是有区别的，因此价值也不同。正本具有标准的格式，有文件制发者的印章或负责人的签署，是工作的依据，具有法定的效能和凭证作用，其价值也大。而副本、草稿、草案的价值较小，只有法规性、重要性文件的草稿才归档，作为历史记录保存，一般性文件的草稿不归档。

（6）分析档案的外形特征。文件的制成材料、记录方式、笔迹、图案等外形特征也在一定程度上影响其保存价值。如有些文件因其载体古老、珍稀而具有文物价值，有些文件因有名人题词、批注、签字而具有艺术价值、珍藏价值等。

2. 分析档案的社会利用需求

档案的社会利用需求主要包括社会需求方向、需求面、需求时间等。

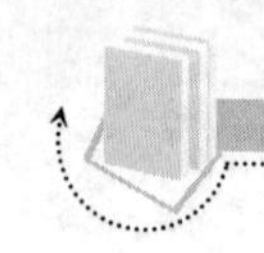

（1）分析社会的需求方向。档案价值鉴定不仅要对档案自身的有关项目进行分析，而且还要对社会各方面利用者对档案的需要进行分析。只有真正知道利用者需要什么，才能确切地判断档案对于他们的价值。社会的需求方向是指利用者需要哪些内容、哪些类型档案的趋向性。不同历史时期、不同社会群体、不同利用目的的利用者所需要的档案内容也不同，因此，档案人员应站在社会总需求的高度，对公民个人及各个社会组织等各方面的需要进行分析。如有些档案馆、档案室提高了专门档案的收集比例，也有些档案馆和档案室在保存“宏观”档案的同时，抽样保存了一些具有典型性、代表性的“微观”档案，受到了利用者的欢迎。为了把握社会需求方向，档案人员要加强对现有档案利用状况的统计和研究，总结经验，摸索规律，开展预测，尽可能使选留保存的档案能满足社会各方面的需求。

（2）分析社会的需求面。社会需求面指需要利用某件档案的个人和社会组织的广泛性。具有长久保存价值的档案是全社会的历史文化财富，应以一定的社会需要为前提，因此，在决定档案取舍以及确定档案保管期限时，要避免片面地以个别需要为鉴定标准，而要考察每份文件的社会意义。那些在失去现行效用之后，不仅对本单位有查证、参考意义，而且可作为其他方面的工作人员、研究人员工作参考和研究素材的档案，就具较大的社会意义，从而具有较高的价值。

（3）分析社会的需求时间。需求时间指需要利用某件档案的长久性。利用时间长，鉴定保存的时间就长；利用时间短，鉴定保存的时间就短。因此，档案人员必须研究利用者对各种档案的需求时间有多长，并据此决定档案的保管期限。有些文件夹在形成时具有重要作用，但在失去现行效用后，人们就不再需要它，故其保管期限就比较短。也有的文件在失去现行效用后，在相当长的时间内还有查证、参考价值，甚至时间越长越珍贵。

（三）文书档案鉴定的作用

1. 鉴定工作为确定档案保管保护条件提供了依据

通过鉴定，区分了档案价值的大小，从而既为及时移出已失去保存价值的档案，不占用有限的档案保管空间提供了依据，也为对珍贵档案实行重点保护提供了依据，尤其是对一些经费或办公用房较为紧张的单位来说，其作用更加明显。如果不进行鉴定，让已失去保存价值的档案占用大量的存储空间，妨碍有价值档案保管条件的改善，则必然会造成人力、物力、财力的浪费。

2. 鉴定工作是应付突发事件的必备措施

突发事件主要是指水灾、火灾、地震、战争、爆炸等天灾人祸，这些天灾人祸的降临往往是难以预料的，档案部门应早早做好预防。预防工作中最重要的一条便是及时做好鉴定工作，因为只有经过鉴定，有意识地将珍贵档案保存在专柜中，一旦发生突发事件，才能在最短的时间内进行抢救或保护。

3. 鉴定工作使档案更加精炼，便于开发利用

通过鉴定，档案的价值得到充分体现，档案保管者便可根据档案的不同价值组织开发利用。例如价值大的档案在社会上的影响也大，对这些档案进行重点开发，档案的作用就

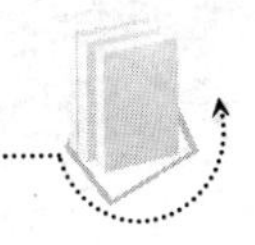

能得到充分的发挥。如果未经鉴定，则有价值的珍贵的档案淹没于大量失去价值的档案之中，不易被人发现和难以找到，档案的效益便不能充分发挥。

二、文书档案鉴定的几个阶段

文书档案鉴定是贯穿于档案业务工作始终的一项工作，涉及几个业务环节，且不同的环节有不同的鉴定内容与要求。

（一）文件收集归档阶段的鉴定工作

文件收集归档阶段的鉴定，具体内容是判断文件是否归档保存，其依据是本单位的归档范围。鉴定的方法是以审阅文件的内容为主，兼看文件的其他特征；鉴定的要求是确保归档文件的齐全完整，不漏掉有保存价值的档案，也不将没有保存价值的文件收集归档。在此过程中，要注意宜宽不宜窄。

鉴定时应注意几个问题：文件是否正本与定稿；是否原件。一般是保存正本和定稿，其他的文本和草稿就不需归档；鉴定文件材料是否原件是因为原件比复制件的保存价值大。特别要注意的是那些未采取发文形式的会议记录、调查研究报告等材料，对这些材料的鉴定，主要是看印鉴和领导签署的意见。

（二）文书档案整理阶段的鉴定工作

收集归档阶段的鉴定工作是断定文件的保存价值，而整理阶段的鉴定工作则是区分文件保存价值的等级，划分保管期限，以便按价值归档。这个阶段的鉴定要根据鉴定工作的原则与方法，对归档的文件逐一细致地进行全面鉴定，使档案符合齐全完整、系统科学的要求。

（三）档案室的鉴定工作

档案一经整理、编目后，就要移交档案室保存。档案保存在档案室一段时间后，再移交有关的档案馆。档案室的鉴定工作包含两方面的内容。

（1）移交确认。即在档案移交给档案馆前作一次全面的鉴定。这主要是检查整理时鉴定和划分的保管期限是否准确。再者，档案在档案室保存了十几年后，情况发生了变化，当时在整理鉴定时看不准的问题，由于时间的推移，现在也许是很容易看清楚的问题了，故据此调整进馆界限是必要的。

（2）销毁确认。即对不进馆保存的档案在销毁前进行一次全面的鉴定，把那些确无保存价值的档案剔出销毁。

（四）档案馆的鉴定工作

保存价值长的档案终究是要移交档案馆保存的。档案馆保存的档案除了一些会自行毁坏以外，鉴定剔除销毁没有保存价值的档案也是去粗存精的一种好办法。当然，鉴定的目的并不是为了销毁档案，而是使那些珍贵的档案不至于被大量的没有利用价值的档案所湮没。档案鉴定工作应定期进行，且不间断。

注意，按全宗进行鉴定，档案保存时间越长，其数量应越少，质量应越高。对保存时间长的档案进行鉴定时，应考虑一个地区各全宗之间的联系，鉴定后保存下来的各全宗的档案，应能反映该地区的历史面貌。鉴定时多从历史的角度去考虑档案的保存价值。保存在档案馆的档案，现行作用也有，但主要的作用是供历史研究了。对革命历史档案和旧政权档案的鉴定应适当放宽尺度，因为革命历史档案产生于战争年代，能幸存下来一两件已实属不易，因此，一经发现，就应鉴定其价值，从长处理。旧政权档案也是这样，因为其形成的时代久远，大部分档案都已在时间的流逝中损毁了，只有很少部分保存下来，有些档案就其内容来说不怎么重要，但它毕竟是当时朝代形成的第一手材料，反映的是当时朝代的情况，其保管期限也应从长（如明清档案不准销毁）。

三、保管期限表及保管期限的划分

（一）档案保管期限表

档案保管期限表是用表册的形式，列举档案的来源、内容和形式，并指明其保管期限的一种指导性、标准性文件。它是档案室、档案馆鉴定档案价值，确定档案保管期限的依据。

保管期限表统一了档案鉴定的标准，可在一定程度上避免个人认识的局限性和片面性，提高鉴定工作的质量和效率。档案人员既可依据保管期限表将具有不同保存价值的文件组成不同的案卷，又可依据保管期限表对归档、移交和销毁的档案进行鉴定复审等。保管期限表常见的类型如下。

1. 通用档案保管期限表

通用档案保管期限表是由国家档案行政管理机关编制的具有普遍的宏观的指导意义的文件，也是全国各机关、团体、企业事业单位制定本系统、本单位档案保管期限表的依据。目前使用的《文书档案保管期限表》是国家档案局2006年第8号令发布的。各系统、各机关结合本系统、本单位的工作实际制定的具有针对性、操作性的文书档案保管期限表，应与国家档案局的文件精神一致，尤其在确定档案保管期限时，只能将原有的期限延长，不能缩短。

2. 同系统单位档案保管期限表

同系统单位档案保管期限表由某一系统的领导或业务指导机关编制，是指导本系统各单位划分保管期限的依据与标准。这种类型的保管期限表必须经过本单位领导批准后执行，并报国家档案局备案，还要抄送各省档案局。如中国人民保险公司、高级人民法院都曾发布本系统的《文书档案保管期限表》。

3. 同类型单位档案保管期限表

同类型单位档案保管期限表由各档案行政管理部门或主管领导单位编制，是同类型的单位划分保管期限的依据与标准。如《珠海市学校档案保管期限表》便属于这一类型。

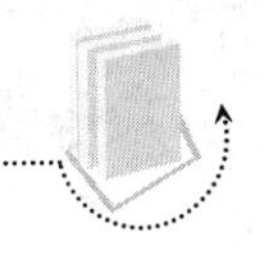

4. 本单位档案保管期限表

本单位档案保管期限表是各单位依据通用的或本系统的或同类型的档案保管期限表，结合本单位的工作实际编制的，是供本单位划分档案保管期限的标准性文件。这类保管期限表应经本单位领导批准后执行，并报上级主管单位或同级档案行政管理部门备案。

（二）文书档案保管期限的划分

保管期限是档案室或档案馆根据档案鉴定标准，对每个案卷或文件所确定的保存年限。根据国家档案局2006年第8号令《机关文件材料归档范围和文书档案保管期限规定》，机关文书档案的保管期限定为永久、定期两种。定期一般又分为30年、10年。

1. 永久档案

永久档案主要是反映本单位主要职能活动和基本历史面貌的，对本单位、本地区和国家的建设以及历史研究有长远利用价值的档案。永久保管的文书档案主要包括以下材料：本机关制定的法规政策性文件材料；本机关召开重要会议、举办重大活动等形成的主要文件材料；本机关职能活动中形成的重要业务文件材料；本机关关于重要问题的请示与上级机关的批复、批示，重要的报告、总结、综合统计报表等；本机关机构演变、人事任免等文件材料；本机关房屋买卖、土地征用，重要的合同协议、资产登记等凭证性文件材料；上级机关制发的属于本机关主管业务的重要文件材料；同级机关、下级机关关于重要业务问题的来函、请示与本机关的复函、批复等文件材料。

2. 定期档案

定期档案主要是反映本单位的一般工作活动，在一定时间内对本单位工作有查考利用价值的文件材料。定期保管的文书档案主要包括以下材料：本机关职能活动中形成的一般性业务文件材料；本机关召开会议、举办活动等形成的一般性文件材料；本机关人事管理工作形成的一般性文件材料；本机关一般性事务管理文件材料；本机关关于一般性问题的请示与上级机关的批复、批示，一般性工作报告、总结、统计报表等；上级机关制发的属于本机关主管业务的一般性文件材料；上级机关和同级机关制发的非本机关主管业务但要贯彻执行的文件材料；同级机关、下级机关关于一般性业务问题的来函、请示与本机关的复函、批复等文件材料；下级机关报送的年度或年度以上计划、总结、统计、重要专题报告等文件材料。

（三）文书档案保管期限表

根据《机关文件材料归档范围和文书档案保管期限规定》，文书档案保管期限表的内容如下。

1. 本级党的代表大会、人民代表大会、政治协商会议、工会、共青团、妇联代表大会的文件材料

（1）请示、批复、通知、名单、议程、报告、领导人讲话、选举结果、讨论通过的文件、决议、纪要、公报、主席团会议记录等文件材料——永久；

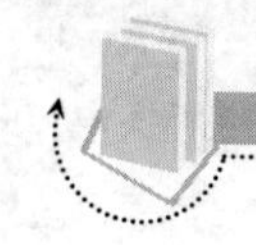

（2）大会发言，人大代表建议和意见、人大议案及答复，政协委员提案及办理结果，简报，快报——永久；

（3）重要的贺信、贺电，筹备工作、选举过程中形成的文件，小组会议记录、会议服务机构的计划、总结等文件材料——30年；

（4）讨论未通过的文件——10年。

2. 本级党委、人民代表大会、政治协商会议、纪律检查委员会、共青团、工会、妇联的常委会、执委会、主席团、全体委员会会议，政府常务会、办公会议的文件材料

（1）公报、决议、决定、记录、纪要、议程、领导人讲话、讨论通过的文件、参加人员名册——永久；

（2）讨论未通过的文件——10年。

3. 本机关党组（或实行党委制的党委）会议和行政办公会的纪要、会议记录——永久

4. 本机关召开工作会议、专题会议的文件材料

（1）请示、批复、通知、名单、日程、报告、讲话、总结、决议、决定、纪要——永久；

（2）典型材料、代表发言材料、交流材料、简报——30年。

5. 机关联合召开会议的文件材料

（1）本机关为主办的：

① 请示、批复、通知、名单、日程、报告、讲话、总结、决议、决定、纪要——永久；

② 典型材料、代表发言材料、交流材料、简报——30年。

（2）本机关为协办的：

① 请示、批复、通知、名单、日程、报告、讲话、总结、决议、纪要的复制件或副本——30年；

② 典型材料、代表发言材料、交流材料、简报的复制件或副本——10年。

6. 本机关承办国际性会议、大型展览会、博览会的文件材料

（1）请示、批复、申办和筹办组委会主要活动安排、议程、名单、主报告（原文及译文）、辅助报告（原文及译文），上级领导人贺词、题词、讲话，会徽设计——永久；

（2）代表发言材料、交流材料、简报、新闻报道——30年；

（3）委员会、分会会议和学术会的讨论记录，会议代表登记表、接待安排——10年。

7. 上级机关、上级领导检查、视察本地区、本机关工作时形成的文件材料

（1）重要的——永久；

（2）一般的——30年；

（3）本地区、本机关工作汇报材料——30年。

8. 本机关业务文件材料

（1）本机关制定的方针政策性、法规性、普发性业务文件，中长期规划、纲要等文件材料——永久。

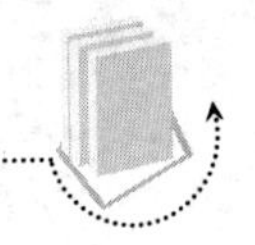

（2）本机关的请示与上级机关的批复、批示：

① 重要业务问题的——永久；

② 一般业务问题的——30 年。

（3）同级机关、下级机关的来函、请示与本机关的复函、批复等文件材料：

① 重要业务问题的——永久；

② 一般业务问题的——30 年。

（4）本机关代上级机关起草并被采用的重要法规性文件、专项业务文件的最后草稿——30 年。

（5）机关联合行文的文件材料。

① 本机关为主办的：重要业务问题的——永久；一般业务问题的——30 年。

② 本机关为协办的：重要业务问题的——30 年；一般业务问题的——10 年。

（6）本机关编辑、编写的文件材料：

① 大事记、组织沿革等——永久；

② 简报、情况反映、工作信息等——10 年。

（7）行政管理、执法活动中形成的文件材料。

① 行政管理工作制度、程序、规定等文件材料——永久。

② 执法检查情况汇总、通报，整改通知等——永久。

③ 行政管理工作中形成的审批、审查、核准等文件材料：固定资产投资、科技计划等项目的审批（核准）、管理、验收（评估）等文件材料——永久；不动产、自然资源的所有权、使用权确认的文件材料——永久；20 年（含）以上有效或未注明有效期的许可证、执照、资质证、资格证等的审批、管理文件材料——永久；20 年以下有效的许可证、执照、资质证、资格证等的审批、管理文件材料——30 年。

④ 行政处罚、处分、复议、国家赔偿等工作中形成的文件材料：重要的——永久；一般的——30 年。

（8）计划、总结、统计、调研等方面的文件材料：

① 年度和年度以上的计划、总结、统计材料——永久；

② 年度以下的计划、总结、统计材料——10 年；

③ 重要职能活动的总结、重要专题的调研材料——永久；

④ 一般活动的总结、一般问题的调研材料——10 年。

（9）出国或出境访问考察、参加国际会议，接待来访等外事活动形成的文件材料：

① 发表的公报，签订的协议、协定、备忘录，重要的会谈记录、纪要等——永久；

② 出国审批手续、执行日程、考察报告、一般性会谈记录——30 年。

9. 本机关机构编制、干部人事、党、团、纪检、工会、保卫、信访工作文件材料

（1）机构设置、机构撤并、名称更改、组织简则、人员编制、印信启用和作废等文件材料——永久。

（2）事工作制度、规定、办法等文件——30 年。

（3）人事任免文件——永久。

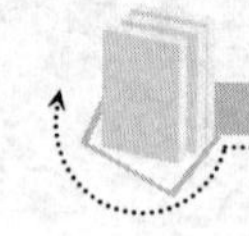

（4）先进单位、劳动模范、先进工作者的文件材料：

① 受县级（含）以上表彰、奖励的——永久；

② 受县级以下表彰、奖励的——30年。

（5）对本机关有关人员的处分材料：

① 受到警告（不含）以上处分的——永久；

② 受到警告处分的——30年。

（6）职工录用、转正、聘任、调资、定级、停薪留职、辞职、离退休、死亡抚恤等文件材料——永久。

（7）人事考核、职称评审工作文件材料——永久。

（8）职工调动工作的行政、工资、党团组织关系的介绍信及存根——永久。

（9）职工名册——永久。

（10）党、团、工会工作活动中形成的文件材料：

① 工作报告、总结，换届选举结果——永久；

② 重要专项活动的报告、总结等——永久；

③ 党团员、工会会员名册，批准加入党团、工会组织的文件材料——永久；

④ 情况反映、工作简报——10年。

（11）纪检、监察工作中形成的综合性报告、调查材料：

① 重要的——永久；

② 一般的——30年。

（12）保卫部门的安全检查、调查记录——10年。

（13）本机关处理人民来信来访的文件材料：

① 有领导重要批示和处理结果的——永久；

② 其他有处理结果的——30年。

10. 本机关事务管理文件材料

（1）房产、土地所有权和使用权的文件材料——永久。

（2）与有关单位签订的合同、协定、协议、议定书等文件材料：

① 重要的——永久；

② 一般的——10年。

（3）接待工作的计划、方案。

① 重要的——30年；

② 一般的——10年。

（4）机关财务预算——30年。

（5）机关物资（办公设备及用品、机动车等）采购计划、审批手续、招标投标、购置等文件材料，机动车调拨、保险、事故、转让等文件材料——30年。

（6）国有资产管理（登记、统计、核查清算、交接等）文件材料：

① 重要的——永久；

② 一般的——10年。

（7）职工承租、购置本单位住房的合同、协议和有关手续——永久。

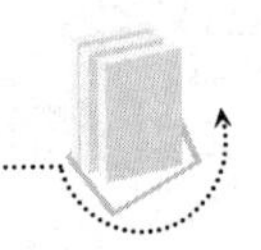

（8）职工住房分配、出售的规定、方案、细则，职工住房情况统计、调查表、职工住房申请——30 年。

11. 上级机关制发的文件材料

（1）上级机关制发的属于本机关主管业务的文件材料：

① 重要的——永久；

② 一般的——10 年。

（2）上级机关制发的非本机关主管业务但要贯彻执行的文件材料——10 年。

（3）上级机关制发的关于本机关机构设置、领导人任免、人员编制等文件材料——永久。

12. 同级机关制发的非本机关主管业务但要贯彻执行的文件材料——10 年

13. 下级机关报送的文件材料

（1）重大问题的专题报告——30 年；

（2）年度和年度以上的计划、总结、统计材料——10 年。

四、鉴定工作的组织与制度

为了保证档案鉴定工作的质量和防止破坏档案，使档案的鉴定和销毁工作有组织、有监督地进行，应成立档案鉴定工作领导小组，建立健全档案鉴定工作制度，从而保证档案鉴定工作的顺利进行。

（一）档案鉴定工作的组织领导

档案价值鉴定工作必须有组织、有领导地进行，因此，要成立档案鉴定工作领导小组。一般由档案部门和有关业务部门的人员共同组成鉴定小组。档案馆的鉴定工作必要时可组织专门的鉴定小组或鉴定委员会进行。鉴定委员会一般由该档案馆馆长、馆内有关业务人员、同级档案行政部门的代表组成，还可临时邀请与被鉴定档案有关的单位负责人（或代表）参加。鉴定小组或鉴定委员会的任务是：指导、监督档案室、档案馆的档案鉴定工作；讨论、审查档案销毁清册和准备销毁档案内容的分析报告，必要时，还须直接审查或抽查有关档案；对档案的存毁作出决定，并报请有关领导批准；鉴定工作结束后提出鉴定工作报告。

（二）建立健全档案鉴定工作制度

为保障档案鉴定工作能够按规范有秩序地进行，档案室和档案馆都应建立相应的档案鉴定工作制度。档案鉴定工作制度应包括归档范围、保管期限、销毁制度等。制定制度之前应认真细致地调查研究，全面把握适用单位的任务职能、地位、内部组织机构、业务分工、文书处理方式、各个时期的中心工作及其重大事件等一般情况以及文件的内容、种类用途、数量、以往的利用状况等文件的形成情况。档案鉴定工作制度起草后，还要征求有关部门的意见，甚至在局部范围内试行，总结经验。档案鉴定工作制度形成定稿后须经发布机关领导的审查批准，并报送同级档案行政管理机关和上级主管领导机关备案。档案鉴定工作制度发布后，经过若干年的运行，客观环境与人们的主观认为都有所变化，必要时应对其进行修改和完善。

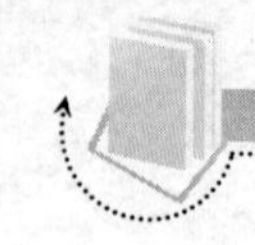

（三）销毁程序与方法

本单位领导要审查、批准应销毁的档案。因此，必须填写档案销毁清册，作为日后档案销毁情况的凭据。销毁清册包括以下项目：序号；案卷或文件题名；年代；目录号；卷号或文号；卷内文件页（件）数；原期限；销毁原因；备注。档案销毁清册除了登记准备销毁的档案外，还应标明档案馆（室）名称、全宗名称和编制日期，并由档案馆或档案室负责人签名盖章。档案销毁清册必须按照全宗分别编制。

为便于领导人或主管领导机关了解必要的情况，审查、批准档案销毁清册，档案室或档案馆在送审清册的同时，还须附上一份立档单位和全宗的简要说明，内容包括：立档单位和全宗的历史概况；档案所属年代及其保管期限；销毁档案的数量及其内容（可粗略分类介绍）；鉴定的概况和销毁档案的主要理由等。

（四）监销

档案销毁清册被批准前，准备销毁的档案应单独系统保管，以便审批时检查。档案销毁清册经批准后，需要销毁的档案一般送造纸工厂作为原料。档案馆（室）离造纸厂远或被销毁的档案特别机密时，可以自行焚毁。为保守党和国家的机密，严禁将应销毁的档案作其他用途，更不准出卖。无论采用什么方法销毁，均应指派 2 人以上监销。监销人要在销毁清册上注明“已销毁”字样和销毁日期，并由监销人签字。为了防止错毁，对已批准销毁的档案除特殊情况外，一般均应缓期执行，暂时保存一段时间，到适当时候，确认已无利用价值时再行销毁。

五、档案的移交

（一）档案的移交过程

档案的移交有两个过程：一是各级机关、企业事业单位的文件形成部门应将本部门形成的档案移交给本单位档案室保管；二是各级机关、企业事业单位应将整理好的档案移交给当地综合档案馆保管。

《档案法》第十条规定：“对国家规定的应当立卷归档的材料，必须按照规定，定期向本单位档案机构或档案工作人员移交，集中管理，任何个人不得据为己有。”各单位的文件形成部门应按照国家法律规定向本单位档案室移交档案。移交周期一般是一年一次。

（二）档案移交的范围及时间

《档案法》、《档案馆工作通则》及《广东省档案条例》中明确规定了各级机关、企业事业单位的档案室向国家档案馆移交档案的责任。档案移交的范围为：省级机关、团体及其部分所属单位，将永久档案保存 15 年之后，向同级档案馆移交；省辖市和县级机关、团体及其所属单位将永久档案保存 10 年之后，向同级档案馆移交；未成立档案馆的乡镇党委和政府及其工作部门将永久、30 年期限的档案保存 10 年后可向县档案馆移交；撤销机关应将本机关形成的全部档案向有关档案馆或主管机关档案室移交。有的单位档案室保管条

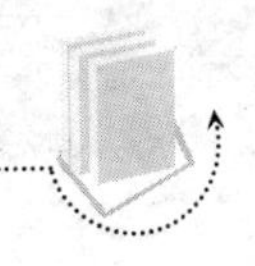

件恶劣，可能导致档案不安全或严重损毁，经同级档案行政管理部门同意，可以提前移交；专业性较强或需要保密的档案，可以延长移交的期限；如果档案馆的库房容量已达到饱和状态，可以暂缓移交。

档案移交的方式为逐年移交和定期移交。逐年移交是指档案室每年将保存期满（15 年或 10 年）的档案向档案馆移交，定期移交是指档案室每隔一定年限向档案馆移交保存期满的档案。

（三）档案移交的要求

1. 档案齐全完整

各部门移交到档案室的文件或档案应保证齐全完整。档案室在接收时，应按照本单位制定的《文件材料归档与不归档范围》的有关规定，注意检查归档文件或档案的质量，如检查文件的定稿与正本、主件与附件、请示与批复、文件处理单、归档文件的印章、账外文件等是否齐全完整，检查保管期限划分是否准确，所存档案是否反映了本单位的基本历史面貌和主要工作职能等。对于不符合归档要求的，应责成有关部门和人员整改。

2. 档案经过系统整理

移交到档案馆的档案必须经过整理、鉴定，档案馆不接收未经整理的档案进馆。撤销机关应责成专人清理档案，整理后移交。档案馆应按照接收进馆范围的有关规定检查移交的档案是否齐全完整，保管期限是否划分准确，是否反映该单位的基本历史面貌和主要职能，档案整理质量如何等。对于不符合进馆要求的档案应拒绝接收，并责成有关单位整改。

3. 有档案目录

移交档案时必须有一式两份的纸质档案目录，已使用档案管理软件的单位还应将计算机数据一并移交，并保证能正常检索。

4. 其他检索工具和参考资料齐全

移交档案时应将档案室编制的其他检索工具及有助于了解有关该全宗历史的各种参考资料一起移交。

5. 交接手续完备

移交与接收之间一定要有交接手续，按规定编制移交清册，交接双方签字。档案室应将移交手续归入全宗卷保存，档案馆也应放入专卷保管。

实训练习

1. 实训材料

教师事先准备文件若干。

2. 实训内容

熟悉文件的鉴定标准，掌握文件的鉴定方法。

3. 实训方式

（1）将全班同学分成若干小组，每个小组发 10 份文件。

（2）每组同学在规定时间里，按照档案鉴定标准，对 10 份文件进行价值鉴定，并根据鉴定结果，分别标出文件的保管期限。

（3）小组派人在课上汇报鉴定结果，并说明理由。

4. 教师评判

教师根据各小组对文件的鉴定情况进行评分，并做出点评。

模块三　科技档案的管理

科技档案是在科学技术活动中形成的各种科技文件，是国家档案的重要组成部分，对于国家的经济建设和社会发展有着举足轻重的作用。科技档案是生产建设、科学研究等工作的产物，种类繁多，内容丰富，分布广泛，所以掌握科技档案的管理方法有着重要的现实意义。

知识目标

- 了解科技档案的概念、内涵和种类
- 熟悉科技档案的构成
- 掌握科技档案分类的基本理论

技能目标

- 能够准确地对科技档案进行分类
- 能够完成科技档案的编目
- 能够完成科技档案的组卷

案例导入

按照公司的要求，各部门每年都要把上一年的档案交到公司档案室集中保存。技术部今年交来的档案中除了少量的公司文件外，大部分都是各种技术图纸和技术资料。小赵按照内容、时间将档案分成了几个案卷，正要上架，老徐看到后赶紧制止了他："这些档案属于科技档案，不能把它们和文书档案放在一起，整理方法也不一样。"

小赵不好意思地说："我就说，这些图纸有的大有的小，厚薄也不一，还真不好装在一起。"

"科技档案是档案中非常重要的一个方面，像我们这样的大公司非常多，而且基建档案、科研档案、产品档案从内容到形式都不相同，每年都要进行专门的整理。"

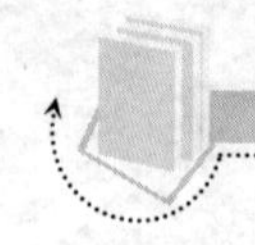

“但是我这个学文科的，有的图纸我看都看不明白呢。”

老徐挑选了本公司的几种常见的科技档案，一一告诉小赵它们的类型、特点以及整理分类的方法。

小赵听完非常有感慨地说：“想不到科技档案的整理完全是另外一个领域，我原来以为您教我的那几招已经足够了呢。看来我现在得从学会看图纸开始。”

科技档案是科学技术档案的简称。科技档案是国家档案的重要组成部分，是涉及技术类档案的总和，由不同的种类构成。

任务一　认识科技档案

相关知识

一、科技档案的定义

科技档案在不同时期有不同的定义，其定义方式随着档案理论的发展、档案内容的变化和记录形式的扩展而发生改变，在学术上有多种不同的阐述。而在国家的档案法规标准上，科技档案先后有过4种不同的表述，分别载于《科学技术档案工作条例》和《科学技术档案案卷构成的一般要求》中。

第一次定义：1980年国家制定的《科学技术档案工作条例》第二条规定：科技档案是科学技术档案的简称，是指在自然科学研究、生产和基本建设等活动中形成的，应当归档保存的图纸、图表、文字材料、计算材料、照片、影片、录音录像等科技文件材料。

从定义中我们可以得出“科技档案是科技文件材料”的结论，体现了科技档案与科技文件材料的必然联系和相互转化的关系。

科技文件材料，现一般称为科技文件，是记录和反映科技活动的文字、图表、声像等技术文件的总称，是在科技活动中，按照一定的程序和要求直接形成的具有特定体式的、现行的原始记录。科技文件具有5个特征：

（1）科技文件是以文字、数字、线条、符号、声像、电磁信号等形式表达的一种工具；

（2）科技文件是在科研、生产、建设等科技活动过程中形成的真实记录，是人们的科技思想和科技活动的真实反映；

（3）科技文件是在科技活动中正在形成和使用的、尚未归档的文件材料；

（4）科技文件是图样材料、文字材料、表格计算材料、技术照片、缩微胶片、计算机数据、录音、录像等特殊载体材料的综合性统称；

（5）科技文件基本是按照国家的专业技术标准、规范编制、制作而形成的。

第二次定义：1989年国家档案局颁布的标准《科学技术档案案卷构成的一般要求》（GB/T 11822—1989）中表述：科学技术档案，是指在科学技术活动中直接形成的应当归档并具有保存价值的图纸、图表、声像等不同形式的历史记录。

第三次定义：2000年，国家档案局对《科学技术档案案卷构成的一般要求》（GB/T 11822—1989）进行了第一次修订，以GB/T 11822—2000代替GB/T 11822—1989，自2001

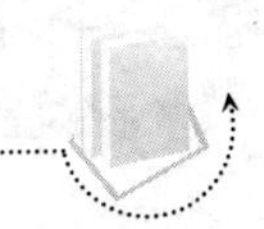

年5月起实施。新修订的标准中对科技档案定义修改为：企事业单位和国家机构、社会组织及个人从事生产、科研、基建及管理活动形成的对国家和社会具有保存价值的应当归档保存的科技文件材料。

第四次定义：2008年，国家档案局对《科学技术档案案卷构成的一般要求》进行第二次修订，以GB/T 11822—2008代替GB/T 11822—2000，自2009年5月起实施。新标准中对科技档案阐述为：国家机构、社会组织以及个人从事各项社会活动形成的，对国家、社会、本单位和个人具有保存价值的，应当归档保存的科技文件。

这四次定义是对科技档案认识的不同阶段上的阐述，各有突出的重点：第二种定义重点明确科技档案产生的领域为科学技术活动领域；第三种定义重点明确了科技档案产生的主体，同时将科技活动中形成的管理性文件列为科技档案；第四种定义进一步对科技档案的形成主体进行了调整。这些都是随着档案工作理论的逐步发展成熟、对科技档案研究和认识的逐步深入以及实际情况的改变而进行的调整。但无论文字上表述如何，科技档案的产生都离不开科技活动。

二、科技档案的内涵

科技档案的定义揭示了科技档案产生的范畴、来源、范围等方面内涵。

（一）科技档案产生的范畴

定义中指明了科技档案是在记述和反映人们科技活动中形成的档案，主要是在科研、生产、建设等活动中产生，这是科技档案的主要特征。这一定义同时也指明了科技档案形成的领域、内容和来源，表明了科技档案与其他档案的区别。

科技档案的产生领域：主要产生于工厂、矿山、设计院、科研院所、高等院校以及地质、测绘、水文、气象、航天等部门；工业、交通、能源、建设和军事主管机关也产生数量较多的科技档案；农业方面也产生农业科技档案。总而言之，凡是有科技活动的地方就会产生科技档案；部分机关、事业单位有少量的基建、设备等科技档案种类。

（二）科技档案的来源

科技档案的来源构成如图3-1所示。从图中可看出，科技档案主要来源于三部分，即科技文件材料、文书文件材料和科技资料。

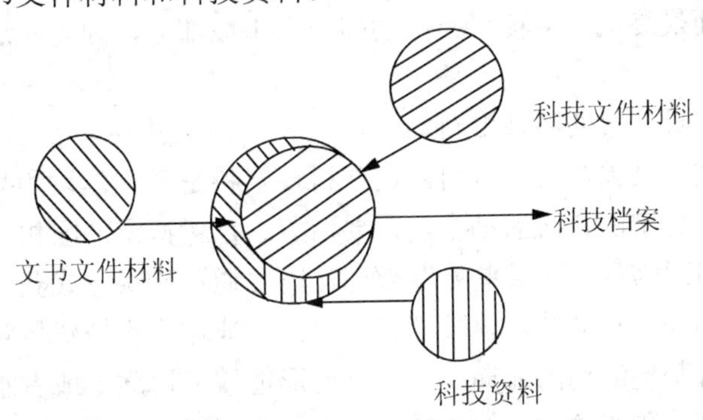

图3-1 科技档案构成示意图

1. 科技档案主要来源于科技文件材料的归档

当一项科技活动结束后，其形成的科技文件就必须交由单位的档案部门管理，这就存在档案移交归档这个工作，也是科技文件向科技档案转化的环节。在这个环节中，科技文件形成部门对科技文件进行鉴别、挑选，将不具备保存价值的或者多余的部分剔除出来，将能够全面、系统、真实反映事物本质的部分保留下来，转化为科技档案。通过归档这个环节实现科技文件材料向科技档案的转化。

科技档案与科技文件既有联系又有区别。两者的联系在于：科技文件和科技档案的基本内容相同；科技文件是构成科技档案的基本要素，科技档案是科技文件的归宿。两者的区别在于：科技文件与科技档案的外延不同；科技档案是由具有保存价值的、“应该归档保存”的那部分科技文件转化而来的，且科技档案并不完全由科技文件构成。

2. 科技档案部分来源于具有文书性质的文件材料归档

此处文书性质的文件材料特指由政府主管部门制发的、与科技活动密切相关的各种“红头”文件。这些“红头”文件以政府公文形式出现，在文件形成机关，这些文件归入单位的文书档案，但由于这些文件相当多的属于政府对科技项目活动的批准文件，是科技项目合法活动的重要依据性材料，与项目档案密不可分，因此这部分文书文件材料也成为科技档案的重要组成部分。

在判断一个单位的档案归类过程中，需要妥善处理文书档案与科技档案的划分问题。正确划分文书档案与科技档案的归属是检验一个单位档案业务基础工作是否符合国家标准的重要尺度，对于开展档案管理规范化建设具有重要意义。正确区分科技档案与文书档案，可以科学地解决一个单位各项活动所形成的档案的归属问题，可以明确哪些应该归入科技档案，哪些应归入文书档案，便于系统保管和查找利用。

3. 科技档案少量来源于科技资料的转化

科技档案的主体部分主要是由科技活动自身产生，由直接记述和反映科技活动（科研、生产、建设）的材料转化。但是在科技活动中，少量的技术资料往往可以借鉴一些成熟的、具有标准化性质的科技资料，这些科技资料有可能是为了某项科技活动参考的目的而收集或购买的，虽然它不由活动自身产生，不直接记述和反映本单位科技活动的状况，但却有可能被借鉴、采纳而最终成为某项科技活动的一个组成部分，因而，这部分科技资料就转化为科技档案。

有可能转化为科技档案的科技资料如下。

（1）地质、水文、气象等科技资料。这些科技资料是基本建设和某些科研的重要参考资料。在基本建设和特定的科研活动中，需要借鉴、参考特定地区相关的地质、水文、气象资料，而这些资料通常保存在某些专业部门，需要通过购买方式获得。由于这些科技资料与科技活动密切相关，故应纳入科技档案管理，而非作为科技资料管理。如工程项目中的基建档案，在进行基建活动的前期，需了解地形地貌、地质（或者水文地质、气象、地震）情况而向有关部分购买这方面的资料，在工程完工后，这部分资料应作为该工程基建档案的一个重要部分而归档。

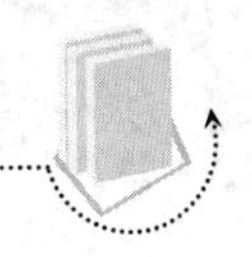

（2）外购设备的随机文件。这些科技资料是设备安装、使用、维修、管理的依据，应列为本单位的科技档案（设备档案），而非设备资料，否则容易造成设备档案的丢失。

（三）科技档案的分布范围

科技档案主要分布于企业、科技事业单位，这些单位以科技档案为主，但文书档案及其他类别档案也较多。对于“文书档案”，由于企业、科技事业单位情况复杂，类型较多，规模大小不同，因此，企业“文书档案”又有不同的称呼。对于国有大型工矿等生产型企业，国家档案局在《工业企业档案分类暂行规则》中，将文书档案分成党群工作、行政管理、经营管理、生产技术管理四个类别，不再出现“文书档案”的概念。而非生产型企业（或小型企业）及科技事业单位的档案一般合并称为“企业管理类”档案。

党政机关、文化事业单位的档案虽然以文书档案为主，但也会形成基建档案、设备档案等科技档案的类别。

三、如何区分科技档案和文书档案

在习惯上，人们一般将“文书档案”与“科技档案”并列相称。文书档案既是档案范畴中的一大门类，又具有特指性质和实质的内涵；科技档案则是一种概念，不具有特指性质，而是由反映技术方面的不同种类的档案组合而成。理解其中的差异，有利于各具体单位的档案工作人员更好地把握单位档案的实体分类。在编制本单位的档案分类大纲及编号方案时，文书档案应与科技档案中的实际类别排列在同一个层次上，如文书档案、基建档案、产品档案等。

区分科技档案与文书档案是一个单位在档案整理过程中经常遇到的业务问题。按照国家档案局制定的《科学技术档案案卷构成的一般要求》（GB/T 11822—2002），科技档案必须遵循成套性原则，做到齐全、完整、准确、系统。因此，准确划分文件材料的归属，成为一个重要的业务规范问题。档案人员一般可以从以下两个方面判断文件材料的归属，准确划分科技档案与文书档案。

（一）从文件材料的内容方面判断

科技档案与文书档案的不同主要体现在内容上，因此，要首先分析、研究文件材料的内容。应重点掌握以政府或者政府部门“红头文件”形式出现的某些文件的归属问题。

一般情况下，政府或者政府部门以“文号”形式形成的文件，在文件形成部门应归入文书档案。而在特殊情况下，某些“红头文件”与科技活动有关，则不能将其归入文书档案，而应归入科技档案。下列情况应作为科技档案管理。

（1）以文件形式下发的科研课题计划任务书，作为课题的依据性文件；课题成果申报获奖批准书，应归入科技档案中的科研档案类，与课题研究过程中形成的其他文件材料一起立卷归档。

（2）以文件形式下发的有关基建活动的文件，作为基建项目的依据性文件，应归入科技档案中的基建档案类（这类文件主要有工程项目的立项报告、各级政府的批准文件或有关主管部门的批准文件）；有关该项目的基建经费的下拨计划；环保、消防、卫生、审计、统计等部门关于该项目的审批或者验收文件等，应与该项目形成的其他文件材料一起立卷归档，而不能划归文书档案。

（3）设备引进的申报及批准文件，归入科技档案中的设备档案类。

（4）与产品开发、研究、申报等有关的批准文件及获奖文件等，应归入科技档案中的产品档案类。

（二）根据单位性质具体区分

一般来说，党政机关产生的主要是文书档案，科技档案数量不多。若有形成的，只有少量的基建档案和设备档案。若形成的基建档案数量非常少，则可按照成套性的要求整理后，归入文书档案编号及管理；若基建档案数量较多的，则可以设置“基建档案”专门类别来管理，且某些与基建项目有关的文书材料同时归入基建档案。

以科研、生产、建设为主营业务的企业事业单位产生的主要是科技文件。因此，本单位的科研、生产、建设和业务管理工作中形成的文件材料，包括上级机关下达和本单位上报的科研、生产、建设的计划、批复、办法以及本单位其他管理性文件等，均作为本单位的科技档案保存。

对企业事业单位而言，技术性机构的文件材料技术性较强，可以侧重科技档案，某些不易区分的文件材料一般可划为科技档案。

以商贸、旅游、服务为主营业务的企业，产生的文件材料可以参照机关档案种类的设置及文件材料的归类方法，准确划分文件材料的归属。

四、科技档案的种类

科技档案是一个总体概念，从不同的角度可以分为不同的种类。从科技档案概念外延扩展的角度，它又可细分为多种实体档案种类。

1. 按载体形式分为原始型科技档案、传统型科技档案和现代型科技档案

（1）原始型科技档案。在纸张发明之前存在的，以龟甲、兽皮、石头、青铜、泥版、竹木、缣帛等为记录载体材料，其中涉及科技方面的内容，可称为原始型科技档案。但此类档案现今可见的微乎其微。

（2）传统型科技档案。以纸张为记录载体材料的档案一般称为传统科技档案，也称为纸质科技档案。这类科技档案数量庞大，占绝对优势。

（3）现代型科技档案。与传统型科技档案比较而言，以感光材料、磁性材料等新型材料为记录载体材料的档案称为现代型科技档案。这种科技档案将大幅度增加。

2. 按内容性质分为科学技术研究档案、工业生产技术档案、农业生产技术档案、基本建设档案、设备仪器档案和专门技术档案等

在日常的档案管理中，一般所说的科技档案是指从档案的内容性质角度划分的档案种类，亦称为常见的科技档案类型，包括科研档案、产品档案、农业科技档案、基建档案、设备档案等。

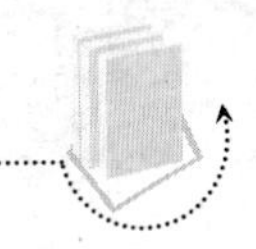

3. 按所属领域分为气象档案、天文档案、水文档案、地质档案、测绘档案、地震档案、环保档案和医疗卫生档案等

（1）气象档案：是在气象观测、气象预报和气象业务技术管理活动中形成的科技档案，主要产生于各级气象管理和技术部门。

气象档案主要有气象记录档案、气象业务技术和服务档案、气象业务技术管理档案等。气象档案是我国现有科技档案中规范化程度较高的档案种类，不仅完整性、准确性程度较高，而且各种文件材料的用纸、规格、式样和内容标准化的程度也高。

（2）天文档案：是指在天文观测、研究活动中形成的科技档案，主要产生于各级天文台、观测站。

天文档案包括三种成分：一是天文观测活动中形成的各种原始记录、图表和照片；二是根据原始记录综合分析整理的各种报表和预测；三是观测规范和仪器设备的常数记载材料。

（3）水文档案：是指在水文观测、预报活动中形成的档案，主要产生于江河湖海泊、海洋水文观测站等。

水文档案包括水文观测、水情预报、水文计算、水质分析等种类，其主要成分包括观测记录、水文采样记录及分析原始材料、水文报表、水文图样等。

（4）地质档案：是指在地质工作活动中形成的档案，主要是相关的地质部分在地质调查、地质勘探等活动中形成的记录和成果。

由于涉及地质专业工作的科技活动很多，因此地质档案内容相对复杂，按其专业性质划分，主要包括地质调查和普查、矿产地质、工程地质、水文地质等档案种类。地质档案主要包括各种有关文件材料的底图、底稿、原图、记录本原始材料以及中间成果和最终成果材料等。

（5）测绘档案：是指在大地测量和地图绘制活动中形成的档案。测绘档案也比较复杂，按不同使用性质划分，可分为基本测绘、专业测绘、特种测绘等档案种类。测绘档案内容主要包括各种照片、原始记录、地图、地形图、线路图、成果表、计算书、技术总结等。在航拍测绘中还形成摄影底片、鉴定表、索引图。

（6）地震档案：是指在地震监测、地震分析研究和地震预报活动中形成的档案，主要产生于地震部门。地震档案包括地震监测和地震分析预报等两种档案，其内容主要包括地震地质、基础探测、地壳形变、前兆、裂变、监视预报等记录、图表、计算材料及文字报告等。

（7）环保档案：是环境保护档案的简称，指在环境管理、环境监测活动中形成的档案，主要产生于环境保护专业部门和工矿企业。环保档案包括环境管理、环境监测等档案种类，主要内容有各种管理性文件材料、环境污染调查材料、化验分析材料、治理污染材料、环境监测材料和环境评价材料等。

（8）医疗卫生档案：是指在各种疫病预防、治疗、护理和卫生监督活动中形成的档案，其内容主要包括各种病案、临床经验总结、护理技术总结、流行病的调查与防治以及在卫生监督活动中形成的各种原始记录、照片、报告等。

五、科技档案的特点

科技档案与科技文件基本具有共同的特点，即具有专业技术性、多样性、通用性、标准性、成套性等特点。

专业技术性、多样性、通用性、标准性特点主要体现在形成方面。由于科技档案绝大部分由科技文件归档而来，而科技文件基本是由技术部门按国家相关标准编制而成，自有其规范性要求，是其内在特点，因而档案人员只需了解即可。

成套性特点既是科技档案形成的要求，同时也是档案部门管理的重要依据，需要档案人员重点掌握。

科技档案的成套性，是指围绕一项独立的科技活动所形成的一整套科技档案，是一个具有内在联系的、密不可分的整体。这个整体就是一套科技文件。科技活动通常是以一个独立的项目或某一特有的现象为对象进行的，如一个科研课题的研究、一项基建工程的建设、一种型号产品的研制和生产、一台设备的管理和使用等。伴随着一项独立的科技活动，必然形成相关的文件材料，这些文件材料就构成了该项活动的材料整体。从形成到以后的管理、使用，这些材料都必须集中在一起，故不能分散存放，否则将影响管理和使用的效率。

成套性特点集中体现在科技档案的形成和内容构成两个方面，对于科技档案的实体管理起着重要的理论指导作用。如归档的完整率、科技档案的分类整理、移交或进馆以及鉴定、保管、统计和开发利用，都需要考虑科技档案的成套性特点。

实训练习

1. 实训材料

教师准备 40 份左右文件材料，这些材料包括：党政机关公文 10 份、政府年度投资项目表 1 份；项目可行性研究报告 1 份、建设项目招投标书 1 份、征地红线图 1 张、项目建设图纸 10 张；产品工艺文件 2 份、产品使用说明书 1 份、产品图纸 1 套；设备操作手册 1 本、设备装箱单 2 张；科研项目申请书 1 份、科研项目研究报告 1 份；企业财务管理文件 2 份、企业内部管理制度汇编 1 本、企业员工名册 1 本、企业合同文本 2 份、企业领导任命书 1 份，共 40 份材料。

2. 实训内容

判断这些文件材料的归属，在本任务中，主要是根据科技档案的定义和特点，将这些材料区分为科技档案和非科技档案。

3. 实训方式

将全班同学分成四个小组，由小组成员共同分析，得出最后的结果。四个小组分析的结果全部交给教师。

4. 教师评判

由教师针对四个小组的结果进行评判，对存在的问题进行讲解。

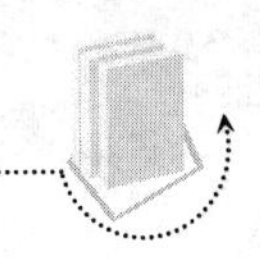

任务二 科技档案的收集

相关知识

一、科技档案收集工作的含义

科技档案的收集，是指单位档案室和科技专业档案馆按照一定的原则和规范，通过接收、征集等方式，将分散保存的科技文件和科技档案分别集中起来，实现集中统一管理的一项业务活动。

（一）收集工作的含义

科技档案收集工作包括基层档案部门的收集和科技专业档案馆的收集，具有两方面的含义。

1. 单位内部的科技业务部门按照归档制度的要求将科技文件向档案室归档移交

从另一角度讲，就是档案室依据归档制度的规定接收科技业务部门的归档案。当一项科技活动结束或告一段落后，科技业务部门和有关科技人员按照工作程序和归档制度的规定，对科技文件进行系统整理后，向单位档案机构或档案人员移交归档。这是在正常情况下收集工作的收集形式和主要方法。

2. 档案室对漏归或者散存在科技人员个人手中的档案采取一定的方法进行收集

企业事业单位中常常有零散的科技文件形成，这些零散的科技文件都具有保存价值，但按正常渠道无法收集，所以要注意随时收集这些零散材料，如随时增加产品科技文件。

（二）归档与进馆的区别

对科技文件的接收、收集称为归档，对档案的接收、收集称为进馆。

归档是科技、生产部门向本单位的档案室移交材料（如果本来就是由档案室承担积累和整理的单位，就不经过归档的阶段）。基层档案部门的收集，就是通过接收科技文件的归档来实现的。归档转变了科技文件的性质，使科技文件转变为科技档案。

进馆则是按行政区划和专业性质由科技档案的形成单位向各级各类档案馆移交档案。如项目建设档案，项目完工后需向城建档案馆移交竣工档案。科技专业档案馆的收集工作，是按照进馆制度，接收有关单位移交来的科技档案来实现的。进馆改变了科技档案的使用性质，使科技档案由主要为形成单位服务转变为向社会各界服务。

二、科技文件的归档

收集工作是一项由文件管理转入档案管理的承前启后的工作。科技档案主要来源于科

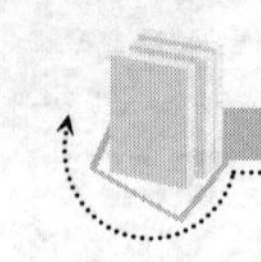

技文件的归档，科技文件经过业务部门的收集、积累和初步整理后，按照一定的制度和要求，向档案室移交归档，集中保存。因此，科技文件的归档既是档案室需要重点把握的工作，也是科技档案管理的开端。科技文件的归档是在科技部门与档案部门之间进行的。

科技文件的归档必须严格遵章执行，而非随意地移交。随意地移交有可能造成归档材料不全、档案质量不高、归档部门责任不强、责任不明等现象。在现实工作中，由于归档环节把握不严而出现的问题不胜枚举，应引起基层档案部门的高度关注。

科技文件的归档是以归档制度为依据而进行的，即档案室依照归档制度接收科技文件归档。科技文件的归档制度，是科技管理和科技档案管理的基本制度之一，其内容包括归档范围、归档时间、归档份数、归档要求及归档手续。

（一）归档范围

归档范围的作用是确定哪些科技文件应该归档。一般每个行业、每个部门、每个企业在档案管理中都会制定归档范围，它是归档制度的主体和重要部分。制定本单位的归档范围时要注意三点：

（1）要掌握本单位的基本职能活动，将本单位基本职能活动中形成的科技文件作为归档范围的主体；

（2）要研究和分析本单位科技活动的范围，掌握本单位在科技活动中形成的科技文件的种类和成分，确定在归档范围中应当包括哪些方面的科技文件；

（3）正确划清科技文件与文书材料、科技资料的界限，以保证归档材料内容体系的完整性，不要把应当归档的科技文件归入文书材料、科技资料中。

归档范围与保管期限表是一个共同体，在编制归档范围的同时，应标明每一种归档文件的保管期限。常见科技档案类型的归档范围和保管期限参见本模块后附表 3-1 至附表 3-4。

（二）归档时间

归档时间指业务部门向档案室移交科技文件的时间。

由于各部门、各专业的规定不同，科技文件的具体归档时间也不可能完全一样。正确的归档时间，对加强科技文件的保护和维持科技部门的正常秩序有实际意义：归档时间过迟，科技文件长期散失在业务部门或个人手中，容易散失、损毁，增加档案部门收集的难度；归档时间定得太早，会影响科技部门或人员的使用。因此，在实际工作中可采取随时归档、定期归档两种方式，具体情况具体执行。

1. 归档时间一般性指导原则

（1）科技活动结束后归档。一般来说，形成周期不太长的科研、生产、建设活动的科技文件适宜采用这种方式归档。例如，对于专业技术会议的文件材料，应在会议结束后及时整理归档。

（2）按阶段归档。周期过长的科技活动，其科技文件可以按形成阶段归档。如产品设计文件材料应在产品定型鉴定后及时整理归档，工艺文件材料应在正式投产后归档。

（3）按项目的子项完成时间归档。大型的设计项目、工程项目或研制项目（课题），不仅设计、施工、研制的周期较长，而且每个项目都由若干子项、单项工程或若干专题组

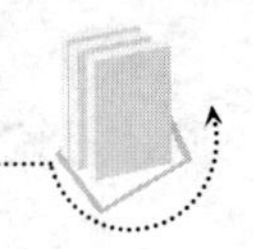

成。这些“子项”，作为整个工程或课题的组成部分，不仅相对独立，而且进展上常常不平衡。为保证工作的正常进行和科技档案的完整、系统，在一个子项或单项工程、一个专题结束后，即可归档；工程竣工后，再全面整理归档。

（4）按年度归档。①活动周期较长且按年度界限归档更合适的科技项目的文件材料，可按年度归档，如农林牧渔业等；②对某些自然现象的观测、观察活动中形成的科技文件，可按年度归档，如气象观测、水文等活动；③那些作为科技档案归档保存的管理性文件材料，可按年度归档，如基建项目的批准文件等。

（5）随时归档。①科技文件的复制部门同档案部门合一的单位，科技文件可随时设计、随时归档、随时复制发放；②机密性较强的科技文件，可随时产生，随时归档；③外来材料，如设备开箱随机文件，可随时归档，然后再提供利用。

2. 按对应科技档案种类实施归档时间

对于常见的科技文件，可以按照其转化后相对应的科技档案种类具体实施归档时间。

（1）基建工程科技文件（归档后转化为基建档案）：由于基建工程规模有大有小，因此，可根据工程规模大小决定归档时间。规模大、周期长、子项工程多的，按子项工程完工时间归档，若干子项工程都完成归档后，则此项目归档工作全面完成；规模小或是单项工程，可采用项目完工一次性归档（如一栋办公楼、一条道路或一座大桥、一个码头、一段堤坝等）；基建工程的设计文件、依据性文件和基础性文件，可一次性归档。

（2）工业产品、工艺等科技文件：在产品定型正式投产后归档，也可以分阶段归档。

（3）设备、仪器方面的科技文件：随机文件在开箱后立即归档；设备、仪器安装调试材料在正常运行后归档。

（4）科研课题的科技文件：在课题结束、成果鉴定后归档，研究周期长的可按阶段归档。

（5）设计、变更、修改补充或设备维修的科技文件：随时归档。

（三）归档份数

确定科技文件的归档份数时，应注意以下情况：

（1）满足日常查找利用的需要；

（2）保护档案原件的需要；

（3）报送专业档案馆的需要。

确定科技文件的归档份数应掌握以下几个原则：

（1）一般情况下，科技文件归档一份，重要的或者使用频繁的可以增加归档的份数，专供日常借阅使用；

（2）科研、产品档案，重要的、需永久保存的科技文件，归档两份；

（3）设备档案，包括随机文件、安装调试文件材料，归档一份；

（4）基建档案，归档两份以上，一份自存备用，另一份根据城市建设档案管理的有关规定，移交城建档案馆保存。

（四）归档要求

归档要求主要是指科技文件归档的质量要求。凡属于归档范围内的科技文件，移交归档前，应符合下列要求：

（1）归档科技文件符合系统性、成套性的要求，必须收集齐全、完整；

（2）归档科技文件内在质量要高，文件材料的线条、字迹清晰，纸质优良，签署完毕，书写材料达到长久保存的要求，不能用铅笔、普通圆珠笔及复写纸书写；在当前大量通过打印机输出文档的，必须使用经国家权威部门检测的耐久的打印耗材（耐久性墨水和碳粉）打印归档文件；

（3）归档科技文件应由归档单位技术负责人或主管领导审核签字；

（4）几个单位协作完成的科技项目，主办单位应保存一套完整的科技档案，协作单位保存自己承担任务部分的科技档案，并将复制本送主办单位保存；

（5）归档科技文件应经过系统整理和编目，材料分类科学，封面填写清楚，标题确切，文件材料排列有规律。

（五）归档手续

科技文件归档时，必须履行交接手续，其内容包括两个方面。

（1）归档部门对归档材料基本情况要做简要说明，编制归档说明书。

（2）必须办理必要的交接手续。归档的科技文件，必须编制移交目录或清单一式两份，移交时按清单交点清楚，交接双方签字，各存一份，以备查考。

三、档案室科技档案收集工作的措施

科技文件归档的主体是业务部门，但是为了保证文件材料的质量，档案部门应主导归档工作，加强对归档工作的监管。监管的方式体现在以下的收集措施上。

（一）对科技业务部门的指导与监督

档案部门应指导科技业务部门建立健全科技文件归档制度，并对归档制度执行情况进行严格的监督、检查，把归档工作落实到人，明确部门归档责任制。

（二）抓住科技、生产、建设程序中的关键环节和关键阶段开展收集工作

（1）对于科研档案的收集，应抓住课题年度总结、成果鉴定阶段；

（2）对于机械产品档案的收集，应抓住样机鉴定和定型鉴定两个环节；

（3）对于工程设计档案的收集，应抓住初步设计完成和设计结束阶段；

（4）对于基建档案的收集，应关键抓住竣工验收阶段；

（5）对于设备档案，与工程连在一起的设备档案的收集应抓住竣工验收阶段；自制设备档案的收集则应按照机械产品档案方法收集；

（6）对于外购设备档案的收集，应抓住开箱验收和安装调试阶段。

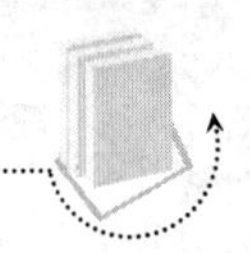

（三）做好收集工作的“五个结合”

收集工作的“五个结合”：收集工作与一项科技活动的计划管理相结合；接收科技文件归档与现场收集相结合；随时收集与集中收集相结合；对内收集与对外收集相结合；对集体收集与对个人收集相结合。

（四）收集工作中应注意的几个方面

（1）对于协作项目的科技文件，要抓住主持单位做好收集。

（2）抓住归档制度建立前的科技文件收集。由于这一阶段制度不健全，故前期形成的一些文件材料会分散保存在业务部门或个人手中，如“筹建处”等。

（3）抓住企业事业单位机构调整、任务变动、科技人员变更或调动时做好收集工作。

四、科技专业档案馆的收集

科技专业档案馆的收集主要是根据专业档案馆档案进馆范围来接收企业事业单位移交的科技档案。所以说，它是在档案形成单位与相关档案馆之间进行的。

目前，我国档案馆的设置有四种类型，即国家综合性档案馆、专业档案馆、部门档案馆和企业事业单位档案馆。其中，后三种具有科技专业档案馆性质，例如：城市建设档案馆，地质、水文、测绘档案馆等为专业档案馆；房地产档案馆为部门档案馆；此外还有大型企业设置的企业档案馆，企业档案馆须报当地档案行政管理部门备案。

地方各级综合档案馆除收集接收机关事业单位的文书档案外，还接收本行政区域内的重大建设项目等科技档案以及撤销单位的科技档案。

部门档案馆和企业事业单位档案馆分别收集接收本部门和本单位形成的科技档案。

实训练习

1. 实训材料

教师准备一个企业的《归档范围和保管期限表》，并将《归档范围和保管期限表》中的保管期限去掉。

2. 实训内容

熟悉《归档范围和保管期限表》的编制格式，重点训练划分文件材料的保管期限。

3. 实训方式

将全班同学分成四个小组，由小组成员共同分析，针对该《归档范围和保管期限表》中列出的文件材料划定保管期限。四个小组分析的结果全部交给教师。

4. 教师评判

由教师针对 4 个小组的结果进行评判，对存在的问题进行讲解。

任务三　科技档案的整理

相关知识

一、科技档案整理工作的含义

科技档案的整理，就是按照一定的原则和方法，遵循国家档案业务标准，对科技档案进行系统整理和科学编目，按一定的分类集中、排列组成案卷，以便更好地保管科技档案。

档案整理是档案工作规范化建设最基础、最重要的业务环节，是各单位日常档案管理最主要的业务工作内容。整理工作必须严格遵循国家有关档案业务的标准、规范进行，无论是文书档案，还是科技档案或其他专业类型档案，务必按照国家及行业部门的标准、规范进行整理，这是必须坚持的原则。

（一）科技档案整理工作的内容

科技档案的整理包括两方面内容：科技档案的系统整理和科学编目。

（1）系统整理，是对科技档案分门别类，有秩序地排列，使之条理化和系统化，从而反映科技档案内在联系。系统整理的具体工作内容是分类、组卷、编号、排列。

（2）科学编目，就是通过一定的形式，按照一定的要求，正确固定科技档案系统整理成果。科学编目的具体内容是编制科技档案目录。

（二）科技档案整理工作的原则

根据我国的有关法规，科技档案整理工作的原则是遵循科技档案的自然形成规律，保持科技文件之间的有机联系，充分利用原有整理基础，便于科技档案的保管和利用。

科技档案整理工作的原则在档案整理过程中有很大的指导意义。从内容看，在整理过程中，要遵循科技档案的自然形成规律，保持科技文件之间的有机联系，即根据其成套性特点保持成套完整。例如，一项建设工程应从立项、设计、施工、竣工使用等成套；一个课题应从选题到实验、鉴定、推广等成套。任何人为地把一组自然形成的成套的档案材料分散打乱后再任意拼凑的方法都是不科学的，也是不符合规范要求的。

考虑原有的整理基础，不是全部打乱原来的整理成果进行重新整理，而是尽量利用原来的基础来整理，从而减少工作量，提高管理效率。

从科技档案材料形成和运动的全过程来说，整理工作通过两个阶段来完成。

第一个阶段是在科技文件归档前，由科技文件的形成者，在本单位档案部门的指导下所进行的整理。其主要内容是对归档文件材料的鉴别，将文件材料组成案卷，并对案卷进行基本的编目工作。

第二个阶段是在科技文件归档后，由科技档案部门（或本单位档案室）独立进行的整理。其主要内容包括对已归档的科技档案案卷进行科学的分类、排列和编制科技档案号。

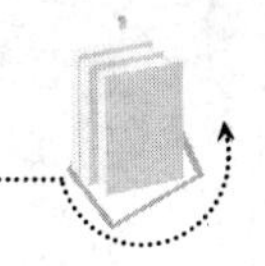

二、科技档案整理工作的步骤

科技档案整理工作按照程序进行，可以获得事半功倍的效果。整理工作的开展，须在本单位编制了科学的、切合本单位实际的“档案分类大纲及编号方案”的前提下方可进行。因此，在整理工作开始之前，必须完成本单位的“档案分类大纲及编号方案”。整理工作的一般步骤如下。

（一）编制“档案分类大纲及编号方案”

方案中明确本单位档案的类别，包括大类（一级类目）、属类（二、三级类目）及其相互之间的关系，绘出“档案分类大纲”图表。同时，大纲中应包含了本单位所有档案的类别，包括文书档案、科技档案的基本类别及会计档案等各类档案。

（二）区分档案的类别归属

按照本单位档案的归档范围，首先将档案分门别类归入对应的大类；再将一个大类内的档案，遵循成套性要求，按照项目（课题、基建项目、产品型号或种类、设备型号等）相对集中。

（三）鉴别

对收集、积累的每一类别的文件材料按照归档范围进行鉴别，剔除不属于归档范围的文件以及重份文件。

（四）对需归档保存的文件材料进行组卷

组卷的内容包括：将零散文件组成独立案卷；卷内文件材料排列；编写页码；编制卷内目录；填写案卷封面、封底。

（五）编制科技档案号

根据分类大纲及编号方案的规定，编制科技档案号，并填写在封面的“档号”空格处。

（六）案卷装订

按要求装订案卷，保护文件不受损坏和便于保管。科技档案案卷装订要求同文书档案案卷。

（七）编制科技档案目录

科技档案目录是根据类别进行编制的，每一类科技档案编制一种目录——分类目录。

（八）装盒

组卷完毕后，需装入符合国家标准的科技档案盒。以一盒为一个案卷的（如图纸卷），需在盒内放入卷内目录，填写档案盒封面及背脊相关内容；一个盒内放入若干案卷的，档案盒起包装作用，可不填写档案盒封面，但需填写背脊相关内容。

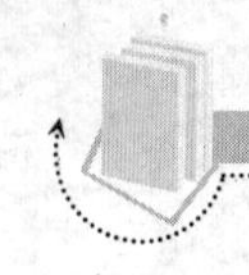

三、科技档案分类

（一）科技档案的分类理论

1. 科技档案的分类

分类，就是根据对象的共同点和差异点，将对象区分为不同种类的逻辑方法。分类的方法是比较，根据共同点将对象分成较大的类，再根据差异点把对象划分为较小的类，从而把对象区分为具有一定从属关系的不同等级的系统。

科技档案的分类，就是根据科技档案的性质、内容、特点和相互之间的联系，把科技档案划分成一定的类别，从而使全部科技档案成为一个具有一定从属关系（纵向）和平行关系（横向）的不同等级的系统。

科技档案的分类，是科技档案整理的第一步，是科技档案整理的核心内容。分类是否科学，决定着档案整理的质量，也影响着科技档案的保管、鉴定、统计和利用工作。因此，科技档案的分类必须慎重从事。

2. 科技档案分类的基本要求

（1）科技档案分类要符合档案形成专业和形成单位科技活动的性质特点。

专业不同、单位类型不同，形成的档案种类、内容构成也不尽相同。例如，机械、化工、纺织、冶金等系统形成的科技档案差别较大；一个专业系统内部不同类型的单位之间，因为分工不同，科技活动不同，档案也存在较大差异。因此，在进行分类时，必须针对科技档案形成的实际情况，选择适宜的分类方法。

（2）在一个单位内部或一个专业系统，同一层次的科技档案分类标准应当一致。

科技档案的分类是根据某种特性、特征或关系而划分类别的。由于科技档案存在多种特性和特征，如时间、内容、地域等特征，结构关系、工作程序、专业性质等联系，因此，分类标准是多种多样的，但是，在一个单位内部，同一层次之间只能采用一个分类标准。例如，某建筑设计院对于工程设计档案可以采用按项目分类，也可以采用按专业分类，但是，在具体的分类中，就应当或者按项目分类，或者按专业分类，而不能在同一层次上既有项目分类，又有专业分类。交替使用分类标准将导致档案整理的混乱，故必须杜绝交叉分类。

（3）分类成果应当“固化”。

对于一个单位档案的分类，必须在确定类别前，对本单位的全部档案（包括科技档案）进行准确系统的研究，在划分类别后，应当保持相对固定、稳定，不要随意更改，否则将造成严重后果，如增加重复劳动、增加营运成本、降低利用效率。

（二）科技档案实体分类

科技档案实体分类重点在于编制科技档案分类方案，即通过文字、数字、代号和图表来表现科技档案的类目体系及其纵向和横向的关系。借助于这个分类方案，可以使本单位科技档案的归属脉络清晰，一目了然，能掌握一个单位科技档案的基本情况。分类方案的编制应与本单位科技文件的分类方法协调一致。

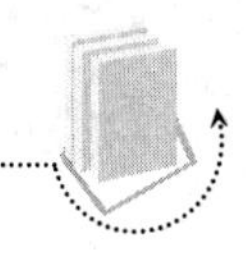

1. 科技档案分类方案的编制规则

（1）分类方案类目体系的可包容性。

分类方案类目体系应具有足够的容量，可以随着科技档案的增长而不断扩容。类目体系由大类和各级属类的类目组成，也就是说，各大类与各级属类构成了分类方案的类目体系。因此，分类方案应能包容全部内容，使每一种科技档案、每一份科技文件都能够在分类方案的类目体系中找到自己应有的位置。同时，分类方案还要预测本单位在一定时期内科技档案的发展情况。

（2）分类方案类目体系的严整性。

分类方案类目体系的纵向关系开展和横向类目排列应符合分类规则。分类方案的类目体系是由各大类和各级属类构成的反映类目之间关系的分类系统，体现了一种层次关系，它表现在纵向和横向两个方面。

从纵向来讲，类目体系表示大类以及由其逐级展开的各级属类之间的从属关系，类似于总体和部分的关系。例如，科技档案的一个大类包含若干较小的类，一个较小的类又包含更多更小的类，依次类推。它表现为上位类与下位类的关系。凡是上位类，一定要能包含它所属的下位类；而凡是下位类，一定要是它上位类的组成部分。分类方案中每一个纵向排列的各级类目构成了一个类目系列，简称"类系"。

从横向来讲，类目体系表示各级同位类之间的关系，并用平行排列的方式表达同位类之间的并列关系。同位类既有大类间的同位类，也有属类（包括各级属类）间的同位类。注意，各同位类之间具有互相排斥的关系，即同位类之间只能并列、平行，而不能交叉、重叠。同位类的类目构成"类列"。

综上所述，科技档案的分类方案实际上是由类系与类列组成的一个严整的科技档案的类目体系。

（3）分类方案类目体系的相对稳定性。

在一个单位内部，科技档案分类方案必须保持长期的相对稳定性，不宜经常地或频繁地更改分类方法和分类体系。

（4）科技档案分类方案的结构严谨性。

科技档案分类方案的结构包括分类表、说明、代号和索引。

2. 科技档案分类方案的编制步骤

（1）划分大类，确定类列。

根据科技档案的基本种类设一级类目，有多少种科技档案，就设多少个一级类目。如生产、设备、基建、科研、产品等一级类目的设置。国家档案局曾制定了《工业企业档案分类试行规则》（以下简称《分类规则》），对工业企业档案的一级类目设置作出了规定。对一般生产性企业来讲，可以基本按照《分类规则》的类目套用；对非生产型企业，则应根据自身形成档案的内容和性质设一级类目，如商业企业可设业务类等。

（2）划分属类，形成类系。

在每个大类中，根据科技档案的内容构成和形成特点，按照已确定的分类标准和形成特点，设置相应的上位类和下位类（即属类、小类），形成不同类别层次，构成一个完整体系。

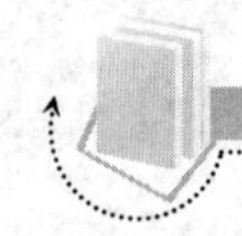

（3）确定类列排序。

大类之间不是随意排列的，应突出科技档案的主体。例如在工厂，产品档案是主体；在设计单位，设计档案是主体；在地质部门，地质档案是主体。应把反映主体的科技档案放在大类之首。

（4）明确代字、代号。

给每个类目一个固定的类目代字或代号，用英文字母或阿拉伯数字。

（5）制成文件或图表。

把由类列和类系组成的类目体系用方案叙述方式或图表表达方式表达出来，形成完整的科技档案分类方案。

（6）撰写分类方案的编制说明。

编制说明即指出编制的依据、分类标准、类目代字和代号的使用方法等。

3. 科技档案分类大纲的编制方法

科技档案分类方案（也称分类规则、分类大纲等）是企业事业单位科技档案整理、编号、上架排列、保管的重要依据，也是任何有科技档案的单位都必不可少的。根据国家档案工作的基本原则，现阶段企业事业单位实行了各类档案的综合管理，因此，一般而言，一个单位的档案分类，不是单独编制科技档案分类方案，而是针对本单位所有档案的分类，科技档案的分类只是单位全部档案分类的一部分。单位在进行档案分类时，通常是通盘考虑，通过编制档案分类大纲及编号方案来包含所有档案的分类。因而，在讲到档案分类时，主要就是制作本单位的档案分类大纲及编号方案。

根据国家相关标准，综合考虑各单位档案的一般情况，机关事业单位和企业可以选择以下几种类型的分类大纲。

（1）机关档案分类大纲。

机关档案分类大纲主要适用于机关、事业单位（如图 3-2 所示）。

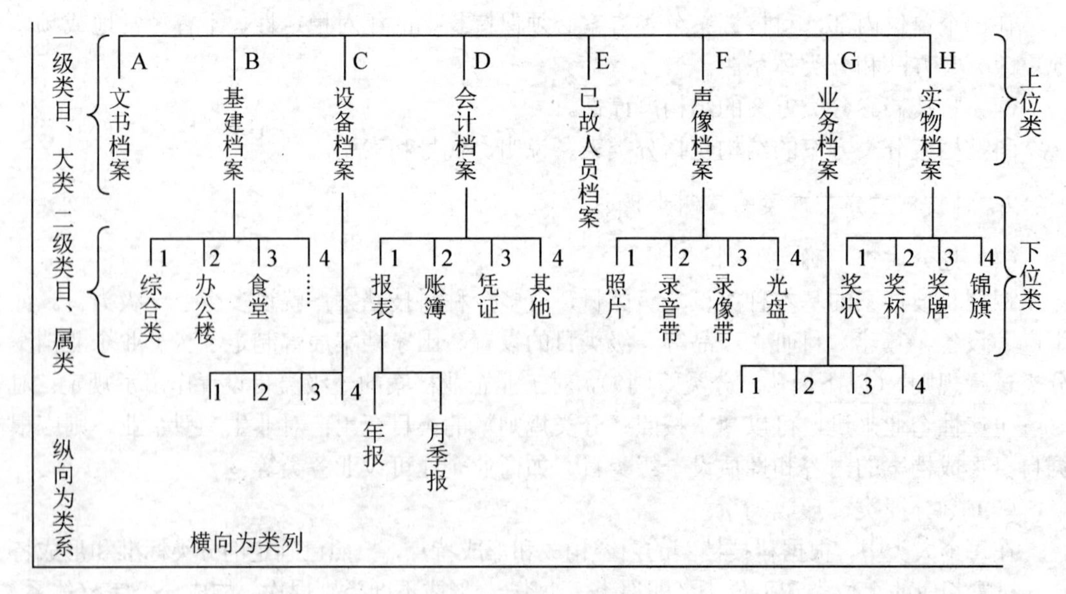

图 3-2 机关档案分类大纲

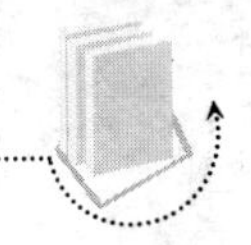

（2）商贸、服务类企业档案分类大纲。

商贸、服务类企业档案分类大纲适用于贸易类企业、服务类企业等（如图 3-3 所示）。

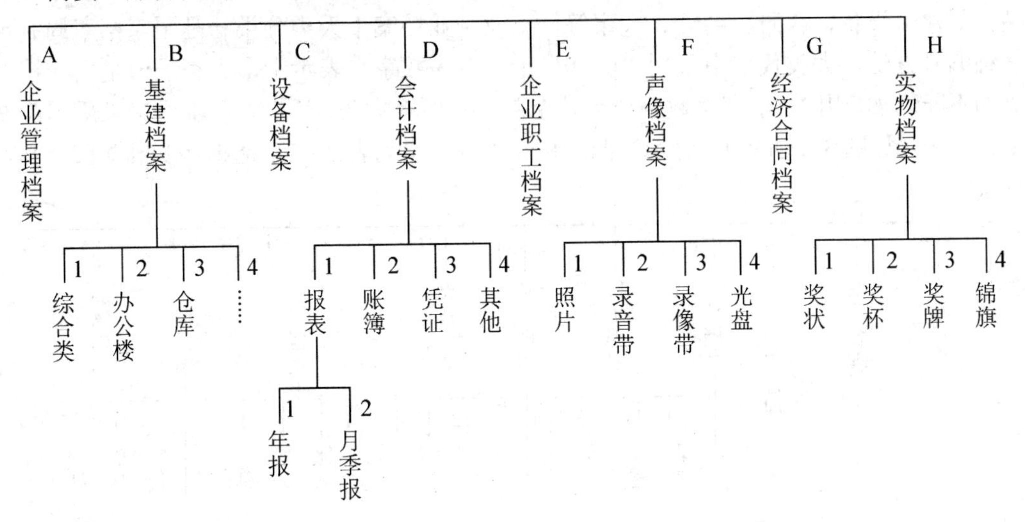

图 3-3　企业档案分类大纲

（3）生产型企业档案分类大纲。

生产型企业一般特指工业企业，如机械、电力、电子、化工、纺织、矿山、冶金等。由于生产型企业规模上可划分大、中、小型企业，所有制性质上有国有和非国有企业，因此，生产型企业的档案在分类大纲的编制上有几种不同的类型。

① 一般工业企业档案分类大纲。非国有大型工业企业可以采用一般工业企业档案分类大纲（如图 3-4 所示）。

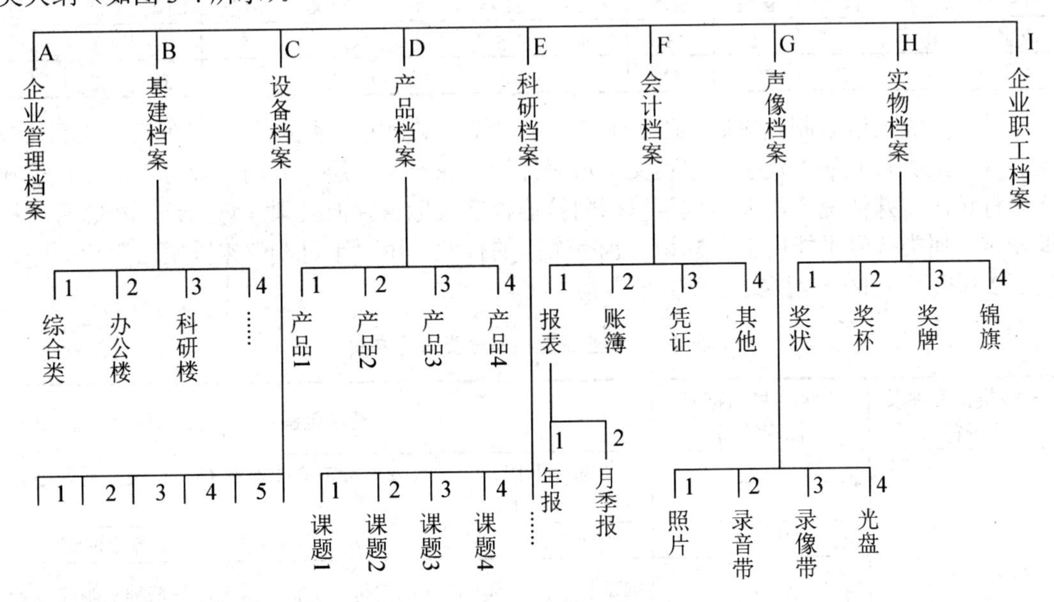

图 3-4　一般工业企业档案分类大纲

② 大型国有企业档案分类大纲。大型国有企业档案分类可以采取《分类规则》的十大类分类法，设置十个基本大类，包括党群工作、行政管理、经营管理、生产技术管理、产品、基建、设备、科研、会计、人事等。工业企业档案十大类分类法是国家档案局制定的一种编号方法，大类代字中采用“0～9”十个有序数字来表示十个大类。但是由于档案种类的不断增加，用10个有序数字已无法全部表示所有大类，因此，现阶段可以采用英文字母来代表（如图3-5所示）。对于这两种标识方式（参见表3-1），企业可以根据自身实际自行决定。

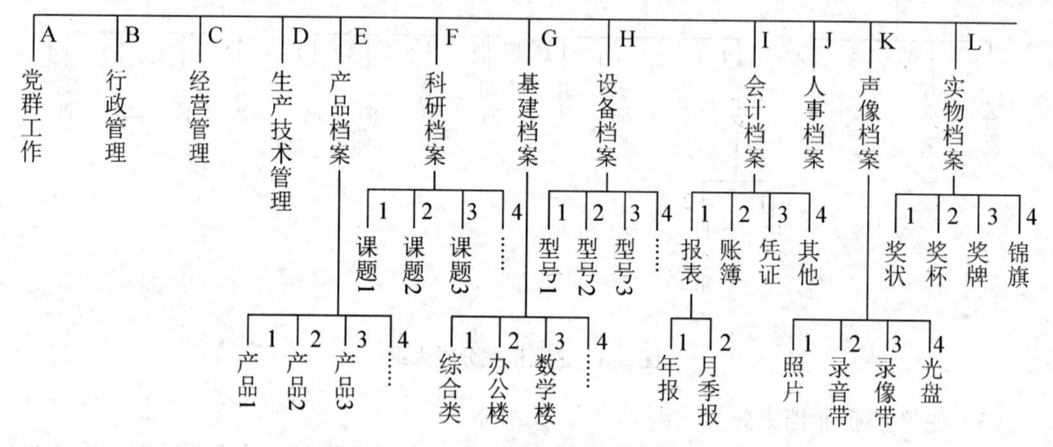

图3-5 ×××大型国有企业档案分类大纲

表3-1 大类的两种标识对比表

类别代字	党群工作	行政管理	经营管理	生产技术	产品档案	科研档案	基建档案	设备档案	会计档案	人事档案	声像档案	实物档案
数字	0	1	2	3	4	5	6	7	8	9		
字母	A	B	C	D	E	F	G	H	I	J	K	L

档案分类大纲编制完成后，必须通过代字和代号来固定分类的层次和顺序。一般而言，大类（一级类目）的“代字”用英文字母来标识，属类（各层次）的“代号”用阿拉伯数字来标识。特殊情况下，大类也可以用阿拉伯数字来标识。但必须注意的是，按照有关标准规定，属类代号不能用字母标识。也有个别的行业采用“十进制”来固定层次和顺序。表3-2列出了工业企业档案分类编号方案。

表3-2 工业企业档案分类编号方案

一级类目名称及标识符号	二级类目名称及标识符号	基本范围
党群工作 0	党务工作 01	党委综合工作、党员代表大会或党委其他有关会议，党委办公室其他事务工作等
	组织工作 02	组织建设，整党建党，党员和党员干部管理，党费管理等
	宣传工作 03	理论教育，各种工作活动宣传，思想政治工作与精神文明建设等
	统战工作 04	民主党派工作，无党派人事工作，港澳台工作、华侨工作，民族事务，宗教事务等

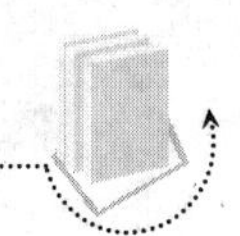

续表

一级类目名称及标识符号	二级类目名称及标识符号	基本范围
党群工作 0	纪检工作 05	党风治理，党纪检查，案件审理，信访工作等
	工会工作 06	职工代表大会，职工民主管理，劳动竞赛，劳保福利，女工工作，文化艺术和体育活动等
	共青团工作 07	组织建设，政治思想教育，团员大会，团员管理，团费管理，青少年工作等
	协会工作 08	各专业学会、协会工作，各群众团体活动等
行政管理类 1	行政事务 01	企业综合性行政事务工作，厂务会议，厂长（经理）办公室工作，文秘工作，机要保密工作等
	公安保卫 02	公安保卫社会治安，武装保卫，枪支弹药管理，民兵工作，消防，交通管理，刑事案件审理，人防工作等
	法纪监察 03	法律事务，政纪监察，违纪案件审理等
	审计工作 04	各专项审计工作活动等
	人事管理 05	干部管理，工人招聘、录用、调配工作，企业劳务出口工作等
	教育工作 06	普通教育，中专和职业教育，高等教育，职工在职培训，幼儿教育等
	医疗卫生 07	卫生监督与管理，职工防病治病，计划生育工作等
	后勤福利 08	职工生活福利，食堂、商店、幼儿园、农牧副业，职工住房，企业第三产业等
	外事工作 09	企业涉外活动
经营管理类 2	经营决策 01	企业改革，重大经营战略性决策，企业发展规划，方针目标管理等
	计划工作 02	企业中、长期计划，年（季）度计划，各项专业发展计划，全面计划管理工作等
	统计工作 03	各种统计报表，企业综合性统计分析工作等
	财务管理 04	资金管理，价格管理，会计管理，资金流通等
	物资管理 05	物资供应，仓库管理，废旧物资回收与修旧利废等
	产品销售 06	市场分析，用户调查，产品销售，广告宣传，售后服务工作等
	企业管理 07	企业普查，企业整顿和企业升级，经济责任制管理，企业管理现代化工作等
生产技术管理类 3	生产调度 01	生产组织，调度指挥工作等
	质量管理 02	企业全面质量管理，产品质量检测和质量控制工作等
	劳动管理 03	劳动定额、定员，劳动调配，劳动工资，劳动保护等
	能源管理 04	能源消耗定额管理，节能降耗工作等
	安全管理 05	安全生产，工伤事故处理，职工安全教育等

续表

一级类目名称及标识符号	二级类目名称及标识符号	基本范围
生产技术管理类 3	科技管理 06	新产品开发，科技成果管理，技术引进，技术革新和采用新技术、合理化建议等
	环境保护 07	环境保护检测与控制，污染治理等
	计量工作 08	各种计量检测工作
	标准化工作 09	企业标准化管理工作，各种标准档案
	档案和信息管理 10	企业档案工作，各类数据管理，电子计算机系统，情报工作，图书资料工作等
产品类 4	产品档案二级类目按产品种类或型号设置	同一产品型号内，包含产品从开发、设计、工艺、工装、加工制造到检验、包装、商标广告和产品评优的全过程
科学技术研究类 5	科研档案二级类目按课题设置	同一科研项目内，包含课题立项、研究准备、研究试验、总结鉴定、成果报奖、推广应用等项目研究和管理的全过程
基本建设类 6	基本建设档案二级类目按工程项目或建筑项目设置	同一工程项目内，包含工程的勘探测绘、设计、施工、竣工验收和工程创优的全过程
设备仪器类 7	设备仪器档案二级类目按设备种类或型号设置	同一设备仪器内，含设备购置、安装、调试、运行、维护修理和设备管理等全过程
会计档案类 8	凭证 01	各种会计凭证
	账簿 02	各种财务账簿
	报表 03	各种财务报表
	其他 04	
干部职工档案类 9	干部档案 01	
	工人档案 02	
	离退休职工档案 03	
	死亡职工档案 04	

【例 3-1】某企业档案分类整体框架如图 3-6 所示。

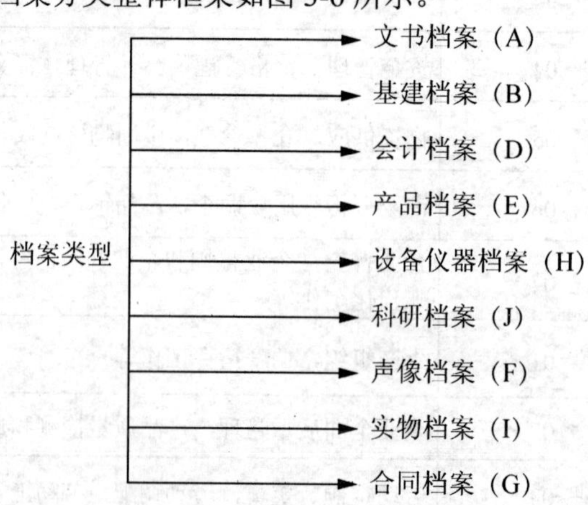

图 3-6　某企业档案分类整体框架

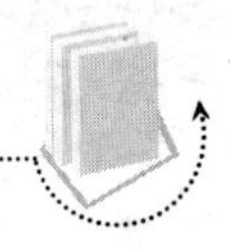

【例 3-2】×××水厂档案分类大纲如图 3-7 所示。

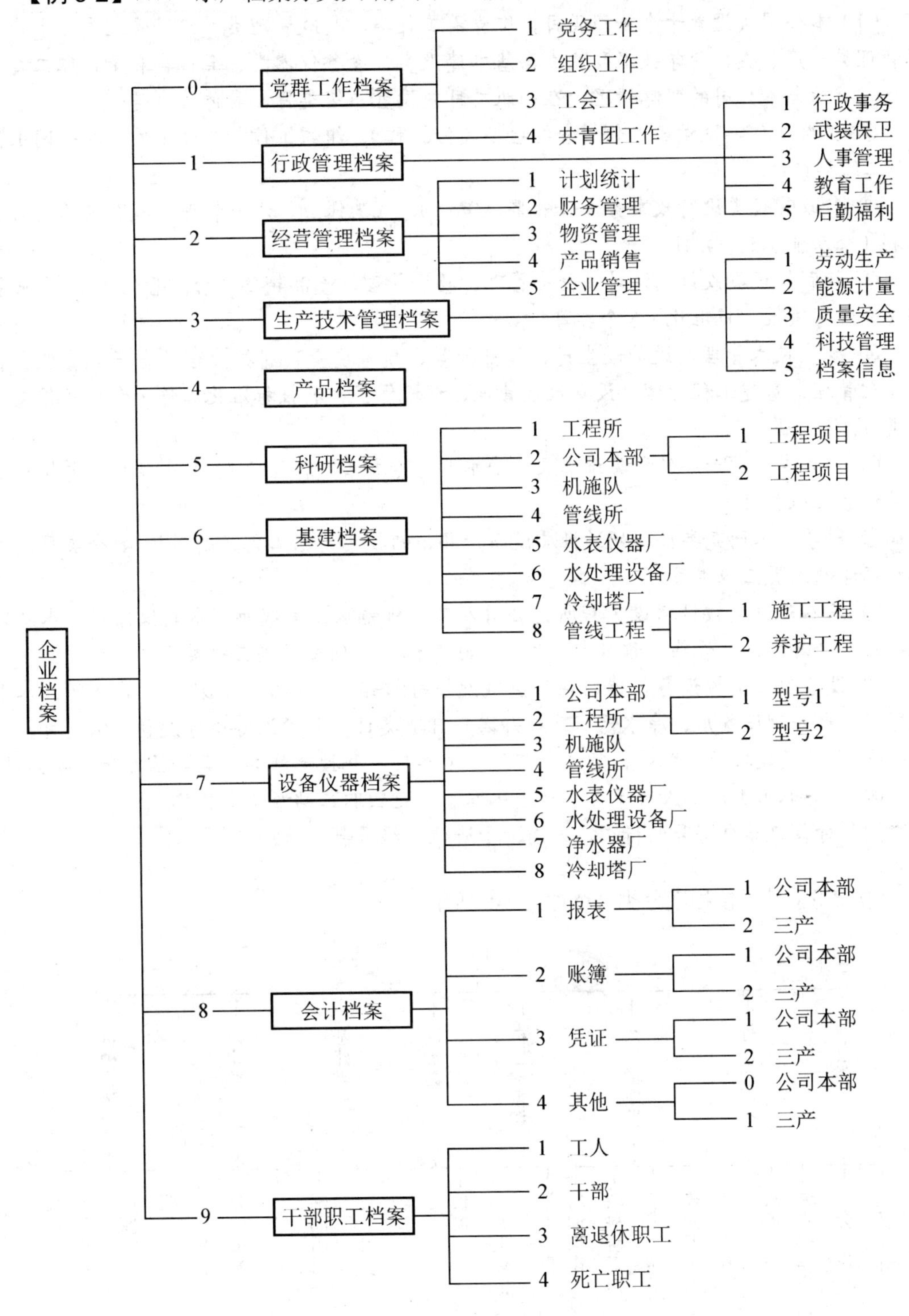

图 3-7 ×××水厂档案分类大纲

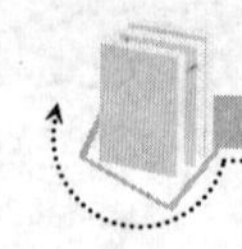

编制说明：

（1）本公司共设置十个一级类目，即党群工作类、行政管理类、经营管理类、生产技术管理类、产品类、科学技术研究类、基本建设类、设备仪器类、会计类和干部职工类。

（2）结合本公司的实际情况，在一级类目内设置二级类目，具体方法是：

① 党群工作类设党务工作（含纪检、宣传工作）、组织工作、工会工作、共青团工作4个二级类目；

② 行政管理类设行政事务（含外事、审计）、武装保卫、人事管理、教育工作、后勤福利（含房配）5个类目。

③ 经营管理类设计划统计、财务管理、物资管理、产品销售（含广告信息）、企业管理（含经营决策、标准化）5个类目。

④ 生产技术管理类设劳动生产、能源计量、质量安全、科技管理（含产品管理、管线工程管理、基建工程管理、设备仪表管理、环境保护、科技标准化工作）和档案信息 5个类目。

⑤ 产品类的按产品的种类设水表、净水器、冷却塔、仪器仪表 4 个类目，并按产品型号设置三级类目。

⑥ 科学技术研究类按科研的性质设新产品、新技术、新工艺、新材料 4 个类目，并按科研课题设置三级类目。

⑦ 基本建设类按区域设工程所、公司本部、机施队、管线所、水表仪器厂、水处理设备厂、冷却塔厂、管线工程8个类目，并按具体工程项目设置三级类目。

⑧ 设备仪器类按设备仪器所在的区域设公司本部、工程所、机施队、管线所、水表仪器厂、水处理设备厂、净水器厂、冷却塔厂8个类目，并按设备型号设置三级类目。

⑨ 会计类设报表、账簿、凭证、其他4个类目，并按会计类大类分属类和年度编排。

⑩ 干部职工类设工人、干部、离退休职工、死亡职工档案4个类目。

（3）对各级类自符号的标识，采用“十进位”编号制。

【例 3-3】某学校档案分类大纲如图 3-8 所示。

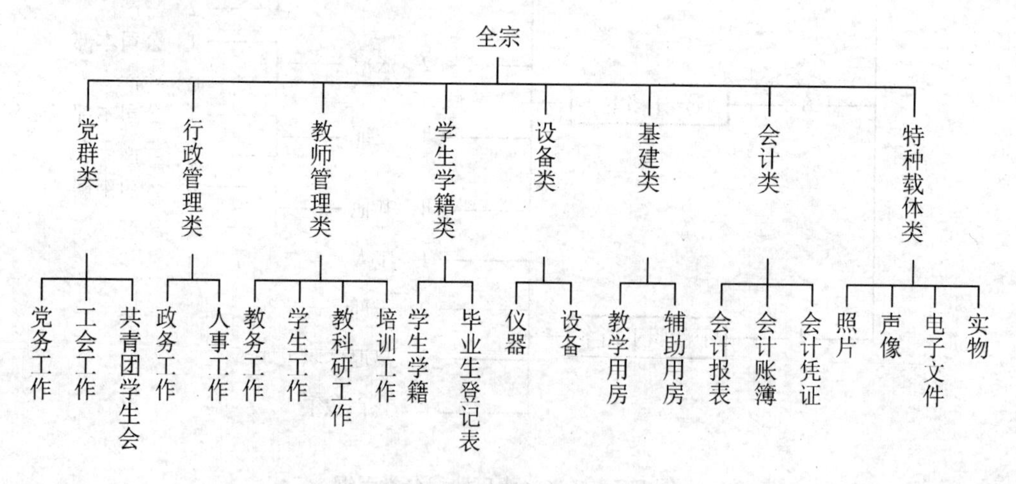

图 3-8　某学校档案分类大纲

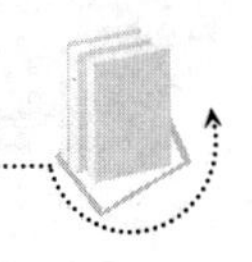

（4）行业档案分类大纲。

行业档案分类大纲是指一般由行业主管部门制定的、适用于全行业档案特性的、要求全行业贯彻执行的档案分类大纲及编号方案，如电力行业、社保行业、环保行业等档案分类大纲可参见各行业的标准规范。

4. 科技档案属类分类方法

分类大纲中大类（一级类目）编制完成后，还需要对属类（二级以下类目）进行科学编制。尤其是科技档案的几种基本类型，都必须通过编制属类来包含所有的档案。因此，属类编制要求科学合理、对症下药，如果编制混乱，也将引起档案归类的混乱。要科学合理地编制属类，就需要了解属类分类的标准和方法。按照国家相关标准，结合多年的实践经验，可将科技档案归纳成以下属类分类方法。

（1）基建档案一般采用工程项目分类法。

采用工程项目分类法，就是将本单位全部基建档案以工程项目为分类单元来划分属类。这种方法适用于建设单位对基建档案的分类，工程设计单位对工程设计档案的分类，以及城建档案馆对基建档案的分类。

① 企业基建档案分类的基本框架如图 3-9 所示。本分类的基本框架可同时适用于机关、事业单位（包括文化、科技事业单位）基建档案的属类设置。

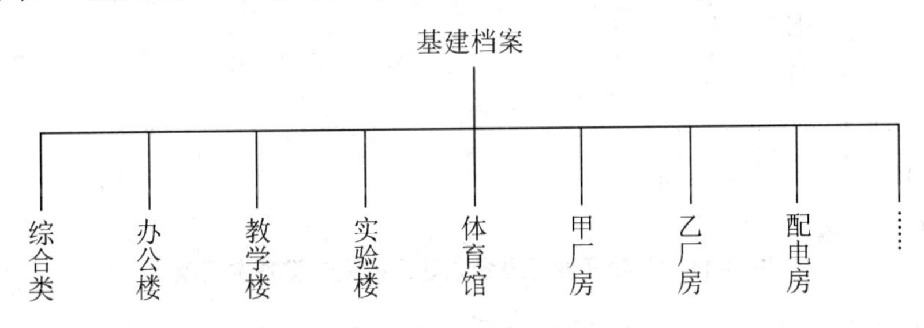

图 3-9 企业基建档案分类基本框架

说明：“基建档案”的第一属类一定为“综合类”，主要是将一个单位的基建方面的综合性文件材料归于此类，如征地红线图、总体布置图、红线范围内的道路、管线、绿化等图纸资料等，不能归于其他项目内，而是单列出来归于此类；其他为单独的建筑物，有办公性的、辅助性的、生产性的建筑物，一般排列顺序为办公性、生产性、辅助性。

对于大型生产型企业，由于工程项目的使用性质不同，为便于其档案的管理，在分类的时候，往往加上工程的性质，一般情况下按“使用性质—工程项目”分类法。按工程项目的使用性质，可将基建档案分为生产性建筑、办公性建筑、辅助性建筑等几个属类（如图 3-10 所示）。

企业在发展中因不断扩大规模、扩展生产能力而分期开发建设或分地域建设的，应在“基建档案”下设置一个层次（如图 3-11 所示）。

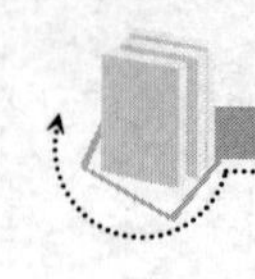

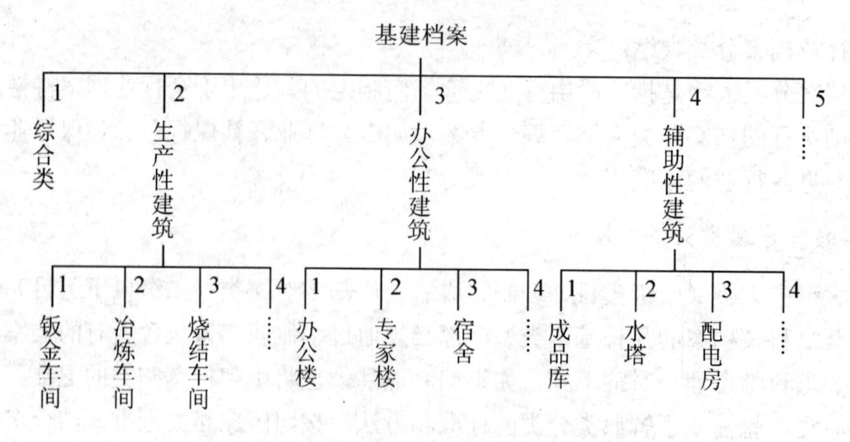

图 3-10 大型生产型企业基建档案分类基本框架

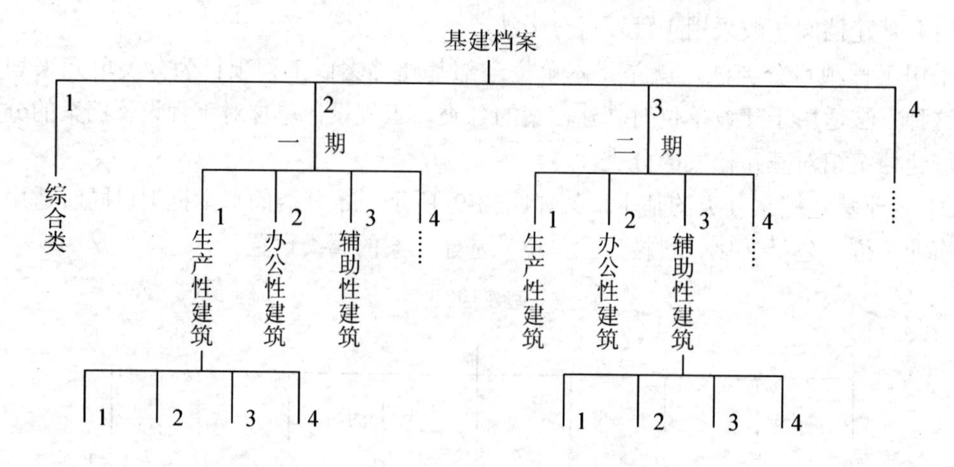

图 3-11 分期开发建设企业基建档案分类基本框架

说明： 属类层次的设置应“因地制宜”，不可盲目增加层次，属类层次并非越多或越少越好，应该恰当，应根据单位基建档案的实际情况设置层次。

② 市政工程基建档案分类的基本框架如图 3-12 所示。

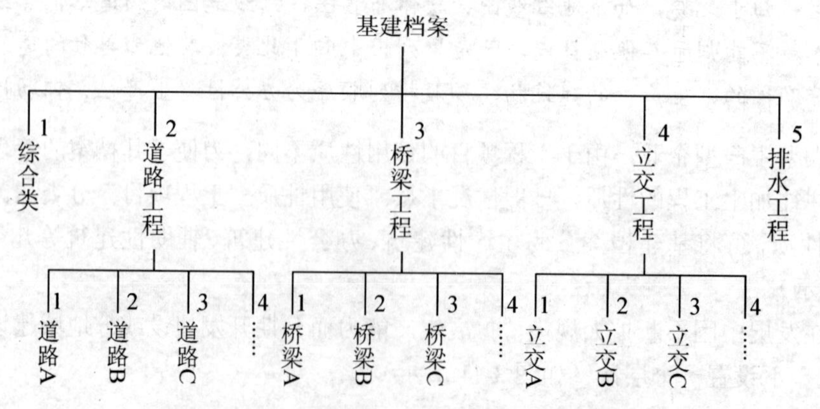

图 3-12 市政工程基建档案分类基本框架

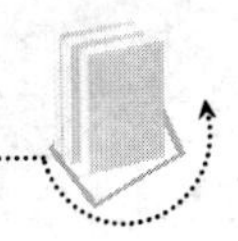

③ 水利工程基建档案分类的基本框架如图 3-13 所示。

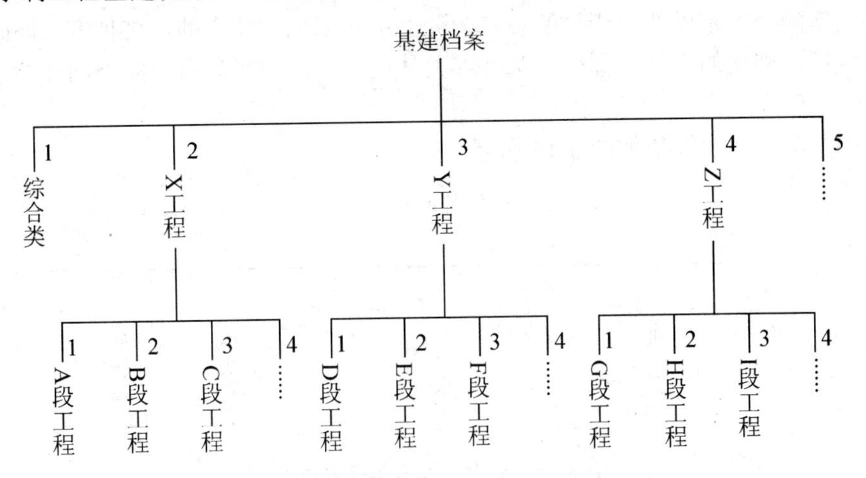

图 3-13 水利工程基建档案分类基本框架

说明：大型水利枢纽工程可以按流域（水系）—工程分类，不仅以工程项目为一个单独整体，而且以整个流域（或水系）连接在一起。

【例 3-4】某市堤围中心防灾减灾工程基建档案分类如图 3-14 所示。

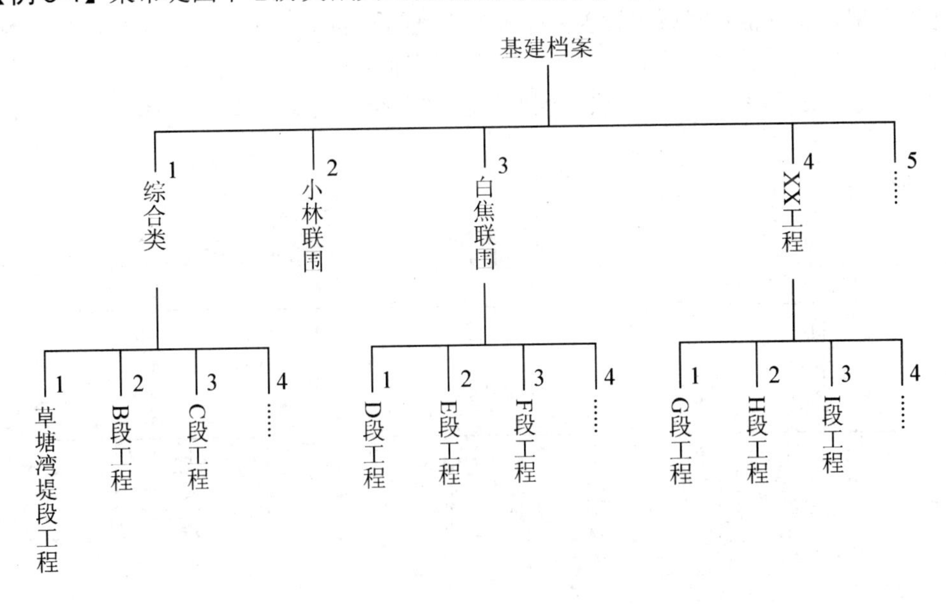

图 3-14 某市堤围中心防灾减灾工程基建档案分类

用工程项目分类法进行分类时，应注意掌握分类的层次。当某单位形成的基建项目多、档案数量大时（如格力电器），可按作用性质进行第二层次的分类，还可往下再分第三、第四层次（即第三层为单项工程，第四层为子项工程或工程阶段）；当某单位形成的基建档案少时，可在一级类目下，直接按时间先后设置单项工程，而不加“性质”这一层。

（2）设备档案一般采用型号分类法。

设备档案的分类是以各个型号的设备为分类单元来划分属类的。这种方法同时可适用于工业机械产品档案的分类。型号分类法在具体应用时，因产品对象的不同而有不同的应用形式。

设备档案分类基本框架如图 3-15 所示。

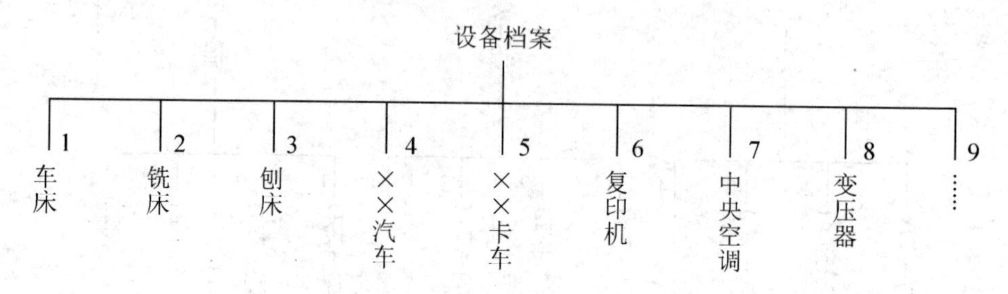

图 3-15 设备档案分类基本框架

①一般单位设备档案属类设置。一般单位设备种类、数量不多的情况下，可在设备档案大类下直接设置属类，将设备按照型号或种类排列在二级类目位置上，有多少种（或台）设备就按顺序排多少个。机关单位设备档案很少甚至没有。科技事业单位（如医疗机构、科研院所、学校）设备档案相对较多，但都可以采用以上方法设置属类。

②生产型企业设备档案属类设置。工业企业通过设备加工生产各种产品，其设备是作为一种重要的生产工具，故设备档案种类、数量多而复杂，可以采取“性质+型号”、“功能+型号”或“来源+型号”分类法。因此，生产型企业设备档案应在具体的型号上加一层次。

“性质+型号”分类法如图 3-16 所示。

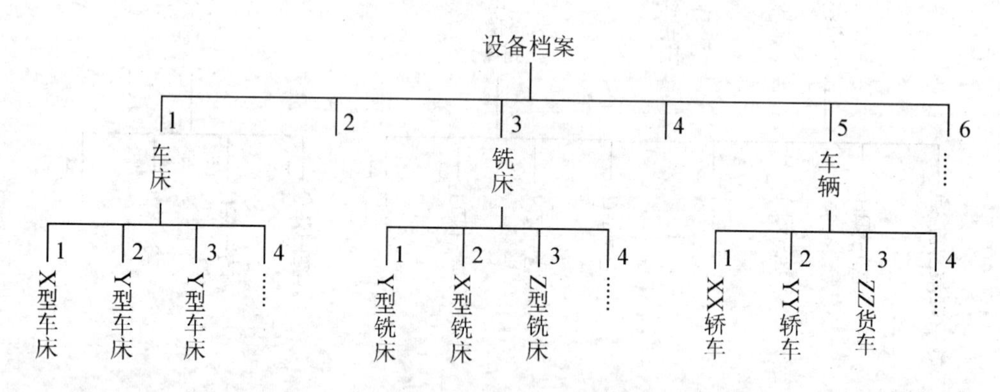

图 3-16 生产型企业设备档案“性质+型号”分类法

“区域+型号”分类法如图 3-17 所示。少数企业因为设备数量特别多，或相同的设备多且固定在不同车间或分厂使用，故为了设备管理、维修的方便，常在设备档案的分类管理上采用“车间+型号”分类法。这也是一种实用性较强的方法。

“来源+型号”分类法如图 3-18 所示。此种分类方法所用不多，仅供参考。

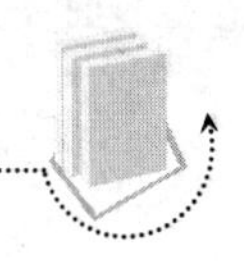

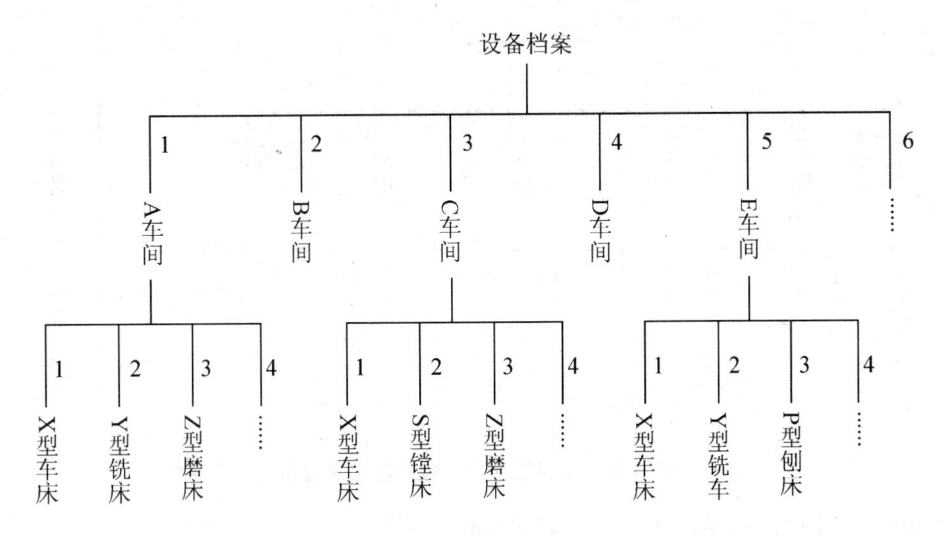

图 3-17 生产型企业设备档案“区域+型号”分类法

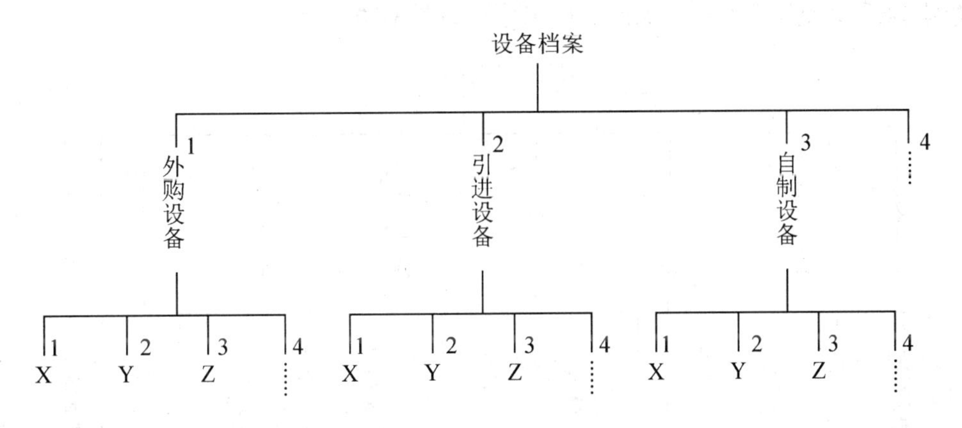

图 3-18 生产型企业设备档案“来源+型号”分类法

（3）产品档案一般采用型号分类法。

机械产品档案的分类与设备档案基本相同，可同样采用型号分类法。但是，由于产品涉及的范围和行业非常广泛，既有工业用产品，又有民用产品；既有机械产品，又有电子产品；既有化工产品，又有纺织产品，不胜枚举，因此，产品档案在分类上具有多种形式，可根据本企业产品的实际情况进行分类，采取不同的组合，如“性质+型号”、“种类+型号”、“品种+型号”、“系列+品种”、“系列+品种+型号”等等。产品档案分类的结构模式依照设备档案的基本框架。

① 机械产品采用“性质+型号”分类法，参见设备档案第一种类型。此分类法适用于各种行业的机械产品生产企业。

【例 3-5】某船舶生产厂家的产品档案分类采用“性质+船舶”分类法（如图 3-19 所示）。

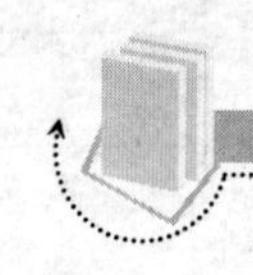

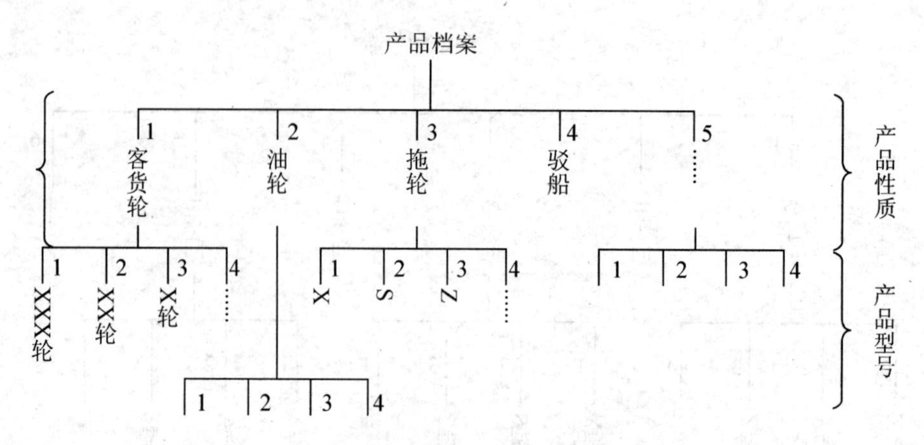

图 3-19　某船舶生产厂家产品档案分类

② 电子、家电产品采用“系列+型号”分类法。

【例 3-6】某空调器生产厂家产品档案分类如图 3-20 所示。

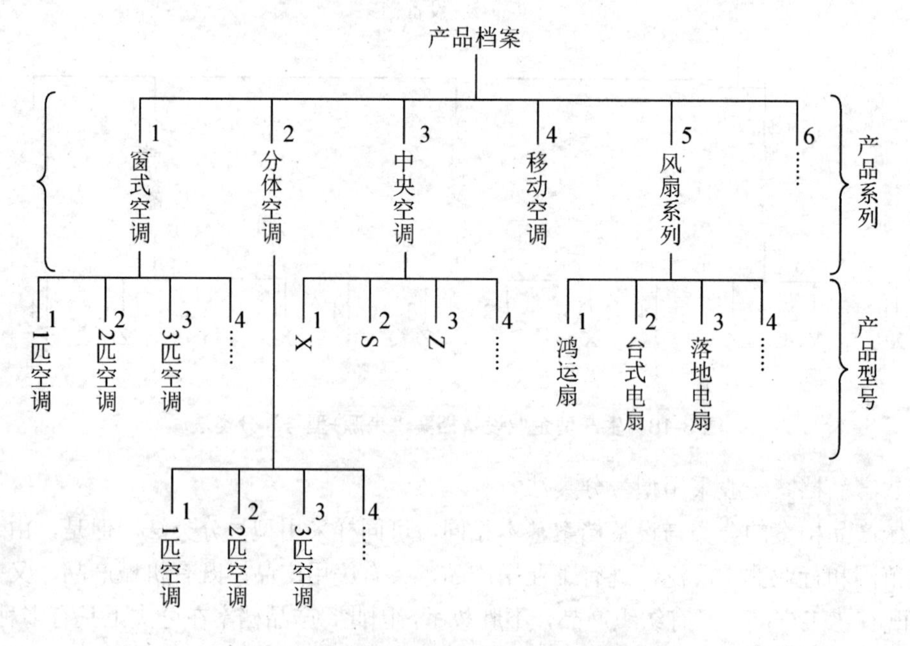

图 3-20　某空调器生产厂家产品档案分类

③ 轻工产品采用“系列+品种”分类法。

④ 纺织产品采用“系列+品种”分类法或“品种+系列”分类法。

（4）科研档案一般采用课题分类法。

科研档案常以各种独立的科研课题为分类单元来划分类别，适用于科研档案的分类排列。

科研档案分类基本框架如图 3-21 所示。

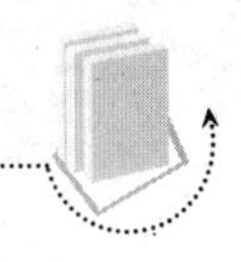

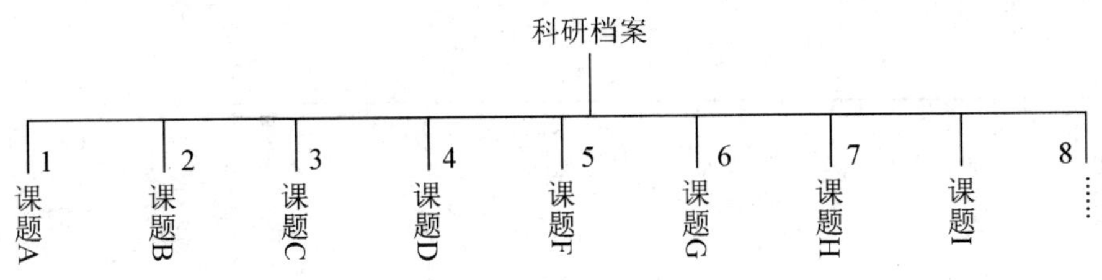

图 3-21 科研档案分类基本框架（一）

对于科研课题较多、形成科研档案数量较大的单位，可在一级类目下按专业设置二级类目，第三层次再按课题设置类别（如图 3-22 所示）。

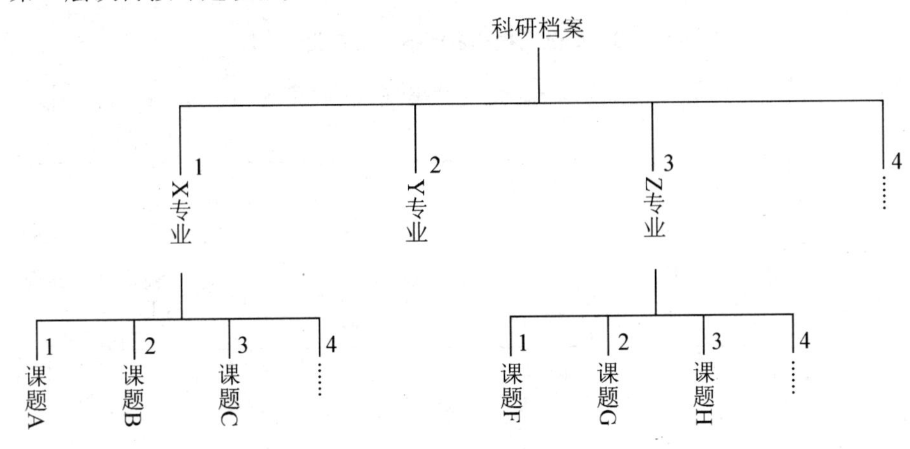

图 3-22 科研档案分类基本框架（二）

以上为常见科技档案基本类型的属类分类方法，各单位应结合自己本单位的实际情况选择合适的类型。必须注意的是，这些分类方法是一般的属类分类法，对于某些特殊行业、特殊企业不一定完全包容或者适用，故各企业还应根据行业特点、企业特点选择属类分类法。但以上方法包含了科技档案分类的基本原理，按照这些原理设置档案类别（包含属类）和编制档案分类大纲，不会违背国家有关于档案业务标准规范的原则，不至于造成档案人员的劳动成果遭到否定而导致档案整理的返工。

除基本的属类分类法外，在某些行业或者企业还有几种专门的分类方法可以采用。

（1）专业分类法。

专业分类法即按照科技档案所反映的专业性质来划分类别。这种方法一般在二级以下类目设置中较常用到。

例如，对于单位工程基建档案，如果图纸量较大，可按专业设置下级类目，如土建、结构、水暖、通风、电气等（如图 3-23 所示）。但如果图纸量不大，则可以按照专业组成案卷。

又如，可在设备档案的“工具”类下设置刀具、量具、夹具、模具、刃具等。

（2）地域分类法。

地域分类法即根据科技档案内容所反映的地域特征进行分类，适用于地质、测绘、水利、城乡规划、林业等行业。这种方法在二级类目（第一级属类）中采用。市政、园林、绿化等城市建设方面形成的档案也可以采用地域分类法（如图 3-24 所示）。

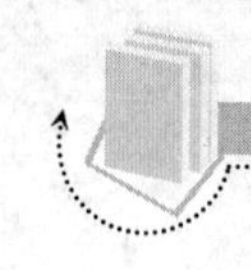

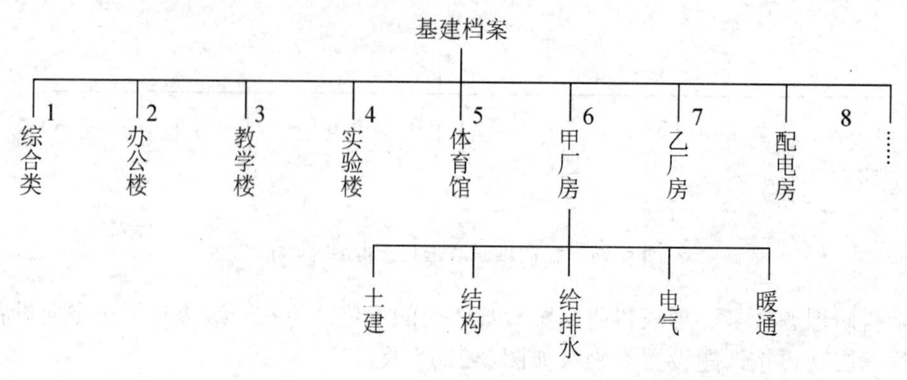

图 3-23　单位工程基建档案采用专业分类法

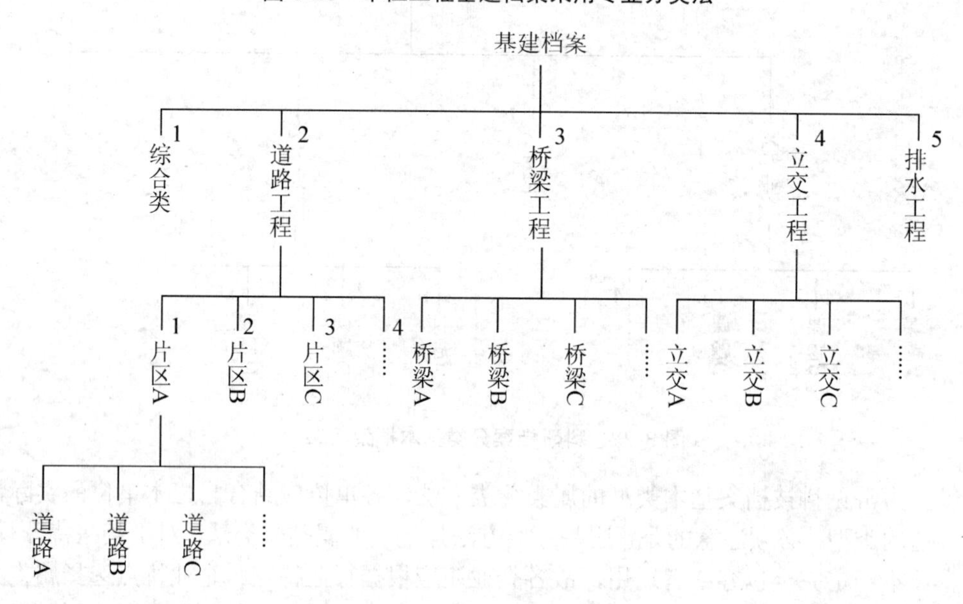

图 3-24　基建档案采用地域分类法

（3）时间分类法。

时间分类法即按时间特征分类，适用于气象观测、水文观测等。在具体的类别设置中，可以采用“区域+地点（或观测点）+时间”的方法。

四、科技档案组卷

组卷，有些专业书称为组织保管单位，但谓之组卷更切合档案业务工作实际。组卷就是将一组具有有机联系的、价值基本相同的科技文件，按一定的分类集中，按一定的方法排列，形成保管和利用的基本单元。

科技档案组卷更确切地说是始于科技文件的整理。文件材料的形成部门按照案卷构成的标准进行初步整理，组成一定的案卷后，通过归档环节移交档案部门后，再由档案部门进行系统的案卷排列、编号、编制档案目录等工作。在某种意义上说，科技档案组卷的实际对象是科技文件，是科技文件的组卷。

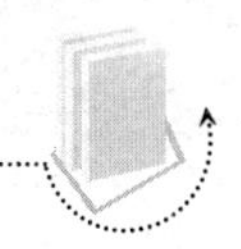

（一）科技档案案卷的概念

科技档案案卷是一组具有有机联系的、价值大体相同的科技文件的集合体（亦称保管单位）。

1. 科技档案案卷的特征

（1）案卷内的科技文件是有内在联系的。根据成套性特点，要保持卷内文件的有机联系，不要把不相关的材料放在一起。例如，一台设备的档案包括随机文件、操作使用说明、技术规程、合格证及随机安装图、部件图、零件图等，在组卷的时候就不能分开，随后产生的调试、维修、运行记录等也应放在一起。

（2）案卷内的科技文件有一个相对的数量界限。一套科技文件可以组成一个案卷，也可以组成若干案卷，案卷不能组得太厚。例如，一项基建工程涉及的材料有依据性、基础性材料，设计、施工、竣工材料，还有大量的图纸资料，把所有的这些材料组成一个案卷显然不可行，必须按照文件材料更紧密的内在联系组成若干案卷。应将有机联系看成一条相对原则，即将一个大的有机联系体分解成若干小的有机联系部分，再进行组卷。现阶段，科技档案组卷趋向于组薄卷，甚至单份文件管理。

（3）案卷内的科技文件保存价值大体相同。有时在组卷中会出现矛盾，如科技文件的保管期限不同，这时应首先考虑其内在联系，然后再考虑其保存价值。

（4）案卷的形式有卷、册、袋、盒。一般情况下，文字材料以卷、册形式为主，图样材料以袋、盒为主。

2. 科技档案案卷的构成

科技档案案卷一般包括两部分材料：
（1）经过整理的科技文件本身；
（2）在整理工作中形成的案卷封面、卷内目录、卷内备考表以及封底。

3. 科技档案案卷的类型

（1）文字材料型：案卷内全部是文字材料，如基建档案依据性文件。
（2）图样材料型：一个案卷内文件材料全部为图纸，如竣工图。
（3）图文混合型：一个案卷内既有文字材料，又有图纸。
（4）声像材料型：包括科技照片、录像、光盘等磁性载体材料。

（二）科技档案组卷的程序及方法

科技档案组卷的程序主要包括鉴别和组卷两个步骤。

1. 科技档案的鉴别

科技档案的鉴别主要是指在立卷前对科技文件的属性、完整性、准确性、秘密程度和保存价值的鉴别。鉴别是档案整理质量的基础。

（1）属性的鉴别。即按照科技档案的概念，将不需归档的科技文件和不属于科技档案范畴的党政文件、科技资料区分开来，或剔除，或归入文书档案、科技资料另行管理。

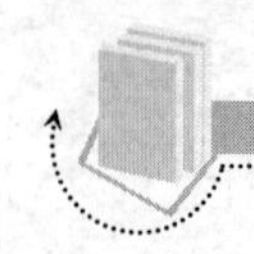

（2）完整性的鉴别。即对应归档科技文件进行完整性的审查，按照成套性要求，在数量上保证归档文件材料不缺项、不少页，一套文件材料能完整反映该项目的全部内容和全过程。

（3）准确性的鉴别。即对应归档科技文件内容进行准确性的审查，在质量上保证文件材料与实物（际）一致，文件之间不能相互矛盾。如蓝图与底图相一致，成果报告与实验记录相一致。

（4）秘密程度的鉴别。即根据密级划分的有关规定，确定文件的绝密、机密、秘密的级别。

（5）保存价值的鉴别。即根据保管期限表的规定，确定文件的永久、长期、短期的保管期限。

以上五点是确保科技档案整理质量的基本要素，即文件材料归类的准确性，文件材料的齐全、完整、准确程度，价值的大小，保管期限划分的准确性及密级准确程度。把握了这几个方面，就可以确保案卷整理的基本质量。

2. 科技档案的组卷

科技档案的组卷就是指按科技文件的内在联系进行分类，把有一定联系的科技文件集中在一起，组成案卷。分类组卷要保持案卷内所反映问题的科技文件内容上的有机联系，同时还要兼顾文件密级、保管期限的联系，尽量将同一密级、同一保管期限的文件材料集中在一起组卷。

（1）科技档案组卷的基本要求。

① 根据案卷的特征，组卷时要遵循科技文件的形成规律，保持卷内科技文件的系统联系，保持成套性。

② 案卷内科技文件的制作与书写材料必须益于长期保存，尽量减少或者不用复写材料。

③ 卷内科技文件排列有序，能反映其自然形成规律。

④ 产品、科研课题、基建项目、设备仪器按其结构、部件、阶段组卷。

⑤ 与产品、科研课题、基建项目、设备仪器关系密切的管理性文件，应列入产品、科研课题、基建项目、设备仪器类中组卷。

⑥ 案卷编制应清晰准确，能揭示案卷内科技文件的内容和成分。

其中，①～③为总体要求，④～⑥为技术要求。

（2）科技档案组卷的基本方法。

① 按结构分类组卷：主要适用于机械产品科技文件（特别是图纸）。

② 按子项分类组卷：主要适用于基本建设工程科技文件。例如，某基建工程由铸工车间、金属加工车间、机修车间、锅炉房、原料仓库、成品仓库等子项组成，由于各个子项的科技文件分别是具有有机联系的整体，故可分别组成案卷。

③ 按工序或阶段分类组卷：即根据生产程序或工作过程，把反映同一程序或过程的科技文件组成案卷。例如，工艺文件可按加工工序组卷；科研、设计文件可以按阶段组卷；地质勘探等工作可以按踏勘、初探等工作过程组卷。

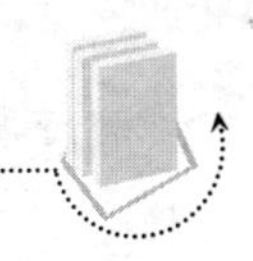

④ 按专业分类组卷：即按照科技文件内容所涉及的专业组卷。例如，一个机械产品的工艺文件，可以按铸造、锻造、热处理、电镀、油漆、焊接等不同专业分别组成案卷；设计和基建工程的图样文件，可以按建筑、结构、给排水、通风、电气等不同专业分别组卷。

⑤ 按问题分类组卷：即按照科技文件反映的不同问题分别组卷，将同一问题的科技文件组织到一起。

⑥ 按地区分类组卷：即按照它们所反映的地区分别组卷，主要适用于地质勘探、地形测量、水文与气象观测材料。

⑦ 按时间分类组卷：即按照科技文件所反映的时间或形成时间组卷。水文、气象、天文、地震等观测材料通常采用这种方法组卷。

⑧ 按作者分类组卷：即按科技文件的形成者（单位、个人或集体）分别组卷。

以上各种方法，可在保持科技文件的有机联系，便于保管利用的前提下，结合使用。如地域+时间；但最常用的方法是结构、子项、阶段、专业分类的方法。

（3）常见科技档案的具体组卷方法。

① 基建档案组卷方法：基建档案按子项分类组卷。

基建档案是指各种建筑物、构筑物、地上地下管线、管网等基本建设工程在勘察、设计、施工、管理使用和维护等整个过程中形成的科技档案。从单独的项目而言，基建档案是指在整个建设项目从酝酿、决策到建成投产（使用）的全过程中形成的、应当归档保存的文件材料。其具体包括基本建设项目的提出、调研、可行性研究、评估、决策、计划、勘测、设计、施工、调试、生产准备、竣工、试生产（使用）等工作活动中形成的文字材料、图纸、计算材料、声像材料等形式与载体的文件材料。

基建档案包括 6 个部分 12 大类。6 个部分：依据性文件（基本建设前期文件材料）；基础性文件材料；设计文件；工程管理文件；施工文件；竣工文件。12 大类：可行性研究、任务书；设计基础材料；设计文件；项目（工程）管理文件；施工文件；竣工文件；生产技术准备、试生产文件材料；工艺、设备文件材料；涉外文件；财物、器材管理计划账目材料；科研项目材料；其他应当归档文件材料。

以上各类材料是以工业建筑为蓝本归纳的，民用建筑、公用设施等不包含生产、工艺、设备等材料。在具体的组卷过程中，基建档案的组卷常包括以下几种情况。

A. 管理性文件材料的组卷方法。管理性文件材料主要是在项目准备阶段形成的立项申报与审批材料、可行性研究报告、地质勘探材料、征地拆迁材料、报建材料、合同、协议、设计和在设计施工阶段形成的招标、投标文件，以及竣工验收阶段形成的竣工验收文件。其重点是依据性材料和基础性材料。管理性文件材料应突出“以问题组卷”的原则，组卷时，以一个独立的工程项目为对象，将该项目的所有管理性文件材料集中起来，按问题组成若干案卷。例如，立项、征地拆迁、报建、招投标、可行性研究、地质勘探所形成的文件材料自然分成几个不同的问题，可把不同问题的文件材料分开，同一问题形成的文件材料按时间顺序排列。文件材料数量多的，可以组成若干案卷，不多的可组成一卷。

B. 图纸的组卷方法。图纸是按结构、专业形成的。图纸一般由图纸目录控制其排列顺序，因而在组卷时可按图纸目录进行。若单位工程图纸数量少，可以组成一卷，卷内图纸按原有图纸目录进行排列；若图纸数量多，则可按不同专业组成若干案卷。

C. 施工文件的组卷方法。一般来说，原材料、构件的出厂证明按批量形成；试验报告按结构形成；质量检查、评定记录是先形成分项、分部工程评定记录，最后形成单位工程评定记录。因此，施工文件一般按结构组卷。如果同一单位工程形成的施工文件少，可组成一卷；如果数量较多，则可区分分部、分项工程分别组卷。

D. 修改通知单的组卷方法。施工修改是经常发生的，因此会形成若干“修改通知单”。修改通知单一般不能直接附在被变更的竣工图的后面，而是将一个单项工程、单位工程形成的所有变更通知单集中起来，前面附上工程变更通知单目录，组成一卷。数量多的，可按专业分别组卷。

E. 监理文件的组卷方法。监理文件分为依据性文件和工作性文件。依据性文件主要包括监理大纲、监理合同、监理规划、监理实施细则，此类文件材料单独成册，单独组卷。工作性文件主要有会议纪要、备忘录、专业通知、监理简报、监理日志等，可采用“文种—文号”的方法组卷。监理工作中还形成一定数量的照片、录音、录像等特殊载体材料，可按声像档案整理方法整理，移交接收单位。

② 设备档案组卷方法：设备档案按结构分类组卷。

设备档案是指记述设备结构、性能以及使用、维修过程中形成的各种文件材料。设备是生产、生活各领域使用的技术装备、设施、仪器、仪表的总称，其类型复杂，有机械设备、电力设备、化工设备、纺织设备、动力设备和各种仪器仪表等。例如，一台铣床的科技文件，是由床身、传动机构、变速机构、进给箱、升降台、工作台、电气系统、冷却系统、润滑系统等部分组成。各个结构组成部分的科技文件分别是具有有机联系的整体，密不可分。从档案管理角度分析，设备档案分为两种情况：一种是与土建工程联系在一起的设备，如化工设备中的大型装置、冶金企业的金属冶炼设备，由于这些装置必须在基建过程中安装或建设，其档案与基建档案难以分开，故一般情况下将这些档案归入基建档案，按照基建档案组卷方式整理；另一种是独立使用的设备，通过外购或自制而产生，其档案是独立的实体。本书中的设备档案组卷的对象特指独立使用的设备。

设备档案材料一般包括设备购置的依据材料，设备随机文件材料，设备安装、调试过程中产生的材料，设备维修中形成的材料。设备档案的组卷方法包括以下几种情况。

A. 小型设备文件材料的组卷方法。小型设备的文件材料主要以设备的随机文件为主，在设备开箱时，由档案人员验收、登记、归档。由于文件材料不多，在组卷时，一般将全部材料组成一个案卷，采用不装订形式，选择不同厚度的国家标准档案盒装载，一般一个档案盒为一卷。

B. 大、中型设备文件材料的组卷方法。大、中型设备一般又称为高、大、精、尖、稀类型的设备。这些设备不仅随机文件材料较多，且在采购过程中还形成了相关的批准文件、合同或协议，还有设备安装、调试材料，大、小修材料等。按照科技档案成套性要求，组卷时，全部材料应以台、套为界限分别组卷，批准文件、合同协议可单独组卷，随机文件单独组卷，安装、调试文件单独组卷，每年的修理维护中的文件材料单独组卷。如果随机文件已装订成册的，以每册为一个案卷，可不拆散组卷，保持原有卷册面貌。这样，一台或一套设备的档案组成若干案卷。

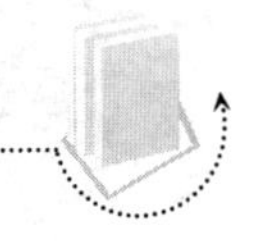

注意，国外引进设备中的外文资料应与已翻译的材料存放在一起，分别各自组成案卷，并按顺序编案卷流水号。

③ 产品档案组卷方法：产品档案按结构分类组卷。

产品是指工业企业制造的满足人们生产、生活和工作需要的各种物品。产品档案是指在工业产品市场调查、设计、试制定型、生产制造、产品评奖、专利申报等活动中形成的科技文件。工业产品种类繁多，涉及方方面面，既有简单产品又有复杂产品，既有机械产品又有化工、轻工、纺织产品，不胜枚举。同时，由于各种产品的功能、性能、用途以及结构和工艺的不同，其开发制造也有很大的差异，因此各种类型产品所形成的科技文件也千差万别，档案内容构成有着较大区别，不同的产品之间的文件材料存在差异。

但是，产品的开发制造一般都要经过 5 个阶段，即规划阶段、设计阶段、试制阶段、生产阶段和售后服务阶段。因此，虽然是不同的产品，其档案都包含以下主要材料：市场调查、可行性研究报告、产品开发计划任务书等前期材料；产品设计任务书、总体方案设计、全套产品总图及各种部件图、实验大纲等材料；试制总结报告、试验和鉴定大纲、试验规程、样机试制证明书等材料；产品证明书或产品合格证及工艺文件，工艺装备文件等材料；产品改进与更新建议书、市场与拥护反馈材料等。产品档案组卷方法如下：

A. 市场调查、可行性研究报告、各种总结报告等与该产品有关的文字性材料单独组卷，可以单个材料组一卷，也可以将相关材料组成一卷；

B. 全套产品总图及各种部件图可以按其结构分别单独组卷；

C. 工艺、工装材料单独组卷；

D. 专利材料单独组卷；

E. 申报评奖、评优材料单独组卷等。

④ 科研档案组卷方法：科研档案按阶段分类组卷。

科学研究工作一般是指在自然科学领域中以科研课题为中心展开的研究工作，包括基础理论研究、技术研究和应用研究。基础理论研究和技术研究重点在专业科研机构和理工科高等院校，应用研究主要在企业事业单位，如新产品开发，研究内容包括新结构、新工艺、新材料、新设备等。

科研档案是在科研课题研究过程中形成的各种文件材料。科研工作的成果有正成果和负成果，成功的成果是正成果，失败（或未达到预期）的则为负成果。无论是正成果还是负成果，其所形成的材料都具有很重要的意义。一般可将科研成果课题的研究工作分为研究准备阶段、观察实验阶段、总结鉴定阶段和推广应用阶段等，其主要形成的文件材料包括：课题委托书，协议书，研究计划，试验大纲，方案设计等；观察记录，实验记录，材料配方，说明书，设计图样，阶段小结，总结报告等；研究论文（或科研成果报告），专题报告，专题著作，成果鉴定证书等；推广方案，总结报告，技术交底，推广回访报告，反馈意见等；成果申报表，专家鉴定意见，上级批复，获奖证书等。

科研档案组卷方法如下：

A. 文字性材料一般以单份文件作为组卷对象，但依据性材料（如委托书、计划任务书、立项批准书、协议书等）可以组成一卷；

B. 观察、实验记录单独组卷；

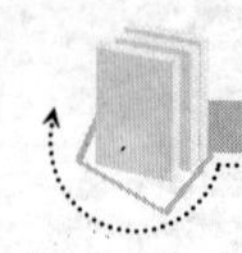

C. 科研成果材料单独组卷；

D. 与鉴定验收相关的材料放在一起组卷；

E. 成果申报奖项材料单独组卷等。

五、科技档案的系统排列

排列是科技档案整理中的一项重要工作。排列顺序错误，表示整理不规范，不符合要求。

科技档案的系统排列，就是对科技档案有序的排列过程，这种排列过程要求体现科技文件的自然形成相互关系，应当反映分类、组卷的系统成果。系统排列包括两个方面的具体工作：一是案卷内文件材料的排列；二是案卷之间的排列。

（一）案卷内文件材料的排列

案卷内文件材料的排列通常是按照科技文件在形成时编制的目录（总图目录、初步设计目录等）进行的，科技文件没有目录或原编制的目录不能适应组卷的排列时需重新排列。案卷内科技文件的排列方法如下。

1. 文字材料型案卷

文字材料型案卷即全部由文字材料构成的案卷，其排列方法有以下三种：

（1）按重要程度排列，重要的在前，次要的在后，如成果性材料—原始性材料—中间性材料；

（2）按时间顺序排列，形成时间早的在前，晚的在后；

（3）按隶属关系或逻辑排列，如来文与复文关系，复文在前，来文在后；主件与附件关系，主件在前，附件在后；正本与原稿关系，正文在前，原稿在后。

2. 图样材料型案卷

图样材料型案卷即全部由图样构成的案卷。形成时已编制图样目录的，按原有目录顺序进行排列；原科技文件没有图样目录的，或原编制目录不适应组卷排列的（如同一图样目录的科技文件形成两个案卷的），按总体与局部的关系，先总后分、先大后小的原则排列。总的顺序为：总图在前，其他图样在后；组件在前，部件图、零件图在后。具体排列方式如下：

（1）机械产品图样材料按图样的隶属关系排列，如总图—组件图—部件图—零件图；

（2）建筑工程图样材料按图样形成的前后顺序排列，如总体布置图—平面图—大样图，总体性、系统性的图样在前，局部性、细部性的图样在后；

（3）专门性图样材料或按时间顺序排列，如天文、水文、气象等；或按地区特征排列，如地质勘探、地震观测、地形测绘等。

3. 图文混合型案卷

图文混合型案卷由图样和文件交错混合组成，既有文字材料，又有图纸。此类案卷的排列方法为文字材料在前，图纸在后（即文字材料在前，图样材料在后）。

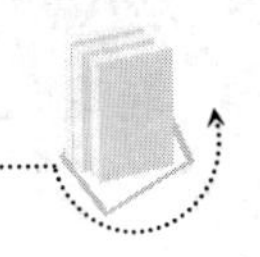

（二）案卷之间的排列

案卷排列是科技档案整理的工作内容之一，必须在分类的基础上进行。所谓案卷排列，就是确定案卷在分类体系中的位置。

1. 案卷排列的基本要求

由于每个项目（工程项目、科研课题、设备台套、产品种类）都会形成一定数量的案卷，几卷、几十卷甚至几百卷不等，因此，必须对案卷的顺序进行科学排列，以便管理和利用。案卷排列时应考虑以下要求：

（1）遵循科技档案的形成规律；

（2）遵循档案分类大纲类目体系的编制原则；

（3）要求反映对象的隶属关系和逻辑关系。

2. 案卷排列的具体方法

由于案卷排列将影响科技档案号的编制，因此，在排列过程中，必须体现其逻辑关系。一般情况下，案卷排列采用分类排列法，步骤为：区分大类——分清属类——找准项目——案卷排列。其含义为：根据档案分类大纲确定的类目体系，在明确归属的大类、属类后，以项目（工程、课题、设备台套、产品种类）作为案卷排列的对象，在一个项目内，进行档案案卷的排列。

（1）总体排列原则：以一个项目的全部档案为对象，进行案卷排列，项目内的文字材料型案卷排在前，图样材料型案卷在后。

（2）常见排列方法：科技档案的类别不同，案卷排列的方法也不同。

① 产品档案的排列：按前期材料（市场调查材料、依据性文件材料）、设计（包括初步设计、技术设计、工作图设计、工艺设计）、产品试制、实验、定型、小批量生产、批量生产、工艺工装、产品创优等程序排列，也可以按其产品系列、结构（组件或部件）排列。

② 基建档案的排列：按依据性材料、基础性材料、工程设计（包括初步设计、技术设计、施工设计）、工程施工、工程监理、工程竣工验收等顺序排列。

③ 设备仪器档案的排列：按设备购置文件、开箱的随机文件、安装调试文件、设备运行维修、随机图样等排列；随机图样也可以单独组卷。

④ 科研档案的排列：按研究依据、调研论证、研究实验、总结鉴定、成果申报奖励和推广应用等时间阶段排列。

⑤ 管理性科技文件：按问题、时间或重要程度排列。

六、科技档案编目

科技档案编目是指通过一定的形式，按一定的要求，固定案卷内科技文件的系统整理成果的一项工作。其作用有二：一是固定案卷内系统整理成果；二是揭示案卷内科技文件的内容和成分，便于保管利用。

科技档案编目的内容包括：编写案卷页号；填写卷内目录；编制案卷封面和填写卷内备考表。

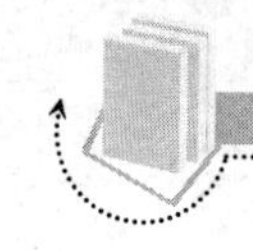

（一）编写案卷页号

编写案卷页号，就是对案卷内的文件材料按页面编制顺序号，即在卷内文件材料顺序确定的基础上，将号码依次标注在每页材料上，统一采用阿拉伯数字标注。

（1）编号应遵循的原则：卷内科技文件均以有书写内容的页面编写页号，空白页不编号，“筒子页”两面编号，特殊表格特殊。

（2）页号编写位置：单面书写的科技文件在右下角编写页号；双面书写的科技文件，正面在右下角、背面在左下角编写页号。图样的页号编写在按 A4 规格折叠后的右下角，或标题栏外右上方。

（3）以案卷为单位，各卷均从“1”起依次编写页号。各卷之间不连续编页号。

（4）以单份技术文件作为一个独立的案卷，且该文件已标有页码顺序的，如成套图样或印刷成册文件等，可不再重新编写页号；只有多份文件组成案卷，没有统一顺序号的，或者号码不统一、不连贯的才需统一编号。

（5）案卷封面、卷内目录（原有图样目录除外）、卷内备考表、封底不编写页号。

（二）填写卷内目录

卷内目录是卷内科技文件内容和数量的清单，其作用是统计卷内文件材料数量，便于查用，保护卷内文件材料。因此，卷内目录要求填写齐全、准确。卷内目录需填写的项目包括以下各项。

（1）序号：用阿拉伯数字从“1”起依次标注。文字材料以件为单位，图纸以张或以组为单位填写序号，每件（张）一个号。

（2）文件编号：填写文件的文号或图样的图号，或设备、项目代号，没有编号的可不填写，空出。

（3）责任者：填写科技文件的直接编制部门或主要责任者。文字材料、图纸填写形成者，以“盖章”为准。注意，责任者不是档案整理者。

（4）文件材料题名：即文件标题，填写科技文件标题全称。如果没有标题的，需整理者自行归纳标题，并加“[ ]”以示区别。例如，文字材料题名“关于××电厂扩建工程初步设计的批复”，图纸材料题名“××工程总平面布置图”。

（5）日期：填写科技文件形成的年、月、日，日期不清或没有日期的可以不填。

（6）页次：填写每份科技文件首页上标注的页号。末尾一份文件则标注起止页号。以整理后打印的页码为准。

（7）备注：没有特别需要说明的情况时可以不填。

卷内目录排列在案卷内科技文件的首页之前，其格式参见表 3-3（纸型 A4 规格）。

表 3-3　卷内目录

序　号	文件编号	责任者	文件材料题名	日　期	页　次	备　注
1					1	
2					5	
3					12	

续表

序　号	文件编号	责任者	文件材料题名	日　期	页　次	备　注
4					18	
5					23	
6					28	
7					30	
8					31～36	

（三）编制案卷封面

案卷封面是一种揭示案卷内的科技文件基本情况的工具，同时，封面又起着保护卷内科技文件的作用。

案卷封面可采用案卷外封面（卷盒）和案卷内封面（软卷皮）两种形式。内封面排列在卷内目录之前。案卷封面包括以下内容。

（1）案卷题名：题名应简明、准确地揭示卷内科技文件的内容。案卷题名的主要内容包括：项目名称（工程、课题名称，产品品名、设备型号或种类）；文件材料的内容特征（文字材料内容，结构、阶段、专业、工序等）；文件名称（请示、批复、计划总结、计算书、零件图等）。项目名称应与批准的原立项、设计（包括代号）相符，外文资料的题名及主要内容应翻译成中文。

【例 3-7】某企业档案案卷题名拟写案例如下。

（1）产品：

X62W 万能铣床	床身部分	件图
（产品品名及型号）	（内容—结构）	（文件名称）

（2）基建：

××××工程	土建	竣工图
（工程项目名称）	（内容—专业 ）	（文件名称）

（3）科研：

档案专用耐久性墨水	项目结题	意见书
（科研课题名称）	（内容—阶段）	（文件名称）

（2）立档单位：填写负责科技文件组卷的部门或项目负责人及形成单位或主要责任者，如基建档案竣工图的立档单位为施工单位，设备档案随机文件填写设备生产厂家；有多个编制单位的，把主要立卷部门列出来。

（3）起止日期：填写案卷内科技文件形成的起止日期，格式为××××年×月×日—××××年×月×日，如 2005.07.08—2006.03.09。

（4）保管期限：填写整理过程中划定该卷的保管期限。

（5）密级：依据保密规定填写；没有密级的可不填写。如果其中有一份是有密级的，则就高不就低。

注意，“密级”项不要填写“普通”、“无密”、“公开”、“内部”等字样，这些都不是密级的规范名称。没有密级就空出，不填。

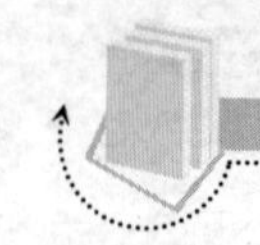

（6）档号：根据本单位编制的档案分类大纲及编号方案填写档案的分类号和案卷顺序号。

（7）档案馆号：国家档案馆适用，用于填写档案馆给立档单位的编号，各立档单位可不填写。

（8）缩微号：填写缩微时给定本卷的编号，原《科学技术档案案卷构成的一般要求》（1989 年国家档案局颁发 GB/T 11822—1989）设置有缩微号，2000 年重新修订该标准时取消弃用缩微号（GB/T 11822—2000）。

案卷封面格式（纸型 A4 规格）如图 3-25 所示。

档　　号______ 档案馆号__________ （案卷题名） 立档单位 起止日期 保管期限 密　　级

图 3-25　案卷封面格式

注意，图 3-25 中封面格式的“案卷题名”只是表明题名的填写位置。

（四）填写卷内备考表

备考表是用来说明卷内文件材料基本情况的专门档案表格，其内容分为两部分。第一部分是记载和说明该卷内科技文件的基本情况，一般由有关的科技人员填写。例如，卷内科技文件完整、准确状况的说明，文件材料内容、成分、数量的记载。第二部分是记载和说明该案卷在管理过程中的变化情况，由档案部门填写。案卷无变化的，一般情况下可以不填写，但备考表中的“立卷人”、“检查人”和时间应填写清楚。备考表说明的内容如：文字材料 20 件，100 页；照片 10 张；附图表 5 张等。卷内备考表的式样（纸型 A4 规格）如图 3-26 所示。

互见号：

说明：   立卷人： 年　月　日 检查人： 年　月　日

图 3-26　卷内备考表

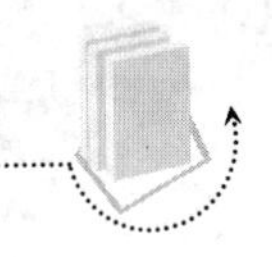

卷内备考表的具体填写方法如下。

（1）说明：填写卷内科技文件的件数、页数以及在组卷和案卷提供使用过程中需要说明的问题。

（2）立卷人：由责任立卷人签名。

（3）立卷日期：填写完成立卷的日期。

（4）检查人：由案卷质量审核者签名。

（5）检查日期：填写审核的日期。

（6）互见号：填写反映同一内容而形式不同且另行保管的档案保管单位的档号。档号后应注明档案载体形式，并用括号括起。

七、图纸的整理

图纸是科技档案的重要组成部分，在科技档案中占有较大比重。常见的图纸，按其来源，主要有机械产品设计、加工图纸，基建工程设计、施工和竣工图纸。无论哪种图纸，都是按照国家关于图样材料的标准制作而产生的。在应归档的图纸中，包含底图和蓝图两种。目前，由于计算机的普及以及专门的图纸设计软件的使用，除设计院、设计所及某些企业外，绝大多数单位保存的图纸以蓝图为主，因此，针对蓝图的整理具有普遍意义。两种图纸的整理可以采取以下方法。

（一）底图的整理

底图是生产用途的复制底样，是在原图的基础上形成的。在计算机使用之前，图纸通常采用手工描制。在使用成熟的 CAD 技术后，设计院、设计所通常在计算机中设计绘制图纸，然后直接通过描图机出图。对于手工绘制的底图，由于其载体为硬质的硫酸纸，不能装订，也不能折叠，故一般采用“平放”或“卷放”两种方法存放。

平放采用牛皮纸袋将有机联系的一套底图或某个专业的底图放入一个袋中，其编号以一套完整的底图为编号基础，一套底图编一个档案号。卷放则按照底图之间的有机联系，将一组底图往里卷成一个圆筒装入硬纸筒存放。对于计算机出图的，可以采用蓝图的整理方法。

底图要求存放在专用底图柜中保存。不管采用哪种方法对底图进行整理、排列时，其编目都可利用原目录，但应另以张为单位编制底图目录。

（二）蓝图的整理

蓝图是项目建设、产品加工的依据图，是一个项目档案的重要组成部分，必须完整、准确、系统，不能缺漏。在基建、设备、产品档案中有较多的蓝图。蓝图的整理一般采取组卷方式，因而必须将蓝图折叠成 A4 规格的幅面，装盒保存。前文已介绍了蓝图的具体组卷方法，此处重点阐述蓝图的折叠方法。

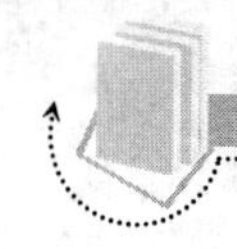

1．蓝图的图幅标准（参见表 3-4）

表 3-4　图幅标准

图　号	标准规格/mm
A0	840×1188
A1	594×840
A2	420×594
A3	297×420
A4	210×297

2．蓝图的折叠方法

蓝图有多种折叠方法，常用的有两种：一是设计院方法，即有内容的幅面朝外；二是档案部门方法，即有设计内容的朝里。无论哪种方法，都必须将案卷内不同尺寸的图样材料折叠为统一幅面，即以 A4 图幅（210 mm×297 mm）为准。为了保护图纸内容幅面的安全，一般采取手风琴式向内折叠方法，按照“先上下，后左右”的“三部曲”步骤进行（如图 3-27 所示）。

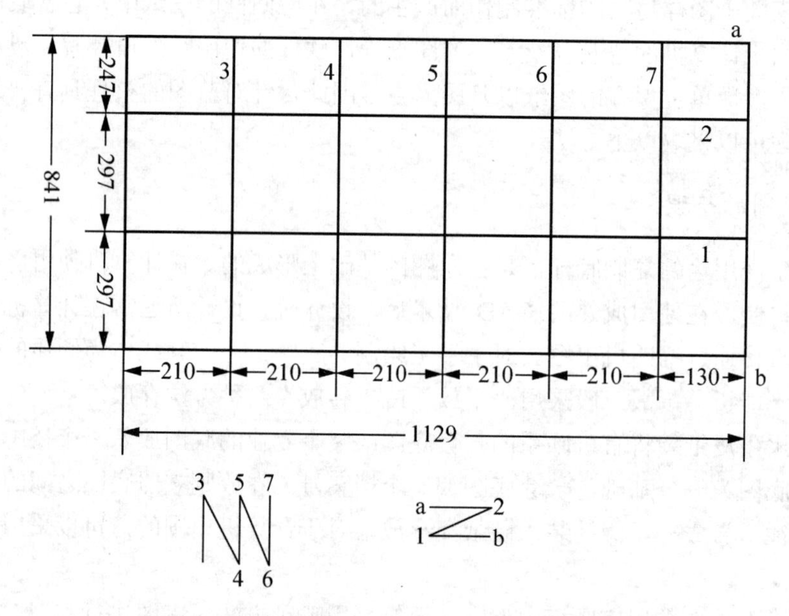

图 3-27　不装订图纸的手风琴式向内折叠方法

第一步：将所折图纸按正常看图习惯面对自己，审签的图标栏置于右下角，采用 A4 尺寸的硬纸版置于左下角，左边、底边与图纸边线对齐，先从上内折向下，至底边处再反向折回。

第二步：上下折完后，再左右折叠，先沿硬纸版的右边线向左折，再反向往右折，反复如此，最终折成 A4 幅面大小。

第三步：将折成 A4 大小的图纸最上页向外翻折，露出图标。

以上为不装订图纸的折叠方法。如果图纸需要装订，则在硬纸版左边留出 1.5 cm 的边作装订边即可（如图 3-28 所示）。

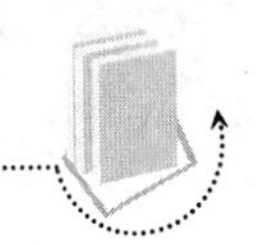

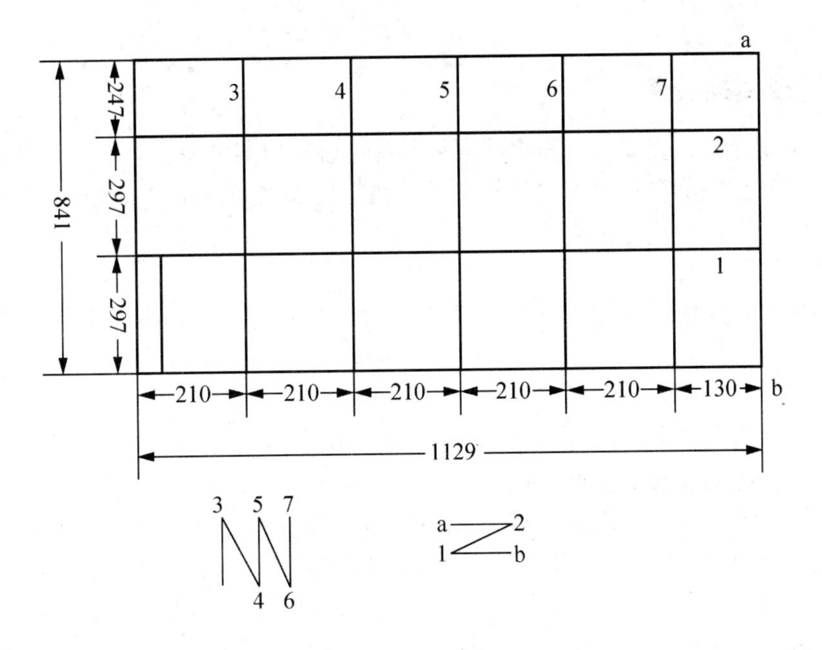

图 3-28 装订图纸的手风琴式向内折叠方法

图纸折叠完毕后，应在空白处加盖“档号章”，式样如图 3-29 所示。该式样参见《科学技术档案案卷构成的一般要求》（GB/T 11822 2000）。

档号	序号

图 3-29 “档号章”式样

八、科技档案案卷的装订

科技档案组卷工作完成后，必须采用特定方法固定整理成果。一般可采用装订和不装订两种形式将组成的案卷固定下来。

（一）需要装订的案卷

纸质科技档案案卷有三种基本类型：文字材料型；图文混合型；图样材料型。一般来讲，文字材料型、图文混合型案卷需要装订。案卷采用“三孔一线”方法装订，装订前必须去掉金属物，对破损文件材料要进行托裱。装订式样如图 3-30 所示。

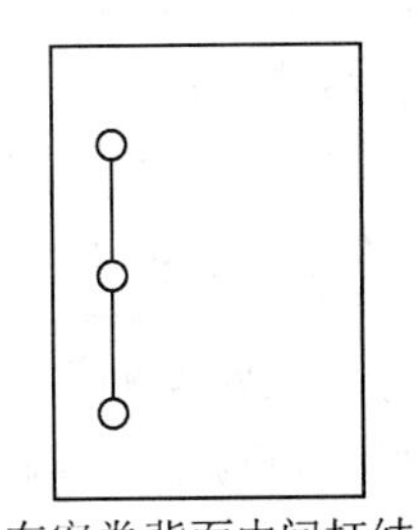

图 3-30 装订式样

（二）不需装订的案卷

少数文字材料型案卷和全部图样材料型案卷都不用装订。不装订的案卷卷内文件材料必须按照卷内目录排列顺序，在每份文件材料（或每张图纸折叠成 A4 幅面后）的右上角空白处加盖“档号章”，以便材料借阅后归还时准确归入原位。

九、科技档案装盒

科技档案案卷装订完成后，需将档案装入特定科技档案盒中上架保管。档案室必须使用国家标准的科技档案盒，档案盒规格参见《科学技术档案案卷构成的一般要求》（GB/T 11822—2000），用材必须是无酸纸。塑料文件盒、资料袋、普通纸质档案盒都不利于档案的保管保护。

科技档案装盒应根据具体情况采取不同方式，归纳起来有以下两种情况。

（一）单盒单卷

单盒单卷装盒方式主要针对图样材料型案卷。由于图纸卷一般不装订，整理后直接装入盒中，因而按照案卷质量要求，必须采用“一卷一盒”或“一盒一卷”的方式。可根据一个案卷中图纸的厚度，选择不同厚度的科技档案盒，如10mm、20mm、30mm、40mm、50mm、60mm等6种规格。必须避免“厚盒子装薄卷”，以免档案盒占据太多的空间，提高档案箱柜的有效存储量。对于单盒单卷装盒方式，档号、案卷题名等内容直接填写在盒子表面，盒内不必再放置“软卷皮”封面，但必须放置“卷内目录”。

（二）单盒多卷

单盒多卷装盒方式主要针对文字材料型、图文混合型案卷。由于这些案卷皆已装订成册，因此科技档案盒只起到包装盒作用。实际工作中，可采用厚度较大的档案盒。对于单盒多卷装盒方式，档案盒表面不需填写任何内容，但卷脊设置的项目必须填写完整。

实训练习

1. 实训材料

教师准备一整套完整的基建文件材料，要求包含一个项目的前期准备项阶段、设计阶段、施工阶段、竣工阶段的材料，内容包括各阶段文字材料和竣工图纸等；准备国家标准科技档案盒10个、科技档案软皮封面20对、卷内目录1本、档号章4个，企业分类大纲1份等。

2. 实训内容

主要训练学生掌握科技档案整理要领，包括如何组卷、编号，填写卷内目录和封面项目，拟写案卷标题，编制科技档案档号。

3. 实训方式

将全班同学分成4个小组，将基建文件材料分拆给各小组，根据材料多少分配档案盒等用品。由小组成员针对手头的材料共同分析，按照科技档案案卷质量标准进行整理，组成完整的案卷。

4. 教师评判

由教师针对各小组整理的案卷进行逐卷点评，指出存在的问题。

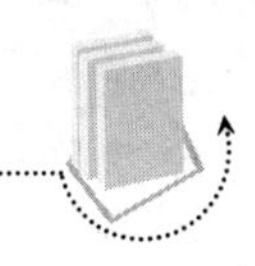

任务四　编制科技档案号

科技档案号（简称档号）指科技档案案卷的编号，是用来描述分类层次和案卷排列顺序，固定档案整理成果的一组符号。档号产生于对单位档案实体进行整理和管理的过程。编制档案号的最终目的，是为了便于档案的保管和利用，“档号是存取档案的标记，具有统计监督作用”（《档号编制规则》DA/T 13—94）。因此，编制规范的、合乎逻辑的档案号对档案的实体管理意义重大。

一、科技档案号的模式

科技档案的编号方法与文书档案的编号方法有较大的差异。科技档案号由分类号和案卷顺序号构成（如图3-31所示），其结构模式为：科技档案号=分类号+案卷顺序号。

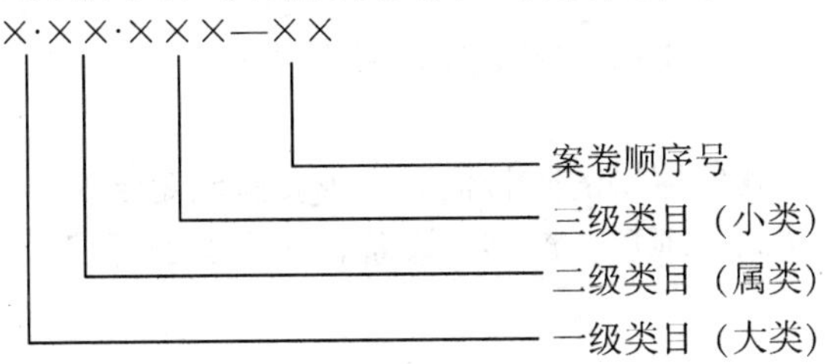

图3-31　科技档案号结构

二、科技档案号的编制方法

（一）编制要求

（1）科技档案号要反映科技档案系统整理后的科学秩序，应同分类体系（分类大纲）的分类方法和机构层次相一致。

（2）科技档案号必须具备唯一性，应杜绝不同案卷具有同一档案号，即在一个单位内部（或同一档案室内），一个案卷只有唯一的档案号。

（3）科技档案号必须具有稳定性，一经确定，不应随意变动，否则有可能引起连锁反应而导致大量的重复劳动。

（4）科技档案号的编制必须准确、简明，不要过于复杂。

（二）标识方式

科技档案号的分类号应根据本单位的“档案分类大纲”所制定的层次填写，案卷顺序号则按整理过程中给定每卷的卷号填写。

1．科技档案号的标识

科技档案号由代字和代号组成，代字表示大类，代号表示属类、小类。其标识方式有

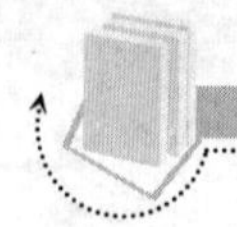

两种形式。

（1）单纯号码制：分类号全部用阿拉伯数字作标识，如 6·1·4·2—2。例如，采用工业企业十大类分类法，即：

0—党群工作类；　1—行政管理类；　2—经营管理类；
3—生产技术管理类；　4—产品类；　5—科学技术研究类；
6—基本建设类；　7—设备仪器类；　8—会计档案类；
9—职工档案类。

（2）混合号码制：用代字和代号混合编制科技档案号。一级类目用代字（英文字母），其他层次用阿拉伯数字作标识；案卷顺序号，用阿拉伯数字来标识，如 B1·4·2—2。

2. 科技档案号的标识说明

（1）科技档案号的编制要规范化，分类号与案卷顺序号之间用“—”隔开，分类号的不同层次之间用“·”符号隔开；混合编码制大类代字与属类第一层之间可以不用“·”符号相隔。

（2）无论代字还是代号，都必须赋予其确定的含义，在一个单位中，一个代字不能既代表此类，又代表彼类。

（3）除大类代字外，其他层次的阿拉伯数字也要有固定含义。

（4）案卷顺序号应在同一项目、产品、设备、科研课题下编号，两个不同产品之间不能连号。

三、常见基本类型档案的编号

科技档案常见的类型主要有四种，举例说明如下。

（一）产品档案

产品档案的编号结构如图 3-32 所示。

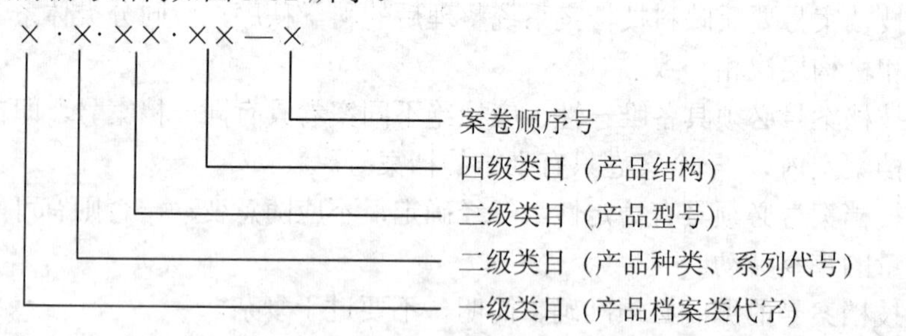

图 3-32　产品档案编号结构

究竟设置几级类目应依产品复杂程度或形成档案数量多少而定，因各种企业产品或生产过程不同，其二级以下类目设置也不一样，可根据具体情况设置层次。

【例 3-8】根据某空调制造厂档案分类方案（大纲）编制的产品档案号如图 3-33 所示。

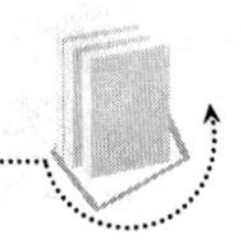

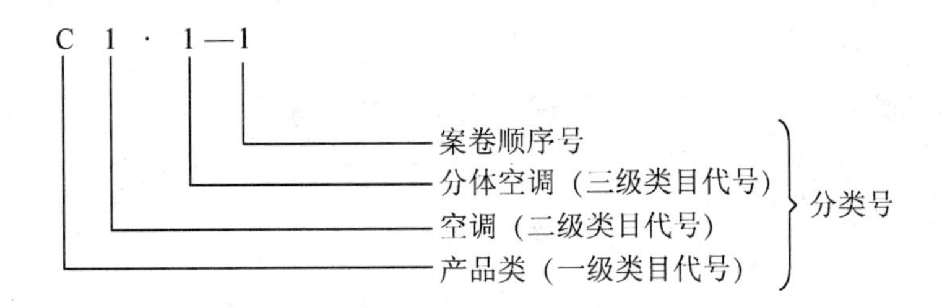

图 3-33 某空调制造厂产品档案号结构

（二）科研档案

科研档案的编号结构如图 3-34 所示。

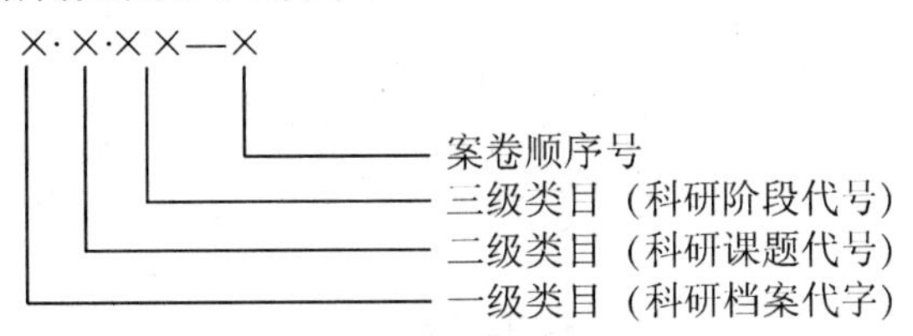

图 3-34 科研档案编号结构

（三）基建档案

基建档案的编号结构如图 3-35 所示。

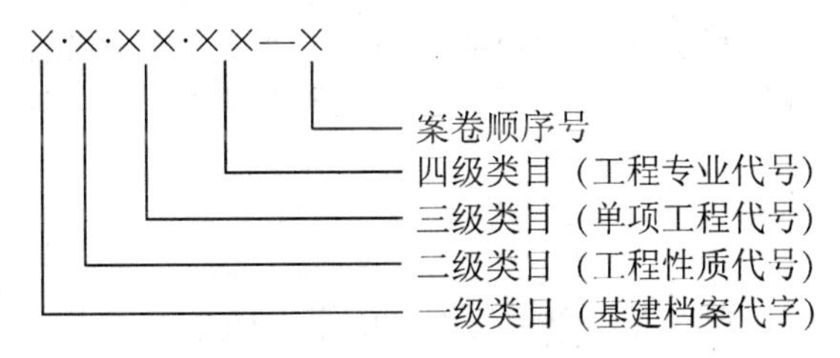

图 3-35 基建档案编号结构

工程专业包括土建、结构、水暖、通风、电气（可根据行业特性增减）。工程性质层次的设置，应根据实际情况确定。

【例 3-9】根据某空调制造厂档案分类方案（大纲）编制的基建档案号如图 3-36 所示。

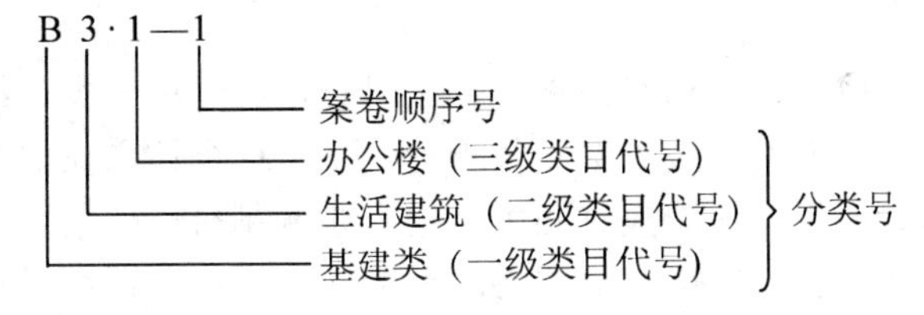

图 3-36 某空调制造厂基建档案号结构

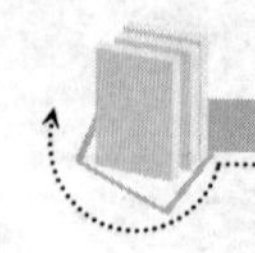

（四）设备档案

设备档案的编号结构与产品档案相同（如图 3-37 所示）。

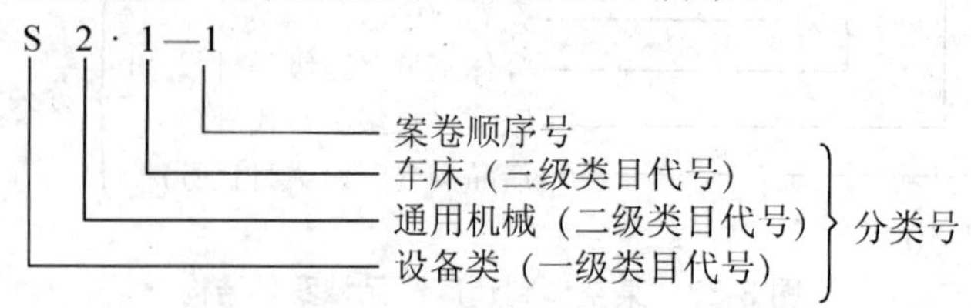

图 3-37　设备档案编号结构

科技档案号的编制由于行业不同而有不同的编制方法。具有行业标准的，编号方法从其行业；没有标准的，依照上述方法。

实训练习

1. 实训材料

以本模块任务三的“实训练习”中各小组整理的案卷作为素材。

2. 实训内容

重点训练学生如何编制科技档案号。

3. 实训方式

将各小组整理的案卷交换分发不同小组，以案卷作为编制科技档案号的基本素材，由每一位同学根据自己的理解结合书本知识，编制每个案卷的科技档案号。要求编制准确、规范。

4. 教师评判

由教师在课堂上进行分析点评，对学生编制的错误档号应指出错误的方面并加以纠正。

任务五　编制科技档案目录

相关知识

科技档案目录是一种重要的档案检索工具。科技档案经过分类、组卷、排列和编制科技档案号之后，形成了基本的科技档案实体管理体系，这个体系需要通过一种方式来把整体成果固定下来。同时，为了便于提供利用，也需要编制科技档案目录。编制科技档案目录的方法是以科技档案案卷为单位，将案卷的有关内容逐项登记在目录上，从而形成科技档案目录。科技档案目录一般编制为两种，即科技档案总目录和科技档案分类目录。

在当前档案管理普及使用计算机的情况下，科技档案目录一般通过计算机打印后装订成册。

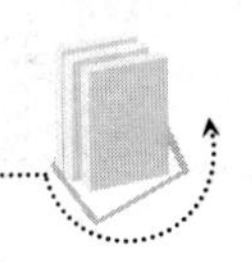

一、科技档案总目录

科技档案总目录是按科技档案接收进库时间编制的目录。这种目录准确反映库房内科技档案的数量以及变化的情况。

总目录按科技档案接收进库的时间进行登记。先进库的先登记，后进库的后登记。每本总目录一般登记 500 个案卷。每本总目录都必须编目录号，目录号的模式为总—1、总—2……分别表示总目录的第 1 本目录、第 2 本目录等等。总目录的顺序号在每本目录中流水，因此每本目录内的案卷顺序号都从 1 开始。

由于科技档案总目录不便于档案的检索利用，只起到数量统计作用，因此，目前基本不再要求编制。

科技档案总目录格式参见表 3-5 和表 3-6。

表 3-5 科技档案总目录（格式一）

总登记序号	科技档案号	接收进库日期	编制单位	案卷题名	密 级	保管期限	数 量		出库情况			备 注
							份数	张数	原因	日期	经办人	

表 3-6 科技档案总目录（格式二）

总序号	档 号	案卷题名	起止日期	保管期限	页 数	备 注

二、科技档案分类目录

科技档案分类目录是按照科技档案的类别分别编制的目录，如产品档案目录、科研档案目录、基建档案目录、设备档案目录等。这种目录系统反映了科技档案的分类体系，是科技档案分类排列的依据，因而是一种管理科技档案的常用目录。科技档案分类目录一般按大类（一级类目）分开，每一大类设一本目录。如果某类档案数量较多，目录超过 1 本，则采取对每本目录编制目录顺序号的方式以示区别：分类目录号=大类代字+目录顺序号，如用 B—1、B—2 等表示基建档案的分类目录。

分类目录由分类目录表和卷内目录合订而成。分类目录表居于前，卷内目录居于后。由于没有国家标准的分类目录，因此，各地在分类目录的表格项目设置上不尽相同。

科技档案分类目录格式参见表 3-7～表 3-9。

表 3-7 科技档案分类目录（格式一）

序号	档案号	案卷题名	编制单位	保管期限	归档时间	数量		出库情况			备注
						份数	张数	原因	日期	经办人	

表 3-8 科技档案分类目录（格式二）

档号	案卷题名	起止日期	保管期限	页数	备注

表 3-9 科技档案分类目录（珠海使用）

顺序号	归档时间			案卷题名	档号	页数	编制单位		保管期限	备注
	年	月	日				单位	日期		

实训练习

1. 实训材料

本模块任务三的“实训练习”中各小组整理的案卷，科技档案分类目录 1 本，档案目录夹 4 个，目录夹背脊、封面标签各 1 张。

2. 实训内容

准确编制科技档案目录。

3. 实训方式

将已经整理完毕的全部案卷填写在“科技档案分类目录”表上，并按照档案目录的制作方法，将目录装订成册，贴上封面和背脊标签。

4. 教师评判

教师重点检查目录填写是否符合标准要求，装订是否规范。

附：科技档案常见类型归档范围和保管期限表（供参考）

附表 3-1 基本建设项目文件材料归档范围和保管期限表

序号	基本范围	保管期限
1	综合	
1.1	基建管理制度、办法、规定等	长期
1.2	基建发展规划、计划、报告、会议记录、纪要	永久

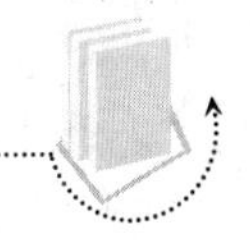

续表

序　号	基本范围	保管期限
1.3	征、租用土地（单独项目的除外）申请、报告、批复、合同、协议、说明材料	永久
1.4	厂区平面图、地下管线图	永久
1.5	统计报表	长期
2	工程准备阶段	
2.1	立项文件	
2.1.1	项目建议书	永久
2.1.2	项目建议书审批意见及前期工作通知书	永久
2.1.3	可行性研究报告及附件	永久
2.1.4	可行性研究报告审批意见	永久
2.1.5	关于立项有关的会议纪要、领导讲话	永久
2.1.6	专家建议文件	永久
2.1.7	调查资料及项目评估研究材料	长期
2.2	建设用地、征地、拆迁文件	
2.2.1	选址申请及选址规划意见通知书	永久
2.2.2	用地申请报告及县级以上人民政府城乡建设用地批准书	永久
2.2.3	拆迁安置意见、协议、方案等	长期
2.2.4	建设用地规划许可证及其附件	永久
2.2.5	划拨建设用地文件	永久
2.2.6	国有土地使用证	永久
2.3	勘察、测绘、设计文件	
2.3.1	工程地质勘察报告	永久
2.3.2	水文地质勘察报告、自然条件、地震调查	永久
2.3.3	申报的规划设计条件和规划设计条件通知书	永久
2.3.4	初步设计图纸和说明	长期
2.3.5	技术设计图纸和说明	长期
2.3.6	审定设计方案通知书及审查意见	长期
2.3.7	有关行政主管部门（人防、环保、消防、交通、园林、市政、文物、通信、保密、河湖、教育、白蚁防治、卫生等）批准文件或取得的有关协议	永久
2.3.8	施工图及其说明	长期
2.3.9	设计计算书	长期
2.3.10	政府有关部门对施工图设计文件的审批意见	永久
2.4	招投标、中标文件与合同书	
2.4.1	勘察设计招投标中标文件	长期
2.4.2	勘察设计招投标未中标文件	短期
2.4.3	勘察设计承包合同	长期
2.4.4	施工招投标中标文件	长期
2.4.5	施工招投标未中标文件	短期
2.4.6	施工承包合同	长期
2.4.7	工程监理招投标中标文件	长期
2.4.8	工程监理招投标未中标文件	短期
2.4.9	监理委托合同	长期

续表

序　号	基本范围	保管期限
2.5	开工审批文件	
2.5.1	建设项目列入年度计划的申报文件	永久
2.5.2	建设项目列入年度计划的批复文件或年度计划项目表	永久
2.5.3	规划审批申报表及报送的文件和图纸	永久
2.5.4	建设工程规划许可证及其附件	永久
2.5.5	建设工程开工审查表	永久
2.5.6	建设工程施工许可证	永久
2.5.7	投资许可证、审计证明、缴纳绿化建设费等证明	长期
2.5.8	工程质量监督手续	长期
2.6	财务工作	
2.6.1	工程投资估算材料	短期
2.6.2	工程设计概算材料	短期
2.6.3	施工图预算材料	短期
2.6.4	施工预算	短期
2.7	建设、施工、监理机构及负责人	
2.7.1	工程项目管理机构（项目经理部）及负责人名单	长期
2.7.2	工程项目监理机构（项目监理部）及负责人名单	长期
2.7.3	工程项目施工管理机构（施工项目经理部）及负责人名单	长期
3	监理文件	
3.1	监理规划	
3.1.1	监理规划	长期
3.1.2	监理实施细则	长期
3.1.3	监理部总控制计划等	长期
3.2	监理月报中的有关质量问题	长期
3.3	监理会议纪要中的有关质量问题	长期
3.4	进度控制	
3.4.1	工程开工/复工审批表	长期
3.4.2	工程开工/复工暂停令	长期
3.5	质量控制	
3.5.1	不合格项目通知	长期
3.5.2	质量事故报告及处理意见	长期
3.6	造价控制	
3.6.1	预付款报审与支付	短期
3.6.2	月付款报审与支付	短期
3.6.3	设计变更、洽商费用报审与签认	长期
3.6.4	工程竣工决算审核意见书	长期
3.7	分包资质	
3.7.1	分包单位资质材料	长期
3.7.2	供货单位资质材料	长期
3.7.3	试验等单位资质材料	长期
3.8	监理通知	
3.8.1	有关进度控制的监理通知	长期

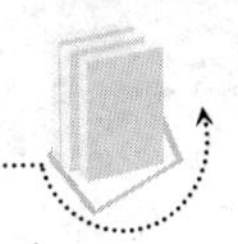

续表

序 号	基本范围	保管期限
3.8.2	有关质量控制的监理通知	长期
3.8.3	有关造价控制的监理通知	长期
3.9	合同与其他事项管理	
3.9.1	工程延期报告及审批	永久
3.9.2	费用索赔报告及审批	长期
3.9.3	合同争议、违约报告及处理意见	永久
3.9.4	合同变更材料	长期
3.10	监理工作总结	
3.10.1	专题总结	长期
3.10.2	月报总结	长期
3.10.3	工程竣工总结	长期
3.10.4	质量评价意见报告	长期
4	施工文件	
4.1	建筑安装工程	
4.1.1	土建（建筑与结构）工程	
4.1.1.1	施工技术准备文件	
（1）	施工组织设计	长期
（2）	技术交底	长期
（3）	图纸会审记录	长期
（4）	施工预算的编制和审查	短期
（5）	施工日期	短期
4.1.1.2	施工现场准备	
（1）	控制网设置资料	长期
（2）	工程定位测量资料	长期
（3）	基槽开挖线测量资料	长期
（4）	施工安全措施	短期
（5）	施工环保措施	短期
4.1.1.3	地基处理记录	
（1）	地基钎探记录和钎探平面布点图	永久
（2）	验槽记录和地基处理记录	永久
（3）	桩基施工记录	永久
（4）	试桩记录	长期
4.1.1.4	工程图纸变更记录	
（1）	设计会议会审记录	永久
（2）	设计变更记录	永久
（3）	工程洽商记录	永久
4.1.1.5	施工材料预制构件质量证明文件及复试试验报告	
（1）	砂、石、砖、水泥、钢筋、防水材料、隔热保温、防腐材料、轻集料试验汇总表	长期
（2）	砂、石、砖、水泥、钢筋、防水材料、隔热保温、防腐材料、轻集料出厂证明文件	长期
（3）	砂、石、砖、水泥、钢筋、防水材料、轻集料、焊条、沥青复试试验报告	长期

续表

序　号	基本范围	保管期限
（4）	预制构件（钢、混凝土）出厂合格证、试验记录	长期
（5）	工程物质选样送审表	短期
（6）	进场物质批次汇总表	短期
（7）	工程物质进场报验表	短期
4.1.1.6	施工试验记录	
（1）	土壤（素土、灰土）干密度试验报告	长期
（2）	土壤（素土、灰土）击实试验报告	长期
（3）	砂浆配合比通知单	长期
（4）	砂浆（试块）抗压强度试验报告	长期
（5）	混凝土配合比通知单	长期
（6）	混凝土（试块）抗压强度试验报告	长期
（7）	混凝土抗渗试验报告	长期
（8）	商品混凝土出厂合格证、复试报告	长期
（9）	钢筋接头（焊接）试验报告	长期
（10）	防水工程试水检查记录	长期
（11）	楼地面、屋面坡度检查记录	长期
（12）	土壤、砂浆、混凝土、钢筋连接、混凝土抗渗试验报告汇总表	长期
4.1.1.7	隐蔽工程检查记录	
（1）	基础和主体结构钢筋工程	长期
（2）	钢结构工程	长期
（3）	防水工程	长期
（4）	高程控制	长期
4.1.1.8	施工记录	
（1）	工程定位测量检查记录	永久
（2）	预检工程检查记录	短期
（3）	冬施混凝土搅拌测温记录	短期
（4）	冬施混凝土养护测温记录	短期
（5）	烟道、垃圾道检查记录	短期
（6）	沉降观测记录	长期
（7）	结构吊装记录	长期
（8）	现场施工预应力记录	长期
（9）	工程竣工测量	长期
（10）	新型建筑材料	长期
（11）	施工新技术	长期
4.1.1.9	工程质量事故处理记录	永久
4.1.1.10	工程质量检验记录	
（1）	检验批质量验收记录	长期
（2）	分项工程质量验收记录	长期
（3）	基础、主体工程验收记录	永久
（4）	幕墙工程验收记录	永久
（5）	分部（子分部）工程质量验收记录	永久
4.1.2	电气、给排水、消防、采暖、通风、空调、燃气、建筑智能化、电梯工程	

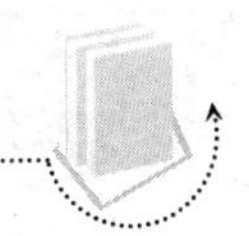

续表

序 号	基本范围	保管期限
4.1.2.1	一般施工记录	
（1）	施工组织设计	长期
（2）	技术交底	短期
（3）	施工日志	短期
4.1.2.2	图纸变更记录	
（1）	图纸会审	永久
（2）	设计变更	永久
（3）	工程洽商	永久
4.1.2.3	设备、产品质量检查、安装记录	
（1）	设备、产品质量合格证、质量保证书	长期
（2）	设备装箱单、商检证明和说明书、开箱报告	长期
（3）	设备安装记录	长期
（4）	设备试运行记录	长期
（5）	设备明细表	长期
4.1.2.4	预检记录	短期
4.1.2.5	隐蔽工程检查记录	长期
4.1.2.6	施工试验记录	
（1）	电气接地电阻、绝缘电阻、综合布线、有线电视末端等测试记录	长期
（2）	楼宇自控、监视、安装、视听、电话等系统调试记录	长期
（3）	变配电设备安装、检查、通电、满负荷测试记录	长期
（4）	给排水、消防、采暖、通风、空调、燃气等管道强度、严密性、灌水、通水、吹洗、漏风、试压、通球、阀门等试验记录	长期
（5）	电气照明、动力、给排水、消防、采暖、通风、空调、燃气等系统调试、试运行记录	长期
（6）	电梯接地电阻、绝缘电阻测试记录，空载、半载、满载、超载试运行记录，平衡、运速、噪声调整试验报告	长期
4.1.2.7	质量事故处理记录	永久
4.1.2.8	工程质量检验记录	
（1）	检验批质量验收记录	长期
（2）	分项工程质量验收记录	长期
（3）	分部（子分部）工程质量验收记录	永久
4.1.3	室外工程	
4.1.3.1	室外安装（给水、雨水、污水、热力、燃气、电讯、电力、照明、电视、消防）等施工文件	长期
4.1.3.2	室外建筑环境（建筑小品、水景、道路园林绿等）施工文件	长期
4.2	市政基础设施工程	
4.2.1	施工技术准备	
4.2.1.1	施工组织设计	短期
4.2.1.2	技术交底	长期
4.2.1.3	图纸会审记录	长期
4.2.1.4	施工预算的编制和审查	短期
4.2.2	施工现场准备	

续表

序　号	基本范围	保管期限
4.2.2.1	工程定位测量资料	长期
4.2.2.2	工程定位测量复核记录	长期
4.2.2.3	导线点、水准点测量复核记录	长期
4.2.2.4	工程轴线、定位桩、高程测量复核记录	长期
4.2.2.5	施工安全措施	短期
4.2.2.6	施工环保措施	短期
4.2.3	设计变更、洽商记录	
4.2.3.1	设计变更通知单	长期
4.2.3.2	洽商记录	长期
4.2.4	原材料、成品、半成品、构配件、设备出厂质量合格证及试验报告	
4.2.4.1	砂、石、砌块、水泥、钢筋（材）、石灰、沥青、涂料、混凝土外加剂、防水材料、粘接材料、防腐保温材料、焊接材料等试验汇总表	长期
4.2.4.2	砂、石、砌块、水泥、钢筋（材）、石灰、沥青、涂料、混凝土外加剂、防水材料、粘接材料、防腐保温材料、焊接材料等质量合格证书和出厂检（试）验报告及现场复试报告	长期
4.2.4.3	水泥、石灰、粉煤灰混合料，沥青混合料、商品混凝土等试验汇总表	长期
4.2.4.4	水泥、石灰、粉煤灰混合料，沥青混合料、商品混凝土等出厂合格证和试验报告、现场复试报告	长期
4.2.4.5	混凝土预制构件、管材、管件、钢结构构件等试验汇总表	长期
4.2.4.6	混凝土预制构件、管材、管件、钢结构构件等出厂合格证书和相应的施工技术资料	长期
4.2.4.7	厂站工程的成套设备、预应力混凝土张拉设备、各类地下管线井室设施、产品等汇总表	长期
4.2.4.8	厂站工程的成套设备、预应力混凝土张拉设备、各类地下管线井室设施、产品等出厂合格证书及安装使用说明	长期
4.2.4.9	设备开箱报告	短期
4.2.5	施工试验记录	
4.2.5.1	砂浆、混凝土试块强度、钢筋（材）焊连接、填土、路基强度试验等汇总表	长期
4.2.5.2	道路压实度、强度试验记录	
（1）	回填土、路床压实度试验及土质的最大干密度和最佳含水量试验报告	长期
（2）	石灰类、水泥类、二灰类无机混合料基层的标准击实试验报告	长期
（3）	道路基层混合料强度试验记录	长期
（4）	道路面层压实度试验记录	长期
4.2.5.3	混凝土试块强度试验记录	
（1）	混凝土配合比通知单	短期
（2）	混凝土试块强度试验报告	长期
（3）	混凝土试块抗渗、抗冻试验报告	长期
（4）	混凝土试块强度统计、评定记录	长期
4.2.5.4	砂浆试块强度试验记录	
（1）	砂浆配合比通知单	短期
（2）	砂浆试块强度试验报告	长期

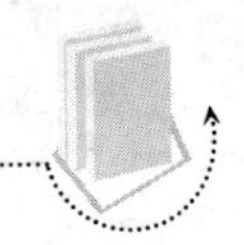

续表

序 号	基本范围	保管期限
(3)	砂浆试块强度统计评定记录	长期
4.2.5.5	钢筋(材)焊、连接试验报告	长期
4.2.5.6	钢管、钢结构安装及焊缝处理外观质量检查记录	长期
4.2.5.7	桩基础试(检)验报告	长期
4.2.5.8	工程物质选样送审记录	短期
4.2.5.9	进场物质批次汇总记录	短期
4.2.5.10	工程物质进场报验记录	短期
4.2.6	施工记录	
4.2.6.1	地基与基槽验收记录	
(1)	地基钎探记录及钎探位置图	长期
(2)	地基与基槽验收记录	长期
(3)	地基处理记录及示意图	长期
4.2.6.2	桩基施工记录	
(1)	桩基位置平面示意图	长期
(2)	打桩记录	长期
(3)	钻孔桩钻进记录及成孔质量检查记录	长期
(4)	钻孔(挖孔)桩混凝土浇灌记录	长期
4.2.6.3	构件设备安装和调试记录	
(1)	钢筋混凝土大型预制构件、钢结构等吊装记录	长期
(2)	厂(场)、站工程大型设备安装调试记录	长期
4.2.6.4	预应力张拉记录	
(1)	预应力张拉记录表	长期
(2)	预应力张拉孔道压浆记录	长期
(3)	孔位示意图	长期
4.2.6.5	沉井工程下沉观测记录	长期
4.2.6.6	混凝土浇灌记录	长期
4.2.6.7	管道、箱涵等工程项目推进记录	长期
4.2.6.8	构筑物沉降观测记录	长期
4.2.6.9	施工测温记录	长期
4.2.6.10	预制安装水池壁板缠绕钢丝应力测定记录	长期
4.2.7	预检记录	
4.2.7.1	模板预检记录	短期
4.2.7.2	大型构件和设备安装前预检记录	短期
4.2.7.3	设备安装位置检查记录	短期
4.2.7.4	管道安装检查记录	短期
4.2.7.5	补偿器冷拉及安装情况记录	短期
4.2.7.6	支(吊)架位置、各部位连接方式等检查记录	短期
4.2.7.7	供水、供热、供气管道吹(冲)洗记录	短期
4.2.7.8	保温、防腐、油漆等施工检查记录	短期
4.2.8	隐蔽工程检查(验收)记录	长期
4.2.9	工程质量检查评定记录	
4.2.9.1	工序工程质量评定记录	长期

续表

序　号	基本范围	保管期限
4.2.9.2	部位工程质量评定记录	长期
4.2.9.3	分部工程质量评定记录	长期
4.2.10	功能性试验记录	
4.2.10.1	道路工程的弯沉试验记录	长期
4.2.10.2	桥梁工程的动、静载试验记录	长期
4.2.10.3	无压力管道的严密性试验记录	长期
4.2.10.4	压力管道的强度试验、严密性试验、通球试验等记录	长期
4.2.10.5	水池满水试验	长期
4.2.10.6	消化池气密性试验	长期
4.2.10.7	电气绝缘电阻、接地电阻测试记录	长期
4.2.10.8	电气照明、动力试运行记录	长期
4.2.10.9	供热管网、燃气管网等管网试运行记录	长期
4.2.10.10	燃气储罐总体试验记录	长期
4.2.10.11	电讯、宽带网等试运行记录	长期
4.2.11	质量事故及处理记录	
4.2.11.1	工程质量事故报告	永久
4.2.11.2	工程质量事故处理记录	永久
4.2.12	竣工测量资料	
4.2.12.1	建筑物、构筑物竣工测量记录及测量示意图	永久
4.2.12.2	地下管线工程竣工测量记录	永久
5	竣工图	
5.1	建筑安装工程竣工图	
5.1.1	综合竣工图	
5.1.1.1	综合图	
（1）	总平面布置图（包括建筑、建筑小品、水景、照明、道路、绿化等）	永久
（2）	竖向布置图	永久
（3）	室外给水、排水、热力、燃气等管网综合图	永久
（4）	电气（包括电力、电讯、电视系统等）综合图	永久
（5）	设计总说明书	永久
5.1.1.2	室外专业图	
（1）	室外给水	永久
（2）	室外雨水	永久
（3）	室外污水	永久
（4）	室外热力	永久
（5）	室外燃气	永久
（6）	室外电讯	永久
（7）	室外电力	永久
（8）	室外电视	永久
（9）	室外建筑小品	永久
（10）	室外消防	永久
（11）	室外照明	永久
（12）	室外水景	永久

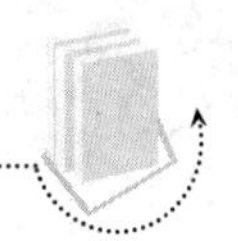

续表

序 号	基本范围	保管期限
(13)	室外道路	永久
(14)	室外绿化	永久
5.1.2	专业竣工图	
5.1.2.1	建筑竣工图	永久
5.1.2.2	结构竣工图	永久
5.1.2.3	装修（装饰）工程竣工图	永久
5.1.2.4	电气工程（智能化工程）竣工图	永久
5.1.2.5	给排水工程（消防工程）竣工图	永久
5.1.2.6	采暖通风空调工程竣工图	永久
5.1.2.7	燃气工程竣工图	永久
5.2	市政基础设施工程竣工图	
5.2.1	道路工程	永久
5.2.2	桥梁工程	永久
5.2.3	广场工程	永久
5.2.4	隧道工程	永久
5.2.5	铁路、公路、航空、水运等交通工程	永久
5.2.6	地下铁道等轨道交通工程	永久
5.2.7	地下人防工程	永久
5.2.8	水利防灾工程	永久
5.2.9	排水工程	永久
5.2.10	供水、供热、供气、电力、电讯等地下管线工程	永久
5.2.11	高压架空输电线工程	永久
5.2.12	污水处理、垃圾处理处置工程	永久
5.2.13	场、厂、站工程	永久
6	竣工验收文件	
6.1	工程竣工总结	
6.1.1	工程概况表	永久
6.1.2	工程竣工总结	永久
6.2	竣工验收记录	
6.2.1	建筑安装工程	
6.2.1.1	单位（子单位）工程质量竣工验收记录	永久
6.2.1.2	竣工验收证明书	永久
6.2.1.3	竣工验收报告	永久
6.2.1.4	竣工验收备案表（包括各专项验收认可文件）	永久
6.2.1.5	工程质量保修书	永久
6.2.2	市政基础设施工程	
6.2.2.1	单位工程质量评定表及报验单	永久
6.2.2.2	竣工验收证明书	永久
6.2.2.3	竣工验收报告	永久
6.2.2.4	竣工验收备案表（包括各专项验收认可文件）	永久
6.2.2.5	工程质量保修书	永久
6.3	财务文件	

续表

序　号	基本范围	保管期限
6.3.1	决算文件	永久
6.3.2	交付使用财产总表和财产明细表	永久
6.4	声像、缩微、电子档案	
6.4.1	声像档案	
6.4.1.1	工程照片	永久
6.4.1.2	录音、录像材料	永久
6.4.2	缩微品	永久
6.4.3	电子档案	
6.4.3.1	光盘	永久
6.4.3.2	磁盘	永久

附表 3-2　设备文件材料归档范围和保管期限表

序　号	基本范围	保管期限
1	综合	
1.1	设备管理条例、办法、规定、通告等	长期
1.2	设备管理规划、计划、总结	短期
1.3	设备技术管理文件材料	长期
1.4	设备运行管理文件材料	短期
1.5	备品备件管理文件材料	短期
1.6	设备台账	永久
2	单台（套）设备仪器	
2.1	调研、考察材料	长期
2.2	购置合同、协议	长期
2.3	洽谈记录、纪要、备忘录、来往函件及商检材料	长期
2.4	设备仪器开箱验收记录	长期
2.5	设备仪器合格证、装箱单、出厂保修单、说明书等随机图样及文字材料	长期
2.6	设备仪器安装调试、试车记录、总结、竣工图样、检测验收等材料	长期
2.7	运行记录及重大事故分析处理报告	长期
2.8	设备仪器保养和大修计划、记录	长期
2.9	设备仪器检查记录、设备仪器履历表	长期
2.10	设备改造记录和总结材料	长期
2.11	技术、质量异议的处理结果材料	永久
2.12	设备仪器报废鉴定材料、申请、批复和处理结果	长期

附表 3-3　产品文件材料归档范围和保管期限表

序　号	基本范围	保管期限
1	计划决策阶段	
1.1	调查研究	
1.1.1	市场调查、技术调查、考察、预测报告、调研综合报告	短期
1.1.2	技术、经济可行性研究报告	长期
1.2	决策	
1.2.1	发展建议书、技术建议书、协议书、委托书、合同	永久

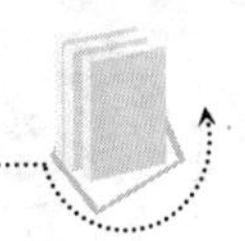

续表

序 号	基本范围	保管期限
1.2.2	专题分析报告、专题会议纪要	长期
1.2.3	研制计划、方案、方案论证报告	长期
2	设计阶段	
2.1	产品研究、设计计划	长期
2.2	技术、经济初步评价	长期
2.3	研究试验大纲、试验报告	长期
2.4	产品设计标准	永久
2.5	技术设计说明书	长期
2.6	产品设计图样	长期
2.7	专题技术请示报告	长期
2.8	设计评审报告	长期
3	试制阶段	
3.1	试制	
3.1.1	试制计划、方案、规程、报告	永久
3.1.2	工艺研究报告、工艺总体方案论证	永久
3.1.3	试制工艺流程、工艺标准	长期
3.1.4	试制工艺文件和工艺装备文件	长期
3.1.5	工艺评审报告	长期
3.1.6	试制运行记录、化验记录	长期
3.1.7	试制过程纪要	长期
3.1.8	原材料与半成品、成品检验方法批准书	长期
3.1.9	理化分析报告、化学配方、化学反应式、计算公式	长期
3.1.10	技术标准协议、试制质量分析报告	长期
3.1.11	专题会议记录、纪要、决议及合理化建议	长期
3.1.12	重大故障分析和排除措施报告	长期
3.1.13	试制总结报告	永久
3.2	试验	
3.2.1	试验计划、方案、规程	永久
3.2.2	试验所需仪器与设备清单	长期
3.2.3	试验分项目记录	长期
3.2.4	试验原始数据与材料	永久
3.2.5	试验分析报告	长期
3.2.6	试验分项小结	短期
3.2.7	试验总结报告	永久
3.3	鉴定	
3.3.1	鉴定申请报告及批复	永久
3.3.2	试制、试验鉴定大纲	永久
3.3.3	成套设计文件	长期
3.3.4	标准化审查报告	长期
3.3.5	可靠性试验情况报告	长期
3.3.6	产品质量和技术经济分析报告	短期
3.3.7	技术鉴定材料（申请批复、评价材料、会议纪要）	永久

续表

序　号	基本范围	保管期限
3.3.8	设计定型报告、证书	永久
3.3.9	试用或试运行报告	长期
3.3.10	鉴定验收书	永久
4	生产阶段	
4.1	小批生产	
4.1.1	小批生产方案、计划	短期
4.1.2	小批生产工序工程能力分析报告	长期
4.1.3	关键件、重要件、关键工序的质量控制及检测报告	长期
4.1.4	原料鉴定卡片、配用设计表	长期
4.1.5	历次更改与补充的设计及工艺文件和更改通知单	长期
4.1.6	小批生产总结报告、小批生产鉴定书	永久
4.1.7	产品设计评审报告	长期
4.1.8	产品研制完成报告	长期
4.1.9	产品许可证、合格证、使用说明书、装箱单、产品介绍、样本	长期
4.2	批量生产	
4.2.1	申请正式投产报告、批复、通知	永久
4.2.2	生产技术规程、操作规程、安全生产规程、产品检验规范	永久
4.2.3	技术标准（国际、国家、部、企、内标）	永久
4.2.4	企业标准编制说明、审批书及修改、修订的通知	永久
4.2.5	生产定型（结构、配方）设计文件	永久
4.2.6	工艺文件	长期
4.2.6.1	工艺方案（工艺设计表与设计卡、配方卡）	
4.2.6.2	工艺规程（工艺流程卡、工艺卡、工序卡、调整卡、技术检查卡、毛坯图、工艺守则）	
4.2.6.3	管理用工艺文件（路线图、明细表、主要材料工艺消耗定额、工时定额汇总表、工艺总结、工艺文件总目录）	
4.2.7	工艺作业指导书、工艺说明书	长期
4.2.8	工艺装备文件、图样（刃具、夹具、量具、模具图）、说明书	长期
4.2.9	产品改进与更新建议书、合理化建议、QC 成果	长期
4.2.10	产品质量技术攻关会议记录、纪要和成果	长期
4.2.11	重大质量事故分析、质量异议处理结果	长期
4.2.12	各种操作记录、产品检验报告单	长期
4.2.13	产品特性重要度分级	长期
4.2.14	技术条件	长期
4.2.15	明细表、汇总表、产品目录	长期
4.2.16	专利登记表、专利证书等材料	永久
4.2.17	商标注册材料	永久
5	评优阶段	
5.1	创优规划和措施	长期
5.2	创优工艺操作规程	长期
5.3	国内外对比材料	短期
5.4	上级检（抽）查结果和理化分析报告	长期

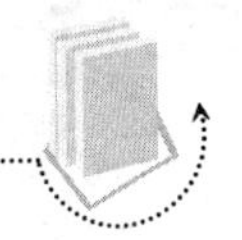

续表

序　号	基本范围	保管期限
5.5	主要用户评价	短期
5.6	创优申请、审批表	长期
5.7	优质产品评定书	永久
5.8	获奖奖章、奖状、证书	永久
6	认证阶段	
6.1	认证申请书、信函	长期
6.2	跟踪服务材料	长期
6.3	认证检测报告、检查报告	长期
6.4	原材料修改换页说明	长期
6.5	产品检验报告	长期
6.6	各种认证证书	永久

附表 3-4　科研文件材料归档范围和保管期限表

序　号	基本范围	保管期限
1	研究准备阶段	
1.1	申报项目的报告、批复、通知	长期
1.2	科研规划、调研报告、可行性研究报告、技术咨询与课题论证材料	长期
1.3	课题说明书、科研课题、经费申请报告及批件	长期
1.4	任务书、协议书、会议记录及重要来往文函	永久
1.5	科研课题研究计划、上级批示及有关课题的国内外动态、课题计划调整或课题撤销文件	长期
1.6	实验、试验方案、设计方案、调查考察方案、技术规程	永久
2	研究试验阶段	
2.1	试验任务书、试验大纲	永久
2.2	实验、试验测试记录、图表、照片、计划执行情况、调整和撤销的报告	永久
2.3	试制综合分析报告及总结	永久
2.4	计算文件	永久
2.5	计算机软件	永久
2.6	检验文件	永久
2.7	设计文件、图样、技术说明、配方	永久
2.8	工艺文件	永久
3	总结鉴定验收阶段	
3.1	课题完成最终（或中断）总结	永久
3.2	课题阶段工作总结	长期
3.3	鉴定大纲	永久
3.4	技术经济分析报告	长期
3.5	标准化审查报告	永久
3.6	鉴定证书、科学技术成果鉴定证书	永久
3.7	鉴定会议记录（参加人员名单）、鉴定验收结论、函审原件	永久
4	成果申报阶段	
4.1	科技成果申报表、登记表及附件	永久

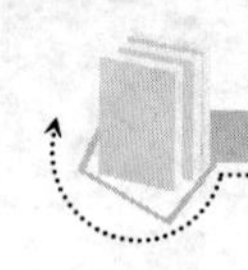
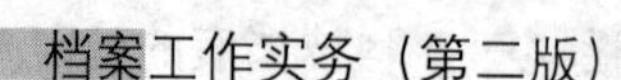

续表

序　号	基本范围	保管期限
4.2	科技成果奖励申报及评审材料	永久
4.3	获奖证书及批件	永久
5	推广应用阶段	
5.1	推广应用方案、专利申请书、批准证书（原件、影印件）	永久
5.2	技术转让合同、协议书	永久
5.3	论文、成果推广应用中形成的技术文件及工作总结、过户定型的鉴定材料	长期
5.4	国内外同行业评价及用户反馈意见	短期
5.5	成果宣传报送文件	短期
5.6	专业会议文件	短期
5.7	标本、样品目录	短期
5.8	出席各级学术会议和发表在各种刊物上的论文、专题报告	长期
5.9	国外考察报告和对外技术交流材料等	长期
5.10	针对成果的推广应用进行的软件开发形成的文件材料	长期

注：以上归档范围和保管期限表引自《企业档案工作规范》（DA/T 42—2009）。

模块四　会计档案的管理

会计档案是经济活动的伴生物和记录经济活动规律的重要载体，是单位的重要档案之一，也是国家全部档案的重要组成部分。会计档案无论是对于制定经济政策、进行科学决策，还是开展财务分析、实施会计监督、改善单位经营管理、实行综合平衡都具有重要的作用。

知识目标

- 了解会计档案的形成过程
- 熟悉会计档案的定义和作用
- 掌握会计档案的种类和特点

技能目标

- 能够完成会计档案的整理和分类
- 能够准确地对会计档案保管期限进行划分
- 能够完成会计档案的编目

案例导入

陈主任把老徐和小赵叫到自己的办公室，“公司最近有个大的动作，收购了一家濒临倒闭的企业，现在要你们两位和公司财务部的同志一起，去对该企业的会计档案进行清点和接收。”

在公司内部，会计档案一般是由财务部单独保管，在业务上也主要由老徐进行指导，小赵平时接触得很少。去之前老徐专门给小赵讲了一些会计档案整理的知识。

到了那家企业财务部一看，档案真够乱的，好多年的会计凭证放在一个大麻袋里面，有些年度的会计报表也残缺不全，还有几年的会计文件装订成一大本，根本没有分类……

老徐见状不由苦笑，“看来这次的工程挺大的呀。”

小赵说：“那就赶紧动手吧。”

老徐说：“先别急，我们得先做些准备工作，磨刀不误砍柴工。”他首先认真分析了这家企业会计档案的内容和类别，接着又组织大家一起制订了分类方案和档案保管期限表。接下来的几天，几个人按照分类方案把全部的会计档案划分为会计凭证、会计账簿、会计报表、会计文件等几大类，再把每类按年度区分成若干小类，同时也给每份档案确定了保管期限。

10天以后，这家企业的会计档案除了少数残缺不全、无法弥补的以外，其他的都分别装订或装盒，变得井然有序了。这批档案为总公司掌握该企业的财务状况和运营情况起到了非常重要的作用，总公司专门通报表扬了老徐和小赵等几个人。

任务一　认识会计档案

相关知识

会计档案是国家档案的重要组成部分，也是各单位的重要档案之一。它不仅是经济活动的历史记录，而且是信息资源的一部分。会计档案既是经济效果的综合反映，又是制定经济政策、进行科学决策、实行综合平衡的依据，同时还是开展财务分析、会计监督和改善机关、事业、企业经营管理的工具。

一、会计档案的定义

会计档案是会计工作作用于会计对象所产生的专业材料，是记录和反映单位经济业务的重要史料和证据。会计档案具体包括会计凭证类、会计账簿类、会计报表类及其他类等会计核算专业材料。

二、会计档案的管理原则

会计档案工作作为国家档案工作的重要组成部分，也应贯彻执行档案局工作的基本原则，即贯彻执行《档案法》第五条规定：“档案工作实行统一领导、分级管理的原则，维护档案完整与安全，便于社会各方面的利用。”

（1）统一领导、分级管理。只有实行统一领导、分级管理，才能克服档案分散保存和档案各自为政所带来的弊端，才能维护档案的完整与安全，便于社会各方面利用。

（2）维护档案的完整与安全。这是档案管理最基本的要求，是指档案收集要齐全，整理要系统，切实维护档案实体的安全和档案机密的安全。

（3）便于社会各方面对档案的利用。只有档案被利用才能体现档案的价值所在，也才能体现档案工作的服务性质。档案部门应不断提高服务质量，为利用者提供优质档案服务。

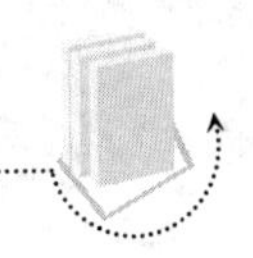

三、会计档案的特点

会计工作是一项复杂烦琐、细致严密的工作。在会计核算中，会计凭证、会计账簿、会计报表三种核算材料有机地构成一个不可分割的统一的会计核算体系，对各项经济活动、财务收支连续地进行记录和反映。作为一种专门档案，会计档案具有不同于其他档案的特点。

（1）内容的专业性。会计档案是在各项会计核算中形成的，它以数字为主要内容，反映会计核算的内容、程序和结果。这种与一般档案不同的特殊内容、专门手段，使会计档案具有较强的专业性。

（2）程序的紧密性（严密性）。会计档案的形成是按照特有的、专门的程序进行的，先有会计凭证，然后再依据会计凭证登记会计账簿，最后根据会计账簿编制会计报表，环环相扣，相互制约，不差分毫（也就是说，账簿从凭证中来，报表从账簿中来）。

（3）来源的普遍性（广泛性）。凡是有经济、财务活动的地方，都会有会计档案，会计档案参与广泛的社会经济活动。我国有独立核算的单位有几千万个，每天都会频繁地发生会计事项，形成大量的会计档案。

（4）形式的多样性（外表的形式不一）。会计凭证、会计账簿、会计报表都有特定的格式和项目，与一般常见文件不同，因此，会计档案的装具、保管也有一定的特殊性。

四、会计档案的种类

会计档案的收集范围包括会计部门或会计人员在会计核算中形成的会计凭证、会计账簿、会计报表和其他会计核算专业材料。

（一）会计凭证

会计凭证是记录经济业务、明确经济责任的书面证明文书，是登记账簿的重要依据，包括原始凭证和记账凭证两种。

（1）原始凭证：证明经济业务已经发生或完成，明确经济责任，并作为记账原始依据的一种凭证。原始凭证又分为自制原始凭证和外来原始凭证两种。

（2）记账凭证：是会计部门根据审核后的原始凭证编制的，用来确定经济业务性质和分类（即会计分录）的一种会计凭证。记账凭证又分为收款凭证、付款凭证、转账凭证和汇总凭证等。

（二）会计账簿

会计账簿是以会计凭证为依据，全面、连续地记录和反映一个单位各项经济业务的簿籍。会计账簿是编制会计报表的重要依据，按用途可分为序时账簿、分类账簿和备查账簿三种；按形式可分为书本式账簿、活页式账簿和卡片式账簿三种。

（1）序时账簿：亦称日记账，即按经济业务发生的时间先后顺序逐日逐笔登记的账簿，如现金日记账、银行日记账、购物日记账、销售日记账等。

（2）分类账簿：对经济业务进行分类登记，提供分类核算指标的账簿。在会计核算中，

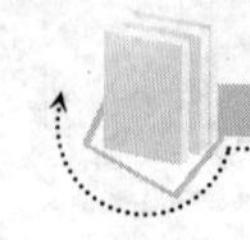

分类账簿是必须设置的会计主要账簿，也是编制会计报表的主要依据，如总分类账、明细分类账、多栏明细账等。分类账簿主要包括总账、明细账、日记账、固定资产卡片、辅助账簿、其他账簿等。

（3）备查账簿：亦称备查簿、备查登记簿或辅助账簿，是指对某些在序时账簿和分类账簿中未能记载或记载不全的经济业务进行补充登记的账簿。备查账簿按形式也可分为书本式账簿、活页式账簿和卡片式账簿三种。

（三）会计报表

会计报表也称财务报告，是用统一的货币计量单位，概括地反映各单位在一定时期内经济活动和财务收支情况的书面报告文件。会计报表包括报表及其说明，而报表又包括会计报表主表、会计报表附表及会计报表附注。会计报表可分为日常会计报表和年度会计报表。

（1）日常会计报表：包括旬报、月报、季报等。

（2）年度会计报表：指按年度编制的，反映本单位全年经济活动和财务状况的报表及说明。

（四）其他

其他指其他应当保存的会计核算材料，包括银行存款余额调节表、银行对账单、会计档案移交清册、会计档案保管清册、会计档案销毁清册等。

五、会计档案的形成

（一）会计档案主要来自各单位的财会部门或财务会计人员

只有会计部门或会计人员形成的专业会计文件，才具有会计档案的特点，否则，不能视为会计档案。

“会计档案”与“文书档案”的区别如下。

（1）形成领域不同。会计档案一般在资金活动领域中形成，文书档案则主要在行政管理领域中形成。

（2）形式和内在联系不同。会计档案由三种会计核算材料有机地形成一个整体，具有密不可分的内在联系；文书档案多以公文形式出现，具相对的独立性。

（3）立卷和归档的时间不同。在立卷时间上，会计档案按“日清月结年决算”的会计程序立卷，即会计凭证月终记账完了就可以立卷了；文书档案则通常在次年的第一、第二季度立卷。在归档时间上，会计档案由财会部门立好卷后保存一年，再移交归档；文书档案则一般在第二年上半年归档。

“会计档案”与“会计资料”的区别为：会计档案是各单位在各项会计核算活动中直接形成的、具有保存价值的历史记录；而会计资料则是各单位为了更好地开展会计工作，贯彻国家方针政策，学习他人经验，提高业务水平而收集或购买的出版物及档案的复制品等，会计资料不是在本单位的会计工作中直接产生的。应重点保管好本单位的会计档案。

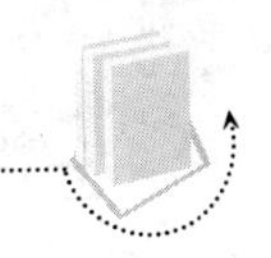

（二）会计档案是会计核算的产物

会计工作由会计制度、会计核算、会计分析、会计检查和会计决策等5个部分组成，其中会计核算是最基本的环节，会计档案则是这个环节的集中反映和副产品。

（1）会计制度。会计制度是指财政部根据《中华人民共和国会计法》制定发布的关于会计核算、会计监督、会计机构、会计人员以及会计工作管理的制度，如《企业会计制度》、《会计基础工作规范》以及《会计档案管理办法》等。

（2）会计核算。会计核算是以原始凭证为依据，以会计科目为分类标志，以记账凭证和账簿为工具，运用一定的记账方法，按照一定的程序来完成的整理、计算、登记工作。会计核算主要包括设置账户、复式记账、填制和审核凭证、登记账簿、成本计算、财产清查、编制资金平衡表和其他会计报表等。

（3）会计分析。会计分析主要是分析财务、成本计划执行的过程和成果，涉及整个单位的经济活动情况。各单位会计分析的结果，是编制财务情况说明书的依据。

（4）会计检查。会计检查是以会计档案为主要依据，检察机关、企业事业单位的经济活动和财务收支情况，以便查明事实，弄清责任。

（5）会计决策。会计决策指会计人员在会计管理工作中，通过决策和控制，促使企业的资金运动朝着有利的方向发展的过程。会计决策主要是会计管理方法与程序的选择。

六、会计档案的归档

会计部门或会计人员将形成的会计文件材料经过整理立卷，移交给本单位档案部门保管的过程，叫做会计文件归档。

《会计档案管理办法》第六条规定：各单位每年形成的会计档案，应当由会计机构按照归档要求，负责整理立卷，装订成册，编制会计档案管理清册。当年形成的会计档案，在会计年度终了后，可暂由会计机构保管1年，期满之后，应当由会计机构编制移交清册，移交本单位档案机构统一保管。

会计档案的归档，仅指会计核算专业材料的归档。其归档范围包括会计凭证、会计账簿、会计报表等。

注意，财会部门经办的有关财会工作的方针、政策、制度、计划总结、报告以及来往文书，按照《会计档案管理办法》第十九条的规定，应当执行文书档案管理规定，不属于会计档案的范围。

七、会计档案的作用

会计档案是人类会计活动真实的历史记录，储存着丰富的信息资源，具有多方面的利用价值。会计档案的主要作用是信息史料作用和凭证作用，具体作用如下。

（1）会计档案为国家经济建设的计划和决策，对宏观经济运行进行管理和监督提供真实可靠的信息，它是编制国家和地方预算的重要依据。

（2）会计档案为机关、企业事业单位加强内部微观经济管理提供丰富的原始数据，是编制单位预算、财务收支计划的重要依据。

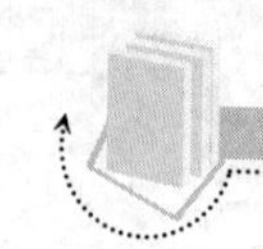

（3）会计档案是打击经济领域的犯罪活动和反对不正之风的有力工具。许多经济领域的犯罪活动都是通过查证会计凭证、账目等会计档案发现的，会计档案客观记录了会计事项活动中的具体情况，在打击经济犯罪活动中发挥重要的凭证作用，有效地维护了财经纪律，保护了国家财产。

（4）会计档案是研究经济和财政历史的可靠史料。会计档案的史料作用，就是充分地利用系统的、全面的会计档案核算材料，通过对比分析的方法，更好地从经济角度反映单位的真实面貌。通过会计档案的积累，还可为单位编写大事记、开展历史研究等提供经济活动方面的素材和原始记录。

实训练习

1. 实训材料

教师事先准备财务管理文件 5 份，单位会计制度 1 本（汇编），一个年度的会计报表，10 本账簿（包含两个年度），20 本凭证（包含两个年度）。

2. 实训内容

让学生认识会计核算材料和财务管理文件的区别，增进学生对会计档案的了解。

3. 实训方式

将所有材料展示出来，放在学生都能看见的显眼位置，让学生判断哪些属于会计档案。

4. 教师评判

教师结合学生的判断进一步讲解会计档案与财务管理文件的区别。

任务二　会计档案的整理

相关知识

会计档案的整理主要是将财务部门或财务人员在日常会计核算过程中形成的核算材料，按照会计档案业务规定标准要求，进行科学的分类、组合、立卷、排列和编号，组成一个有序体系的过程。会计档案整理是否符合要求，直接关系档案的保管和利用，因而整理工作要求做到规范、准确、标识明确。

一、会计档案的整理原则

按照我国的有关法规，会计档案的整理原则是遵循会计档案形成的自然规律及其本身固有的特点，保持其相互间的有机联系，进行科学的分类整理，从而有利于管理和开发利用。

根据《会计档案管理办法》要求，会计档案整理“原则上应当保持原卷的封装，个别需要拆封重新整理的，应当会同财务会计部门和经办人共同拆封整理，以分清责任”，档案人员不得擅自拆装凭证。

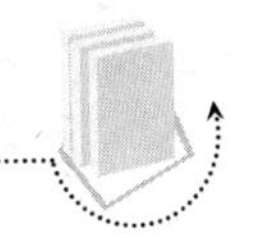

注意，由于会计档案专业性强，一般应由会计人员整理立卷，然后向单位档案机构移交。把会计档案的立卷归档作为会计人员的职责之一，是有效地保证全部会计档案能系统、完整、按时归档的重要前提。档案机构应当保持原卷册的封装，不能对原始的卷册拆开，重新组合。

二、会计档案的分类

会计档案一般分为四大类，即会计报表、会计账簿、会计凭证和其他。会计档案的分类基本框架如图 4-1 所示。

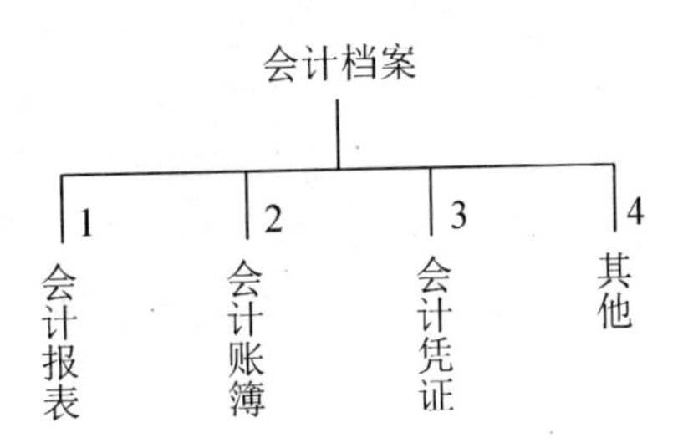

图 4-1　会计档案分类基本框架（一）

在会计档案分类设置过程中，有些单位会遇到多个方面的独立核算材料，如行政账目、工会账目等，尤其是有下属单位的机关及具有一定规模的企业基本有这种情况存在。对于这种情况可按下列方式编制分类表，分类基本框架如图 4-2 所示。

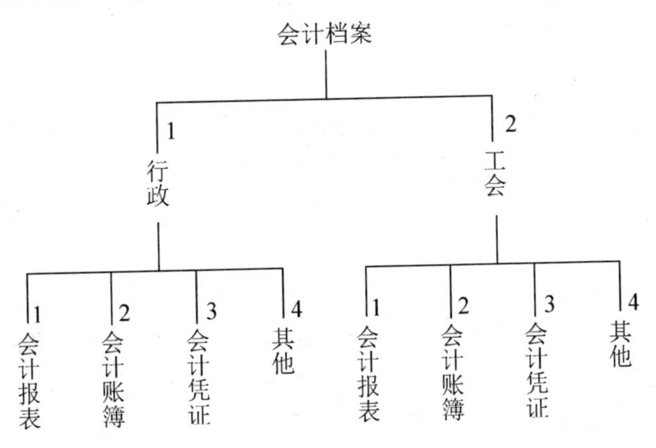

图 4-2　会计档案分类基本框架（二）

三、会计档案的组卷

会计档案的组卷相对于其他门类文件材料比较简单清晰，整理组卷工作主要以会计报表、会计账簿、会计凭证和其他四个属类为对象而进行。

（一）会计档案的组卷要求

会计档案由于要保持会计核算材料的自然形成规律和材料之间的固有联系，且会计工作中已按有关规定装订成册，因此，在整理过程中，原则上应当保持原卷册的封装，单位档案机构或档案人员不能对原始的卷册拆开或重新组合，也不需另加档案案卷封面和卷内目录，只需在原封面上加盖表明档案的印记，或加盖档号章并填写相关项目即可。个别需要重新拆装的，须会同原财务部门负责人和经办人共同拆封整理。

由于会计报表与会计凭证、会计账簿略有不同，因此，其整理方法也略有不同。

（二）会计档案的具体整理方法

1. 会计报表的整理

会计报表一般包括年度报表、月（季）度报表、不定期的专用报表和主要财务指数快报等，在整理过程中，只需将这些报表集中起来整理成卷即可。

会计报表的具体整理方法为：将一个会计年度的年报表、季报表、月报表分开；年报表（决算报表）单独立卷，不与季、月报表相混淆；季、月报表根据报表数量多少而组卷，数量极少的可以 1—11 月共组一卷，数量较多的可以每月一卷，也可以若干卷，视季、月报表种类和数量而定。

【例 4-1】会计报表组卷案例。

×××（单位名称）二〇〇九年会计年报表

×××（单位名称）二〇一〇年 1—11 月会计月报表

会计报表的组卷要求与文书文件材料的组卷要求相同，可使用文书档案的卷内目录、封面和封底。每卷必须卷内编上页号，填写卷内目录，用文书档案的小卷皮装订成册；每个案卷封面要拟写标题，填写保管期限和其他项目。

（1）年度会计报表的整理步骤。

① 填写封面。可使用文书档案的小卷皮作为封面，也可自制封面，拟写案卷标题，如“××市人事局 2009 年会计年度会计报表”等。

② 填写卷内目录。与文书档案的卷内文件目录纸通用，一般一年占一栏（只有一份年度会计报表）。

③ 整理年度会计报表。

④ 填写封底。填写卷内备考表的内容，如立卷人、检查人、立卷时间等。

⑤ 把封面、卷内目录、会计报表、封底按顺序装订好即可。

（2）月、季度会计报表的整理步骤。

① 填写封面。与年报相同。

② 填写卷内目录。与文书档案的卷内文件目录纸通用，每月（季）的报表占一栏，按实际月、季数填写。

③ 整理月、季度会计报表。按形成的时间顺序排列。

④ 填写封底。填写卷内备考表的内容，如立卷人、检查人、立卷时间等。

⑤ 把封面、卷内目录、会计报表、封底按顺序装订好即可。

2. 会计账簿的整理

会计账簿一般包括会计总账、明细账、现金出纳账、银行存款账、固定资产账和各种

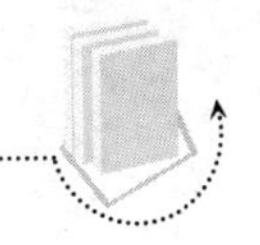

辅助账等，在年终决算后按账簿的种类进行整理。在整理过程中，按账簿名称立卷，将每本账簿作为一卷处理即可，不需另行拆卷，不需重新组卷。

在进行会计账簿的整理时，应注意以下事项：

（1）检查账簿扉页有无填写齐全；

（2）固定账簿不拆空白页，保持其原有面貌，要在记录账页的最末一行上下分别画一条红线，以示结束使用，并在案卷备考表中详细记明使用账页和空白账页的页数；

（3）活页账簿应将空白页抽出，将已记账的账页面在账页右上方重新依次编号，然后装订成册，加装封面和封底。

【例 4-2】会计账簿组卷案例。

×××（单位名称）二〇〇九年现金出纳账

×××（单位名称）二〇一〇年银行存款账

3. 会计凭证的整理

会计凭证一般包括各种报销单据、现金凭证、银行转账凭证、销售凭证、成本核算凭证、职工工资凭证、资产凭证等凭证性材料。会计凭证一般按记账顺序装订成册，厚2.5～3.5cm，封面内容填写齐全。在整理过程中，应遵循会计人员在会计工作的成果，将每本已由会计人员装订成册的凭证作为一卷处理即可，即一本凭证为一个案卷，不得拆卷，不需另行组卷。

4. 其他类会计档案的整理

有关会计档案移交清册、会计档案保管清册、会计档案销毁清册等，统一归入“其他”类范围进行整理，并按保管期限整理立卷。每一本清册就是一个保管单位，即一个案卷，编一个卷号，不需另外整理立卷。

四、会计档案保管期限划分

会计档案的来源很广，数量很大，如果没有科学的保管期限界定，必然会给会计档案的管理工作带来很大的困难，也会造成巨大的经济负担。

（一）会计档案保管期限划分的原则

会计档案保管期限划分原则如下：

（1）内容的重要程度；

（2）查考价值的大小；

（3）史料价值。

（二）会计档案保管期限的划分方法

会计档案的保管期限，是指会计档案的最低保管期限，从会计年度终了后的第1天算起（1月1日）。按相关规定，会计档案保管期限可分为永久和定期两种。

（1）永久保管的会计档案：凡是对工作总结和查考以及研究经济活动具有长远利用价

值的会计档案，应当永久保管。永久保管的会计档案主要包括：涉及外事、对私改造的会计凭证、账簿；年终会计报表；会计档案保管清册；销毁清册；会计档案目录等。

（2）定期保管的会计档案：指在一定时期内有利用价值的会计档案，可分为长期 25 年，短期 3 年、5 年、10 年、15 年等五种。保管期限为长期的会计档案包括现金出纳账、银行存款账、税收日记账、移交登记清册等，保管期限为短期的会计档案包括会计凭证、月、季度会计报表等。

（三）会计档案保管期限表

会计档案保管期限表就是以图表或条款形式，列举会计档案文件的内容和形式，并指明其保管期限的一种指导性文件。它是确定会计文件保管期限的依据和标准，一般有两种形式：标准图表式和单位自定条款式。

1. 标准图表式

标准图表式是由国家档案行政管理部门会同财政部门共同编制的，供各机关、团体、企业事业单位鉴定会计档案时通用的会计档案保管期限表。

表 4-1、表 4-2 用标准图表式分别给出了企业会计和其他组织会计档案保管期限表以及财政总预算、行政单位、事业单位和税收会计档案保管期限表。

表 4-1　企业会计和其他组织会计档案保管期限表

序　号	档案名称	保管期限	备　注
一	会计凭证类		
1	原始凭证	15 年	
2	记账凭证	15 年	
3	汇总凭证	15 年	
二	会计账簿类		
4	总账	15 年	包括日记总账
5	日记账	15 年	现金和银行存款日记账保管 25 年
6	明细账	15 年	
7	辅助账簿	15 年	
8	固定资产明细账、卡片		固定资产报废清理后保管 5 年
三	会计报表类		包括各级主管部门汇总会计报表
9	月、季度会计报表	3 年	包括文字分析
10	年度会计报表（决算）	永久	包括文字分析、审计报告
四	其他类		
11	银行存款余额调节表	5 年	
12	银行对账单	5 年	
13	会计档案移交清册	15 年	包括会计人员交接表
14	会计档案保管清册	永久	
15	会计档案销毁清册	永久	

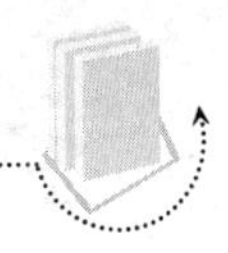

表 4-2　财政总预算、行政单位、事业单位和税收会计档案保管期限表

序号	档案名称	保管期限			备　注
		财政总预算	行政单位事业单位	税收会计	
一	会计凭证类				
1	国家金库编送的各种报表及缴库退库凭证	10 年		10 年	
2	各收入机关编送的报表	10 年			
3	行政单位和事业单位的各种会计凭证		15 年		包括原始凭证、记账凭证和传票汇总表
4	各种完税凭证和缴、退库凭证			15 年	缴款书库根联在销号后保管 2 年
5	财政总预算拨款凭证及其他会计凭证	15 年			包括拨款凭证和其他会计凭证
6	农牧业税结算凭证			15 年	
二	会计账簿类				
7	总账	15 年	15 年	15 年	
8	日记账		15 年	15 年	现金、银行存款日记账保管 25 年
9	税收日记账（总账）和税收票证分类出纳账			25 年	
10	明细分类、分户账或登记簿	15 年	15 年	15 年	
11	行政单位事业单位固定资产明细账、卡片				固定资产报废清理后保管 5 年
三	会计报表类				
12	财政总预算	永久			
13	行政单位和事业单位决算	10 年	永久		
14	税收年报（决算）	10 年		永久	
15	国家金库年报（决算）	10 年			
16	基本建设拨款、贷款年报（决算）	10 年			
17	财政总预算会计旬报	3 年			所属单位报送的保管 2 年
18	财政总预算会计月、季度报表	5 年			所属单位报送的保管 2 年
19	行政单位的事业单位月、季度报表		5 年		所属单位报送的保管 2 年
20	税收会计报表（包括票证报表）			10 年	电报保管 1 年，所属税务机关报送的保管 3 年
四	其他类				
21	会计档案移交清册	15 年	15 年	15 年	包括会计人员交接表
22	会计档案保管清册	永久	永久	永久	
23	会计档案销毁清册	永久	永久	永久	

注：税务机关的税务经费会计档案保管期限表，按行政单位会计档案保管期限规定办理。

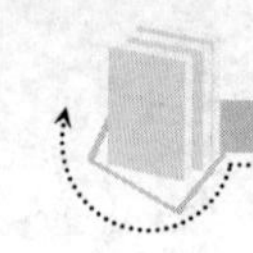

2. 单位自定条款式

单位自定条款式是由各单位依据国家标准的会计档案保管期限表，结合本行业、本单位的会计工作实际，自行制定的条款式适用于本行业、本单位使用的保管期限表。

会计工作涉及各个领域，机关、企业事业单位各有各自的特点，形成的会计档案内容和成分也不相同。因此，在界定会计档案保管期限时，要结合本系统的有关规定和实际情况进行。

五、会计档案的排列与编号

会计档案经过初步的整理后，必须通过一定的方法来固定其整理成果，这就必须对其进行有序的排列，并运用一定的符号表示它们之间的联系，这就是编号与排列。

（一）会计档案的排列

会计档案一般采用“属类—年度”分类排列法。按财务报表、会计账簿、会计凭证、其他会计资料 4 个属类顺序排列，每个属类内再分别按年度顺序排列，不区分科目，不区别保管期限。

【例 4-3】某企业会计档案排列如下：

会计报表类：2009 年：1，2，3……12

2010 年：13，14……27

会计账簿类：2009 年：1，2，3……8

2010 年：9，10……14

会计凭证类：2009 年：1，2，3……45

2010 年：46，47……98

（二）会计档案的编号

会计档案的编号主要是编制“档号章”中的“目录号”和“案卷号”，可根据排列顺序编制。按《广东省机关档案分类办法》的规定，会计档案的一级属类按财务报告类、会计账簿类、会计凭证类和其他类设置，其结构模式为：会计档案编号=会计档案代字+属类代号+目录（顺序）号+案卷顺序号。

会计档案作为单位档案的一个重要组织部分，其档号应纳入单位档案的整体编号系统（如分类大纲中，A 代表文书档案，B 代表基建档案，C 代表设备档案，D 代表会计档案等）；属类代号用数字表示（如 1 代表会计报表，2 代表会计账簿，3 代表会计凭证，4 代表其他）；目录（顺序）号用数字表示；并按会计档案的类别分别设置案卷目录。结构模式中有“目录号”的按以下方法编制（如图 4-3 所示）。

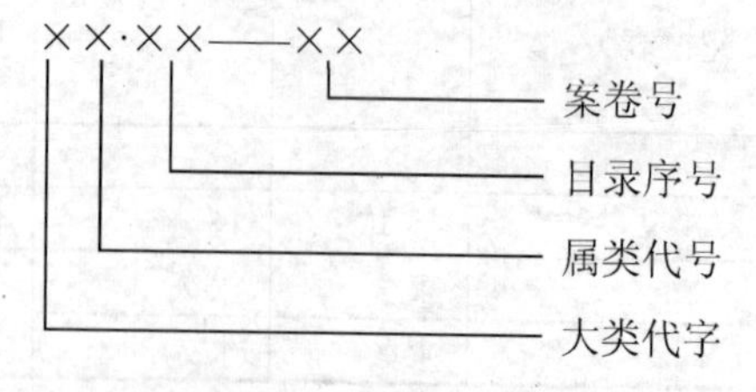

图 4-3 目录号结构模式

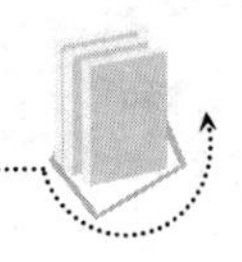

1. 案卷号的编制

会计档案按属类编制案卷顺序号，案卷号以每一本凭证、一本账簿、一卷报表编一个案卷顺序号，依照“类别—年度—案卷号”模式编制。案卷顺序号的编制方式有两种。

（1）在属类内跨年度编案卷流水号。采用跨年度编流水号的方法时，其案卷号应有一定的限制，一般不超过千位数，即编列若干年就要断号，再从“1”开始依次编流水号。习惯做法是5年断一次号。这种编号方式适用于会计档案数量不多的机关单位。

【例4-4】某企业按属类内跨年度编案卷流水号（参见表4-3）。

表4-3 属类内跨年度编案卷流水号

类别		年度	案卷流水号
报表类	年报	2009	1
		2010	2
	月季报	2009	1，2，3……12
		2010	13，14，15……24
账簿类		2009	1，2，3……11
		2010	12，13，14……28
凭证类		2009	1，2，3……52
		2010	52，53，54……106

注：年报因为属于永久保存，且每年度只有1～2卷，所以另行编制一个流水号。

（2）在属类内分年度编案卷流水号。每一年度编一个案卷流水号，依次从“1”开始流水编号，不能跨年度编号。这种编号方式适用于每年产生档案数量很多的单位，如金融机构、大型企业事业单位。

【例4-5】某企业按属类内分年度编案卷流水号（参见表4-4）。

表4-4 属类内分年度编案卷流水号

类别		年度	案卷流水号
报表类	年报	2009	1
		2010	2
	月季报	2009	1，2，3……N
		2010	1，2，3……N
账簿类		2009	1，2，3……N
		2010	1，2，3……N
凭证类		2009	1，2，3……N
		2010	1，2，3……N

注：年报可按照第一种方式编号，即继续实行跨年度编号。

案卷号编写的位置：报表在案卷的卷皮上直接标注，凭证、账簿在其封面右上角，既可以采用粘贴“档号章”标签形式标注，也可以直接用阿拉伯数字标注。“档号章”形式应用比较广泛。

无论采取何种编号方法，都必须固定下来，不能随意改变。一般来讲，一个单位只能采用一种编号方法。

2. 目录号的编制

根据会计档案编号模式，填写在“目录号”项目栏的编号应根据会计档案的 4 个属类分别编制，其编制方法可参照例 4-6 和例 4-7。

【例 4-6】会计档案目录号如图 4-4 所示。

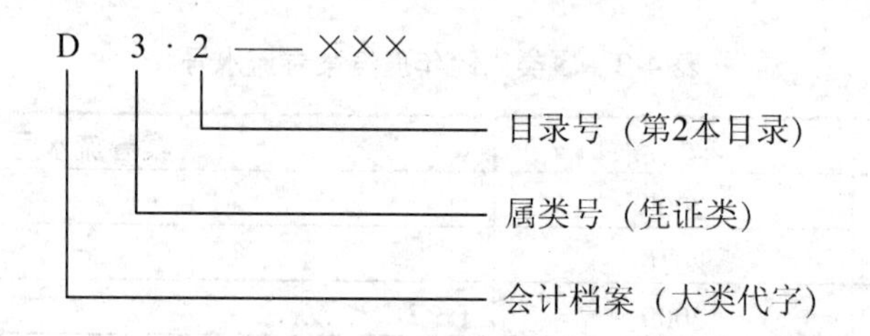

图 4-4 会计档案目录号

目录号编制原则是：由于会计凭证数量较大，如果每年都超出 100 册，可每年编一本目录，编制一个目录流水序号；不足 100 册的，可 5 年或若干年编制一本目录；报表和账簿的数量较少，可各自编一本目录，或若干年一个流水号，断开后再编第 2 本目录。

【例 4-7】会计报表目录号如图 4-5 所示。

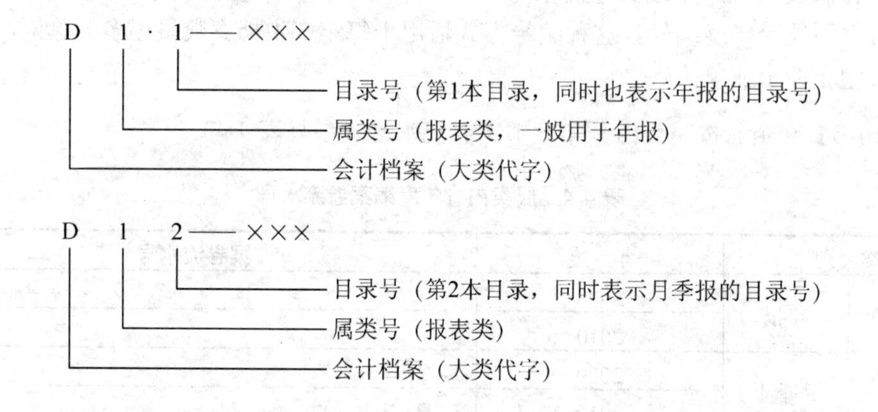

图 4-5 会计报表目录号

注意，由于年报数量少，每年只有 1～2 个案卷号，故只需一个目录号即可；月（季）报因数量较多，且增长较快，故在“2”号目录之后，可另设“3，4，5……”号目录。

3. 档号章的编制

会计档案编号完成后，会计凭证、会计账簿、财务报告和其他材料的封面如无“全宗号、目录号、案卷号、保管期限”栏目的，必须加盖“档号章”，将相关项目的内容填写在“档号章”内。“档号章”一般盖在会计档案封面的右上角或居中，也可通过计算机打印后

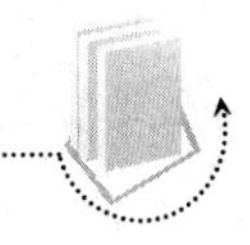

粘贴于封面规定位置上。由于国家对会计档案的“档号章”没有规定的形式，故档案人员可在多年的实践基础上提炼相关项目，编制成“档号章”（如图 4-6 所示）。

全宗号		保管期限		案卷号	
目录号		年　　度			

图 4-6　档号章式样

注意，文书档案、科技档案与会计档案的“档号章”格式不相同，不能混淆使用。

【例 4-8】某企业会计档案“档号章”如图 4-7 所示。

全宗号	50	保管期限	15	案卷号	058
目录号	D3.2	年　　度	2010		

图 4-7　某企业会计档案档号章

六、会计档案装盒

会计档案整理完毕后，需装入会计档案盒，上架保管。由于会计档案基本有报表、账簿、凭证三种类型，因此，所需档案盒式样不同，装盒要求也不同。

（一）会计报表装盒

会计报表装盒采用 A4 尺寸的“会计档案”盒。因为会计报表按照文书档案方式组卷，故其卷盒背脊项目的填写也与文书档案装盒完全相同。年报表与月（季）报表必须分开装盒。年报表按年报表案卷流水号装盒，月（季）报表按月（季）报表案卷流水号装盒，不可混淆、交叉。

（二）会计账簿装盒

会计账簿装盒采用 A4 尺寸的“会计档案”盒。装盒时可以忽略会计账簿不同的保管期限，按会计账簿案卷流水号装盒。卷盒背脊项目的填写类同于会计报表。

（三）会计凭证装盒

会计凭证有专门的凭证盒，应按照会计凭证的案卷流水号装盒。

装盒之前，需对凭证盒背脊进行填写。会计凭证盒项目如图 4-8 所示。

会计凭证盒背脊项目填写方法如下。

（1）全宗号：是立档单位的代号，按档案馆给予的编号填写，没有全宗号的可以不填。

（2）年度：填写本盒内档案形成的年度。

（3）目录号：填写档案目录号，如 D1.1、D1.2、D3.1 等。

（4）起止卷号：填写本盒内档案的案卷起止卷号，如 1—5 等。

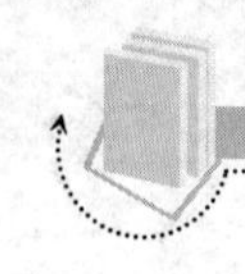

全宗号
年度
目录号
起止卷号

图 4-8　会计凭证盒项目

七、会计档案目录的编制

会计档案进行了分类、立卷、编号、排列后，就必须编制会计档案案卷目录。会计档案案卷目录是管理会计档案和提供利用的检索工具。

（一）填写案卷目录

会计档案案卷目录参见表 4-5。

表 4-5　会计档案案卷目录

案卷号	类　别	题　名	起止时间	保管期限	卷内张数	应销毁年限	备注
			自 年 月 至 年 月				
			自 年 月 至 年 月				

会计档案案卷目录项目内容填写方法如下。

（1）案卷号：根据整理会计档案时会计凭证盒或会计档案盒上的对应项目填写。

（2）类别：填写该卷会计档案所属的类别，如“会计凭证类”、“会计账簿类”、“会计报表类”等。

（3）题名：即案卷题名，填写要求与会计档案盒上的“案卷题名”相同。

（4）起止时间：填写该卷档案启用和终止的年月。

（5）保管期限：根据整理会计档案时确定的会计凭证盒或会计档案盒上的保管期限填写。

（6）卷内张数：指会计凭证总数、账页总数或会计报表的总张数，根据该卷会计档案的具体张数填写。

（7）应销毁年限：暂不填。

（8）备注：填写其他需要说明的事项。

（二）制作会计档案目录

会计档案分类别填写案卷目录后，还应按类别制作会计档案目录，即将会计报表、会

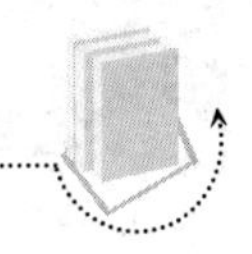

计账簿、会计凭证等的案卷目录分别汇集成册，使用会计档案目录夹装订。其重点在于填写会计档案目录夹的封面标签（如图 4-9 所示）。

全宗名称	
全　宗　号	
目　录　号	
案卷起止号	
年　　度	
保管期限	

图 4-9　会计档案目录夹封面标签

会计档案目录夹封面标签项目的填写方法如下。

（1）全宗名称：填写立档单位名称的全称，如××市财政局。

（2）全宗号：由档案馆给予，一般进馆单位才有全宗号，非进馆单位则没有，没有的可不填。

（3）目录号：会计报表、会计账簿、会计凭证、其他等四类分别填写，如会计报表“D1・1”、会计账簿“D2・1”、会计凭证“D3・1”、其他“D4・1”等，“1，2，3，4”是代表会计档案的四个类别，“1”代表四类会计档案的第一本目录，也可以为“2，3，4……”。

（4）案卷起止号：该目录内开始案卷与结束案卷的顺序号，如 1—855。

（5）年度：该本目录内案卷所在的起止年度，如 2003—2008。

（6）保管期限：永久、长期或短期。

会计档案案卷目录编制的份数一般是：会计报表编制一式 4 份，会计凭证、会计账簿编制一式 3 份。其中一份由会计部门保管，供日常使用；其他几份一年后连同会计档案一同移交单位档案室。

八、会计档案的排架

接收入库的会计档案登记后，即可上架入柜，固定其存放位置，以便日后查阅利用。

（一）排列要求

（1）排列整齐。

（2）要在柜架上注明类别和档号，以方便查找。

（二）排列方法

会计档案案卷按属类排列，即按会计报表、会计账簿、会计凭证和其他四类分别排放。每个类别按“年度（或目录号）+案卷流水号”排列。柜架编号的原则为从左到右，自上而下。

实训练习

1. 实训材料

教师事先准备财务管理文件 5 份，单位会计制度 1 本（汇编），一个年度的会计报表，10 本会计账簿（包含两个年度），20 本会计凭证（包含两个年度）；会计档案盒 30 个（其中凭证盒 20 个、账簿盒 10 个），会计档案目录 1 本，档案目录夹 4 个。

2. 实训内容

让学生整理会计档案，重点训练同学填写“档号章”的项目。

3. 实训方式

将全班学生分为 4 个小组，同时将所有事先准备的材料平均分发给各小组，由小组同学自行整理。

4. 教师评判

教师对各小组整理的档案进行点评。

任务三　会计档案的移交、利用、鉴定与销毁

相关知识

一、会计档案的移交

会计档案的移交，按《会计档案管理办法》的规定：“当年形成的会计档案，在会计年度终了后，可暂由会计机构保管 1 年，期满之后，应当由会计机构编制移交清册，移交本单位档案机构统一保管。”特殊情况下，可由财会部门与档案部门共同协商移交时间，并填写档案移交（接收）登记簿（参见表 4-6）。实际工作中，很多会计档案都是保存 2～3 年后才移交归档的。

表 4-6　会计档案移交（接收）登记簿

<table>
<tr><th rowspan="3">案卷目录号</th><th rowspan="3">案卷目录题名或组织机构名称</th><th rowspan="3">所属年度</th><th rowspan="3">移交（接收）日期</th><th rowspan="3">移交（接收）原因</th><th colspan="4">案卷数量</th><th rowspan="3">移交人</th><th rowspan="3">接收人</th><th rowspan="3">备注</th></tr>
<tr><th rowspan="2">小计</th><th colspan="3">其中</th></tr>
<tr><th>永</th><th>长</th><th>短</th></tr>
<tr><td></td><td></td><td></td><td></td><td></td><td></td><td></td><td></td><td></td><td></td><td></td><td></td></tr>
<tr><td></td><td></td><td></td><td></td><td></td><td></td><td></td><td></td><td></td><td></td><td></td><td></td></tr>
</table>

会计档案的移交具有一定的要求：

（1）移交单位应当编制会计档案移交清册，列明应移交的会计档案名称、卷号、册数、起止年度、档案编号和保管期限等内容；

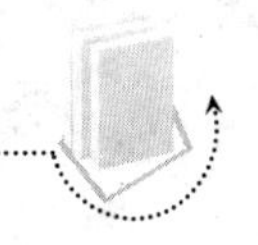

（2）交接会计档案时，交接双方应当按照会计档案移交清册所列内容逐项交接，并由交接双方的单位负责人监督并签名盖章。

二、会计档案的开发利用

会计档案的开发利用工作是整个会计档案工作的目的，主要体现在会计分析、会计检查、日常查考、进行科研等四个方面。

提供会计档案时应注意以下问题：

（1）建立健全借阅制度；

（2）严格借阅手续，需经财会部门主管负责人同意后，方可借阅会计档案；

（3）确保原件的完整和安全，不得在会计档案上做任何标记，不得抽换会计凭证和账页等；

（4）把好复印、摘抄材料的审查、使用关。

会计档案提供利用时，档案管理部门应注意收集会计档案提供利用的效果，逐一详细登记在利用效果登记簿上，以便及时总结经验，进一步改进会计档案管理工作。

三、会计档案的鉴定与销毁

（一）会计档案的鉴定

会计档案的鉴定包括立卷过程中的初步鉴定和销毁前的终审鉴定。初步鉴定由财务人员实行，终审鉴定由财务人员和档案人员共同进行。

（二）会计档案的销毁

经过鉴定后，确认失去了保存价值的会计档案，应编制会计档案销毁清册（参见表4-7）。清册中应列明销毁会计档案的名称、卷号等内容，由本单位档案部门会同会计部门提出销毁意见，单位负责人签署意见后，才能销毁。

销毁会计档案时，应当由档案部门和会计部门共同监销。国家机关销毁会计档案时，应当由同级财政部门、审计部门派员参加监销。

表4-7 会计档案销毁清册

序 号	案卷或文件题名	年 代	目录号	卷号或文号	卷内文件页（件）数	原期限	销毁原因	备 注

批准人： 监销人： 销毁人：

实训练习

1. 实训材料

教师事先准备财务管理文件5份，单位会计制度1本（汇编），一个年度的会计报表，10本会计账簿（包含两个年度），20本会计凭证（包含两个年度）；档案销毁清册4本。

2. 实训内容

让学生判断档案价值，确定保管期限。

3. 实训方式

将所有事先准备的材料平均分发给 4 个小组，要求学生按照档案鉴定标准对材料进行价值鉴定，同时对已失去价值的档案按要求进行登记。

4. 教师评判

教师针对学生的鉴定结果进行点评。

模块五　声像、实物档案的管理

声像档案和实物档案是档案管理工作中比较特殊的对象，它们有别于传统以文字记录信息的纸质档案，而是通过声音、图像或实体来保存和传递档案信息，在管理方法上也不同于传统的纸质档案。

知识目标

- 了解声像档案的种类
- 熟悉声像档案的含义和特点
- 掌握照片档案的组成

技能目标

- 能够对照片档案进行分类和鉴定
- 熟悉录音、录像档案的管理方法
- 能够对实物档案进行分类与编目

案例导入

经过几个月的历练，小赵现在在档案管理工作中颇有心得，各种档案材料经他的整理，都能够分门别类，妥善保管。这天宣传部小钟拿了几个大盒子，里面装着公司历年来的各种活动的照片、录音录像带。

小钟年纪和小赵差不多，说起话来没大没小的："小赵，这些东西是我在宣传部的一个柜子顶发现的，我想着你这里专收破烂，不知道要不要呀。"

小赵翻拣了一下："老天，你还真奢侈，这东西都当破烂呀！你看看，这是公司成立大会的录音带，这是公司大楼奠基时的照片……陈主任看到了肯定当宝贝。"

小钟："行呀，你觉得好都给你吧。"

因为老徐外出开会，小赵就开始着手对这批档案进行整理。他把有文字说明的照片一

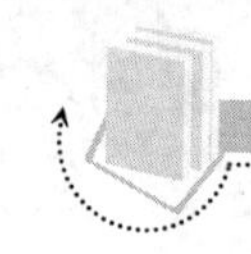

一夹到相应内容的档案中，录音录像带因为没法塞到相关的文件盒里，所以就单独放进一个档案盒排到案卷的后面。只是有些没有文字说明的照片比较难办，因为他也不认识上面是些什么人，所以全都装在一个档案盒中，等老徐回来再作处理。

过了几天老徐回来，小赵很得意地向他表功，说自己抢救了一批公司珍贵的档案，现在已经全部整理好。老徐仔细看了他的成果，皱了眉头，“小赵呀，你能够意识到这批档案的价值，说明你有进步，档案意识很强。但是这些档案不能和文书档案放在一起。”

“为什么不行？你告诉过我，整理时要按照来源原则，把来源、内容、时间相关的档案放在一类，这些档案和原来的文件放在一起，完全符合这些标准；而且分开存放，将给查找利用带来困难。”小赵说到这些仍有些得意，因为现在他已经能将这些理论运用起来了。

“你说得没错，整理中是要按照这些标准来进行。然而这些不同载体的档案却不能放在一起。由于保管条件和保管要求不同，它们所需要的保存环境与纸张档案有很大区别。你看这些档案现在已经出现了一些问题，一些照片已经与纸张粘在一起，一些磁带也开始老化，如果不加以妥善保存，损坏会越来越严重。所以在整理中一定要注意以妥善保管为前提。”

“噢，是这样呀。还有就是这些没有文字说明的照片怎么办？”

“这些照片不能随便放在一起，一定要想办法找出它的来源和内容。这也告诉我们，收集照片档案一定要有完整的文字说明，否则会直接影响照片档案的整理。”

任务一　认识声像档案

相关知识

一、声像档案的定义

声像档案是指国家机关、社会组织及个人在从事公务活动中直接形成的、具有保存价值的以磁性或感光材料为载体，以声音、影像为主要反映方式，并辅以文字说明的历史记录。

根据声像档案的定义，其具有以下三个方面基本含义：

（1）国家机关的声像档案必须是在从事公务活动中形成的，而名人声像档案可以是收集个人生活及名人从小成长的历史记录；

（2）声像档案具有特殊的形式与载体，声像载体材料的记录反映形成及制作方法、保管条件、利用方式和纸质载体不同，必须遵循声像载体的特点和规律，进行特殊整理和保管；

（3）声像档案是以声像记录材料的特殊载体为主、文字说明为辅的一种历史记录。文字说明在声像档案的构成中是不可缺少的要素。文字说明是画面、音响、形象的译写，声音和图像以及文字说明缺一不可。如果没有文字说明做补充，就会使人无法明白声像档案所反映的时间、地点、人物、背景等具体情况。所以，声像档案除特殊载体外，还必须辅以文字说明做补充。

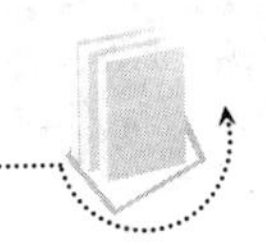

二、声像档案的特点

（一）形意结合，形象逼真

一般的文字档案不如声像档案那样给人以活灵活现的感觉。有些事件或活动，通过文字甚至是连篇累牍的文字也很难表达清楚，然而通过反映事物变化的照片、录音、录像等，就会很快解决问题。声像记录和文字说明是形意结合的整体，它们互相依存、互相印证、互相补充。声像档案是社会活动的真实记录，它可以使利用者有“身临其境”的感觉。声像档案是将画面的可视形象生动地展现在人们面前，而且配有音乐、语言，便于利用者理解和接受。声像档案的形象性与直接感受性超过其他类型的档案。

（二）时间感、空间感强烈

作为相互交替信息的工具，一般载体的档案在时间与空间上是有限的。而声像档案由于依赖于先进的科学技术和快速的传送手段，其时间感与空间感比一般档案强烈，甚至可进行超越时空的远距离传送，这是一般档案所望尘莫及的。声像档案可以把一瞬即逝的“容貌”记录下来并予以再现，可以把人们引向对历史的深切怀念或者使人们对历史有更深刻的认识。

（三）易复制，原件与复制件难区分

声像记录品容易复制，而且难以区分原件与复制件。一般的纸质档案、原稿与复印稿是很容易区分的，而要区分原版磁带与制作精良的磁带复制件、区分原版底片与制作精细的翻版底片，那是十分困难的。同时，纸质档案的文字记录与文字载体之间的关系是难以分割的。而记录在声像档案载体上的信息，可转录到感光胶片、磁带和光盘上。而且作为声像档案载体的磁带可用来多次记录，使它成为各种相互依存技术的产物。随着科学技术的不断发展，照片、磁带、磁盘、光盘等所记录的信息比纸质档案更易复制。因此，对声像档案的原件和复制件要认真区分，以便于保管和利用。

三、声像档案的收集

（一）声像档案的收集范围

各机关下列范围的照片、底片、录音、录像及与此有密切关联的文字说明材料均应向本机关档案室移交归档：

（1）记录本单位主要职能活动和重要工作成果的声像材料；

（2）领导人和著名人物参与本单位、本地区有关的重大公务活动的声像材料；

（3）本单位组织或参与的重大外事活动的声像材料；

（4）记录本单位、本地区重大事件、重大事故、重大自然灾害及其他异常情况和现象的声像材料；

（5）记录本地区地理概貌、城乡建设、名胜古迹、自然风光以及民间风俗和著名人物的声像材料；

（6）其他具有保存价值的声像材料。

（二）声像档案的收集时间

（1）对具有归档价值的声像档案，其摄影者或承办单位应及时整理，向档案室归档，一般不得跨年度。

（2）依照《中华人民共和国档案法实施办法》的规定，声像档案应随立档单位其他载体形态的档案一起向有关档案馆移交；在特殊情况下，经同级档案行政管理部门同意可以提前或延迟移交。

（3）档案馆应按收集范围随时征集零散的对国家和社会具有保存价值的声像档案。

（三）声像档案的收集要求

（1）建立归档制度，对归档时间、范围、方法以及质量要求作出专门规定，并把归档工作制度化，作为档案接收工作不可缺少的组成部分。在注意其他种类档案归档的同时，不能忽视声像档案。档案管理部门在接收有关单位移交的档案时，也应检查是否包括声像档案。

（2）对属于收集与归档范围的声像档案，应按规定及时（每次活动结束后）向本单位档案室移交归档，集中管理，任何单位或个人不得据为己有。

（3）声像档案中照片、底片和文字说明应齐全，照片、底片、影像应一致。

（4）声像档案的移交和征集应符合有关标准和要求。

四、声像档案的种类

随着社会的发展，科技手段不断更新，专业活动日益增多，声像档案的种类和数量也越来越多。这些档案虽然内容和载体与一般文书档案不太相同，但在社会活动中的重要性却越来越明显。声像档案大致可分为照片、底片、录音、录像、光盘等几大类（如图 5-1 所示），其编号结构如图 5-2 所示。

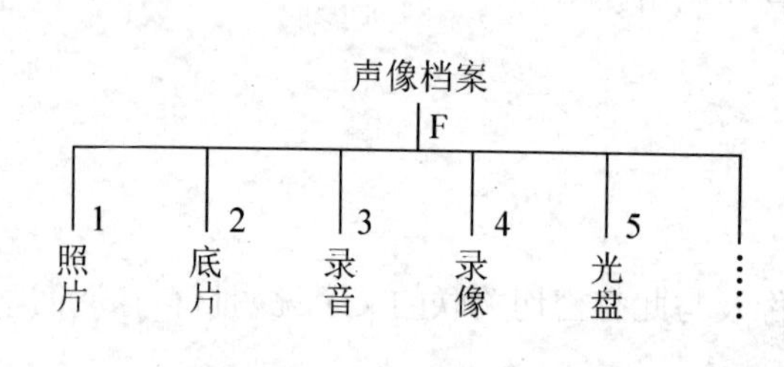

图 5-1　声像档案的种类

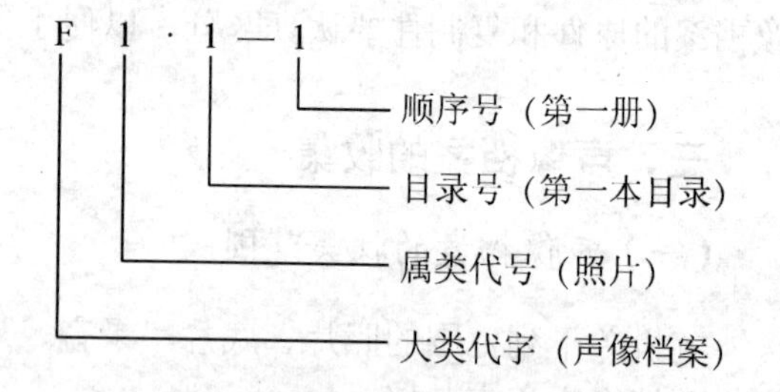

图 5-2　声像档案的编号模式

实训练习

1. 实训材料

教师事先准备照片 30 张，旧底片 10 张，盒式录音带 4 盒，录像带 4 盒，光盘 10 张，旧电脑磁盘 10 张；获奖证书 4 本，奖状 4 张，锦旗 1 面，奖杯 2 座以及其他奖品。

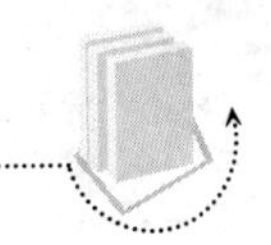

2. 实训内容

让学生认识声像和实物档案，增强感性认识。

3. 实训方式

将所有材料展示出来，放在学生都能看见的显眼位置。实训时，由教师提问、启发学生，从学生自身角度思考还有什么东西可以纳入声像、实物档案。

4. 教师评判

结合学生的回答，进一步讲解声像、实物档案。

任务二 照片档案的管理

相关知识

一、照片档案的定义

照片档案指国家机关、社会组织或个人在社会活动中直接形成的，以静止摄影影像为主要反映方式的，有保存价值的历史记录。照片档案包括银盐感光材料照片档案和数码照片档案。

二、照片档案的范围

凡是利用摄影方法形成，记录和反映单位职能活动的照片均列入单位照片档案归档范围，一般包括以下方面的内容：

（1）主要职能活动和工作成果照片；
（2）各种会议照片；
（3）单位领导参加重大公务活动照片；
（4）单位各种重大活动照片；
（5）记录单位重大事件、重大事故的照片；
（6）与单位发展密切相关的历史照片，如散失在外人手中的企业早期历史照片；
（7）与其他载体档案有密切联系的照片档案等。

三、照片档案的构成

纸质型光学照片档案一般包括照片、底片和文字说明三部分。

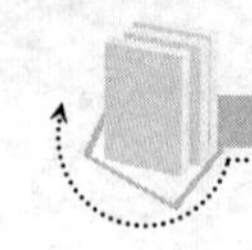

（一）底片

底片可分为原底片和翻版底片。原底片是照片在形成过程中最初产生的底片。翻版底片又称复制底片，其目的除了保护原底片之外，还在于补充缺损或遗失的底片。一旦原底片损坏或遗失，就可以将翻版底片补充进去，作为照片档案保存。

（二）照片

照片是通过底片洗印而成的。照片清晰，便于辨认，一般情况下，归档的每张底片均附有 1 张照片。在底片损坏或遗失时，还可以根据照片翻制。随底片同时归档的照片可以作为档案保存。

（三）文字说明

文字说明主要是指照片的题名与文字说明材料。照片上所表现的形象只是事件的一个或几个片断，它所反映和说明的事实具有一定的局限性，还需要有文字说明加以补充。照片和文字说明是相辅相成的，是互不可分的整体。

在数码相机日益普及的情况下，数码相机有逐步替代传统相机之势，以数字形式存在的数码照片日益增多，采用胶卷方式形成的照片将逐步减少。在这种情况下，除特种行业或特种需要外，基本不再形成底片，如何保存和利用数字照片已经成为档案部门的新课题。

四、照片档案归档要求

凡属于收集范围内的照片，摄影者或承办机构均应按相关规定整理，并定期向企业档案机构或档案工作人员移交归档。每年 6 月底前应完成上一年度照片档案的归档整理工作，重大活动或重大事件形成的照片档案在工作结束后 1 个月内应移交归档；对反映同一内容的若干照片，应选择其主要照片归档，主要照片应具备主题鲜明、影像清晰、画面完整、未加修饰剪裁等特点；底片、照片、文字说明应齐全；底片与照片影像应一致，对无底片的照片应制作翻拍底片，对无照片的底片应制作照片。

五、照片档案的整理

（一）照片档案整理原则

照片档案的整理应遵循“有利于保持照片档案的有机联系，有利于保管，有利于提供利用”的原则。同一活动（事件）的照片一般集中在一起，并集中在一卷（册）照片档案夹（盒）内，不能人为地分开。照片档案底片应单独整理和分开存放。

（二）照片档案整理步骤

照片档案的整理就是将企业收集的照片组成有序体系的过程。整理的内容包括分类、排列、编目等工作，共分为九个步骤（如图 5-3 所示）。

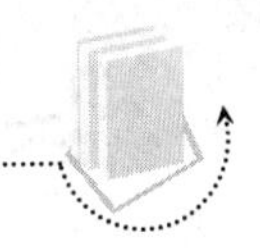

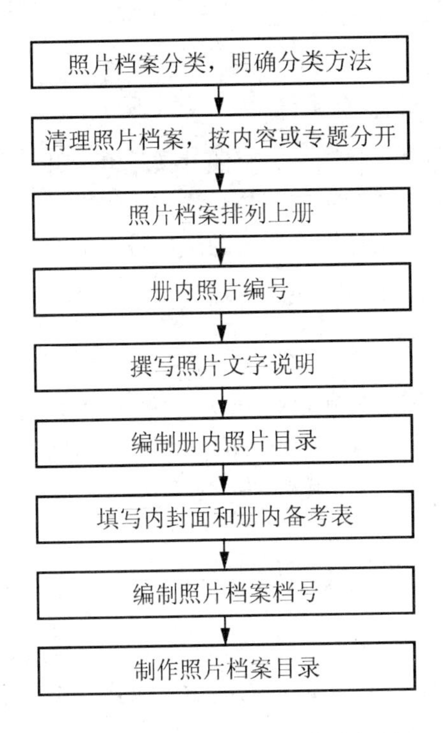

图 5-3 照片档案整理工作流程图

（三）照片档案的分类

分类时，应根据照片反映的事件（事物），按其内容、属类、时间进行整理。注意应保持照片之间的有机联系，并给每张照片附上文字说明，从而使观看者和利用者感到有序有次，内容明确，形象鲜明，印象深刻。这是分类工作最基本的要求。照片档案一般采用三种分类方法。

1. “专题（或问题）—年度”分类法

“专题（或问题）—年度”分类法是先将照片按内容分开，根据照片所反映的内容拟写照片专题的名称，再在每一专题之下按形成的年度顺序排列组卷。这种方法适用于活动时间跨度比较长所形成的照片档案。

【例 5-1】某单位照片档案分类如图 5-4 所示。

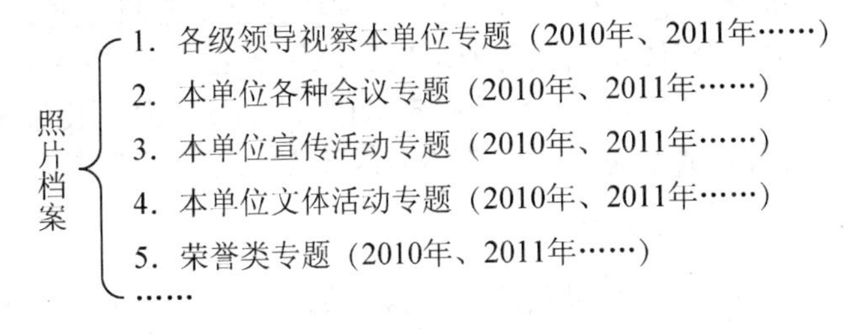

图 5-4 某单位照片档案“专题—年度”分类法

注意，不同单位保存的照片档案有不同的专题（问题），各单位可根据现有照片的内容来设置专题（问题）。

2. “年度—专题（或问题）”分类法

“年度—专题（或问题）”分类法是先将照片按年度分开，再根据同一个年度内照片所反映的专题（问题）分开，不同专题的照片依次排列组卷。一个年度的照片档案可形成一卷或若干卷。这种方法适用于照片档案形成数量比较多的企业。

【例 5-2】某企业照片档案分类如图 5-5 所示。

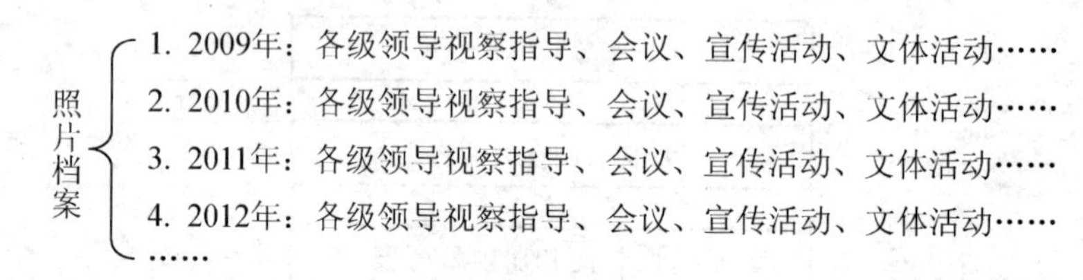

图 5-5　某企业照片档案“年度—专题”分类法

3. 年度分类法

年度分类法是将本单位在一个年度形成的所有照片归为一类，再按时间先后分开。这种方法适用于照片数量少的单位。

一般而言，“专题（或问题）—年度”分类法适用于活动时间跨度比较长所形成的照片档案；“年度—专题（或问题）”分类法适用于照片档案形成数量比较多的单位；年度分类法适用于照片档案形成数量比较少的单位。

（四）照片档案的排列

照片档案的排列有两层含义：一是每次活动（每组照片）内照片与照片之间的排列（每组照片以张为单位编流水号）；二是组与组之间的排列。照片档案排列的顺序为“专题—年度—组—张”，具体的排列上册方法如下。

一是分开年度，不同年度所形成的照片，按年代先后顺序排列。二是照片册内组与组之间的排列，一年内所形成的照片分开若干组，把反映同一次活动的照片作为一组。组与组之间的排列同其分类方案相一致，排列问题时，按综合性、重要性的顺序排列；排列时间时，按照片形成先后顺序排列。三是每组照片内照片与照片之间的排列（每组照片以张为单位编流水号），每组内的照片按图像所反映的重要程度结合照片形成的时间顺序排列。

照片分类排列顺序后，应固定在照片册芯页上，组成照片册。一些大幅、大张规格幅面的特殊规格照片（如团体照片等），一般不排列在照片册内，而是装盒或装袋平放，在盒内或袋内要有照片的编号和文字说明，但照片册内要作一定的关联指引。

【例 5-3】某单位年度工作会议照片整理排列方法如下。

该大会归档的照片共 10 张，其排列顺序是：1. 大会会场全景照片；2—3. 大会主席台全景照片（不同角度）；4. 大会主持人主持会议照片；5—6. 大会主题发言人照片；7—9. 大会选举或表决照片；10. 大会群众场面照片。

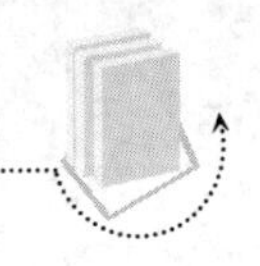

（五）照片档案册内照片编号

照片号是固定和反映每张照片分类与排列顺序的一组字符代号。完整的照片号由全宗号、保管期限代号、册号和张号组成，但在企业中可以采取简化方法，即编写册号和张号。在照片册内，按照片的排列顺序编制照片号，每一本相册内每张照片编一个流水顺序号，每卷从“1”开始依次编号，不重、不空、不漏号。另起新册时，再从头编起。照片号要分别填写在该照片的背面右下角以及照片册芯页的该张照片的“照片号”中。同时，为便于利用，应在相册的参见号一栏填写照片的“参见号”，即与此张照片有密切联系的其他类档案的档号。

照片编号的格式为两段式：案卷号—照片号，如“2—33”表示是第 2 卷照片册中的第 33 张照片。

（六）照片档案文字说明的编写

照片文字说明是照片档案的重要组成部分，包括一组照片的总说明和每张照片的分说明（总说明和分说明）。照片档案有底片和正片（照片）之分，不论底片还是照片都应备有文字说明材料。

1. 照片档案总说明

照片档案总说明是对一组照片的说明，要求综合运用事由、时间、地点、人物、背景、摄影者等 6 个要素，概括地揭示一组照片所反映的全部信息及其他需要说明的事项，并在说明中指出该组照片的起止张号和数量。总说明字数一般限制在 200 字左右，填写在一组照片的前面。

（1）事由：照片影像所反映事件、事物的情由。

（2）时间：事件发生或事物变化、产生时间和拍摄时间。

（3）地点：被拍摄物所在的具体地点。

（4）人物：照片影像上主要人物的姓名、身份。

（5）背景：对揭示照片影像主题具有一定作用的背景。

（6）摄影者：照片的拍摄单位或拍摄人。

【例 5-4】某照片档案文字说明（总说明）如下。

2011 年 3 月 22 日，××市档案局在市府综合楼六楼会议室召开全市档案工作会议，省档案局局长×××、市府副市长×××到会指导并作重要讲话，市档案局局长×××作 2010 年工作总结及布置 2011 年工作任务。会议还对 2010 年全市社区建档作出突出贡献的先进单位和个人进行了表彰。会议由副局长×××主持。出席会议的有全市各单位分管档案工作的领导及档案员。此组照片由×××拍摄，共有 25 张（1～25）。

2. 照片档案分说明

照片档案分说明是对单张照片的说明，是以每一组照片中的自然张为单元编写的简要说明，可以用表格式进行填写，填写在单张照片的左侧或右侧相应栏目中。一组照片有总说明的，其单张照片的说明可以相对简化；以单张照片为一组的，则总说明与分说明相同。照片档案分说明格式如图 5-6 所示。

照片题名：
______

照片号：

底片号

参见号：

时间：　　摄影者：

文字说明

______

图 5-6　照片档案分说明格式

照片档案分说明填写方法如下。

（1）照片题名：简要概括照片的内容，包括照片人物、时间、地点、事由等，一组照片可用相同的题名。

（2）照片号：填写照片档案册内照片的顺序号。

（3）底片号：填写底片所在的卷、页、号，即全宗内底片的编号该张照片的底片号。

（4）参见号：填写与本张（组）照片有联系的其他档案的档号，如文 2—12—33，表示本张照片与文书档案的 2 号目录第 12 案卷的第 33 页有关。

（5）摄影者：填写照片的摄影人。摄影者无从查考的，则填写企业名。

（6）时间：填写照片的拍摄时间，填写 8 位数的公元纪年，如××××年××月××日。

（7）文字说明（分说明）：同样要求运用事由、时间、地点、人物、背景、摄影者等要素，概括地揭示单张照片反映的全部信息。

【例 5-5】某照片档案分说明栏目填写如下。

照片题名：×××市档案馆晋升国家一级评审会议

照 片 号：2—13

底片所在：1 卷 2 页 4 号，无底片则可以不写

参 见 号：2—12—33

摄 影 者：×××（姓名）

时　　间：2011.3.30.

文字说明：大会会场

【例 5-6】某照片档案文字说明（分说明）如下。

① 2011 年 3 月 30 日，市档案局局长××、副局长×××陪同市档案馆晋升国家一级档案馆考评小组的专家国家档案局副局长×××（后排左二）、司长×××（后排左三），查看 DARMS 软件计算机管理档案的情况。

② 2011 年 3 月 30 日，市档案馆晋升国家一级档案馆考评颁证大会（右起：市府秘书长×××，市

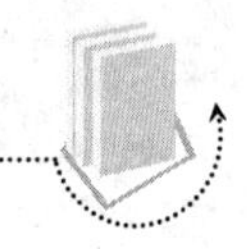

长××，省府秘书长××，国家档案局副局长×××，省档案局局长×××）。

这两张照片缺少了总说明，如果有总说明，分说明就可以省略很多文字，也可以把背景交代得更清楚。例如，考评组是国家级的专家，组长是国家档案局的副局长，成员是国家档案局的司长、省档案局局长组成，市档案局升为国家一级是全省首家，标志着××市档案事业走在了全国的前列，这些都属于背景材料，说明中并没有交代。

例 5-6 中补充的总说明如下：

2011 年 3 月 30 日，××市档案馆晋升国家一级档案馆颁证大会在市府 5 号楼 2 楼会议室举行，出席会议的领导有国家档案局副局长×××、省政府秘书长××，省档案局局长×××，副局长×××，市委书记×××，市委宣传部副部长××，市计委副主任××以及市档案局全体工作人员一共 50 多人，会议由市府秘书长××主持。考评组由国家档案局副局长×××担任组长，成员有：省档案局正副局长；国家局××司长；××市、××市等地的专家。考评组在结论意见中，对××市的档案事业给予了高度的评价，××市档案馆晋升为国家一级是全省第一家。

实物档案照片、领导个人的标准相不用写总说明。

总说明和分说明是联系非常密切的，如果没有总说明，则照片的很多背景材料无法交代，分说明也可能会有很多重复的文字。使用单张照片时要结合总说明来写。

总之，照片说明是照片档案中最有价值的部分，缺少了文字说明，照片的价值就会大打折扣，甚至为零。

3. 大幅照片的说明

对大幅照片的说明可另纸书写，与照片一同保存。对组合照片中的大幅照片，由于其与组内其他照片紧密相连，故应随该组照片一同在册内编号，填写单张照片说明，另行存放，且应在册内注明存放地址。

（七）照片档案的编目

按照《照片档案管理规范》的要求，照片档案编目主要是编制卷内目录、案卷目录和卷内备考表。

1. 填写册内照片目录

册内照片目录项目包括照片号、题名、时间、页号、底片号和备注等六项。册内照片目录格式参见表 5-1。

表 5-1 册内照片目录

照片号	题 名	时 间	页 号	底片号	备 注

册内照片目录（卷内目录）的填写有两种方法：组合照片和单张照片的填写。

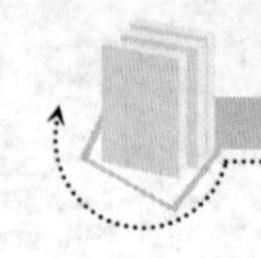

（1）组合照片以组为单位按以下方法填写：

① 照片号：填写一组照片的起止号；

② 题名：填写一组照片的名称，是对一组照片内容的概括；

③ 时间：填写一组照片摄影起止时间，如实填写；

④ 页号：填写一组照片所在的起止页号；

⑤ 底片号：填写一组照片的底片所在卷、页、号的起止号；

⑥ 备注：填写本组照片需要说明的情况。

（2）以单张照片为单位按以下方法填写：

① 照片号：填写照片所在的顺序号；

② 题名：填写照片所反映的内容概括；

③ 时间：填写照片的拍摄时间，如实填写摄影的年、月、日；

④ 页号：填写照片的所在页号；

⑤ 底片号：填写底片所在的卷、页、号；

⑥ 备注：填写本组照片需要说明的情况。

2. 填写案卷目录

照片档案案卷目录是以一本照片册为单位填写。由于没有国家标准的案卷目录格式，故各地照片档案案卷目录不甚相同，在此选择两种以供参考：一种直接叫“照片档案案卷目录”（参见表5-2）；另一种则采用“特殊载体材料档案目录”（参见表5-3）。

表5-2 照片档案案卷目录

案卷号		题 名	年 度	张 数	期 限	备 注
档案室编	档案馆编					

案卷目录填写方法如下：

（1）案卷号：填写本册照片的顺序号（档案室编）；

（2）题名：填写案卷的标题，是对本册照片内容的概括；

（3）年度：填写本册照片的起止年度；

（4）张数：填写本册照片累计张数；

（5）期限：填写本册照片的保存年限。

表5-3 特殊载体材料档案目录

序号	载体类型	归档时间			案卷题名	档号	张 数			编 制		密级	保管期限	备注
		年	月	日			盒	张	件	单位	日期			

注：此表为横表。

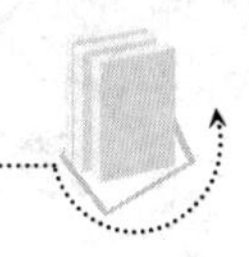

特殊载体材料档案目录填写方法如下：

（1）序号：填写案卷登记排列顺序号，从“1”开始依次填写流水号；

（2）载体类型：填写照片档案的类别，由于此表用于特殊载体档案，因此录音录像、实物档案皆可通用；

（3）归档时间：填写本册照片归档整理的日期，填写年、月、日；

（4）案卷题名：填写本册照片的标题，对本册照片内容的概括，如企业职工代表大会专题；

（5）档号：填写本册照片的档案号，如 F1 • 1—1；

（6）编制单位：填写拍摄照片的单位或个人；

（7）编制日期：填写照片的拍摄时间；

（8）密级：填写照片整理过程中划定的密级；

（9）保管期限：填写永久、长期、短期。

3. 填写照片档案册内封面

照片档案册内封面如图 5-7 所示。

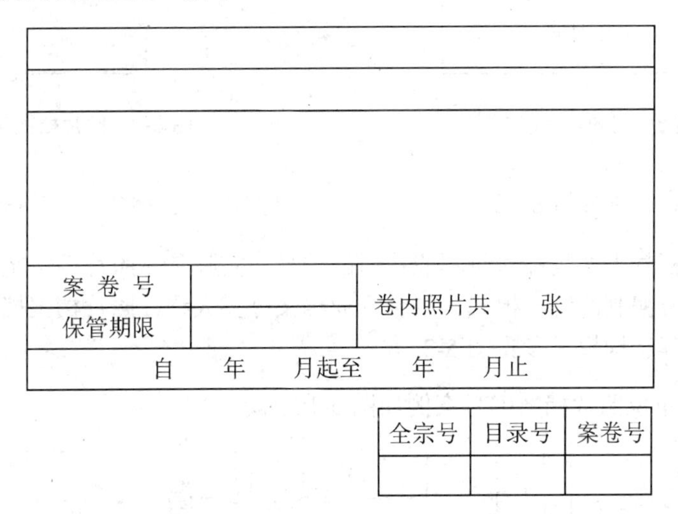

案 卷 号		卷内照片共　　张
保管期限		
自　　年　　月起至　　年　　月止		

全宗号	目录号	案卷号

图 5-7　照片档案册内封面

册内封面填写方法如下。

（1）全宗名称：即立档单位名称。填写时必须用全称或规范化简称。

（2）类别名称：按专题分类需填写专题名称，按机构分类需填写内部机构名称。

（3）案卷题名：即案卷的标题。拟写时要求题名结构完整，一般由作者（单位）、年度、专题（事由）等三部分组成案卷号。照片整理立卷后由档案室填写。

（4）保管期限：照片档案保管期限分为永久和长期两种。

（5）卷内照片张数：卷内照片实有的总张数。

（6）卷内照片起止日期：卷内照片所属的起止年月。

4. 填写照片档案册内备考表

册内备考表包括本卷情况说明、立册人、检查人、立册时间等几项内容，如图 5-8 所示。

5. 填写照片档案夹背脊

照片档案夹背脊的主要项目及其填写方法可参考文书档案案卷封面及背脊，照片档案夹背脊式样如图 5-9 所示。

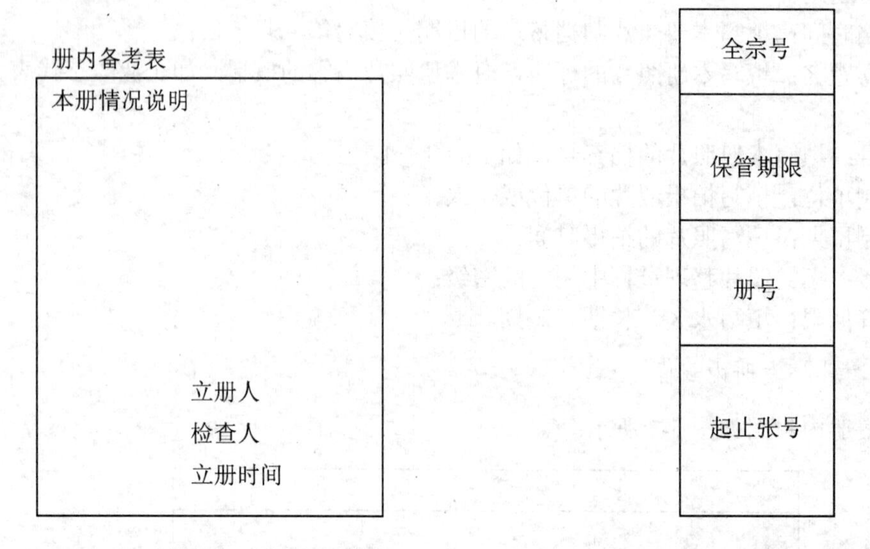

图 5-8 册内备考表　　图 5-9 照片档案夹背脊

（八）编制照片档案档号

照片档案的档号主要是针对每本照片册的编号，实际是对照片档案案卷的编号。按照特殊载体档案档号编制的统一模式，结合企业档案分类大纲，照片档案档号由“分类号与案卷号”组成，其结构模式参见图 5-2。

【例 5-7】某单位照片档案编号案例如图 5-10 所示。

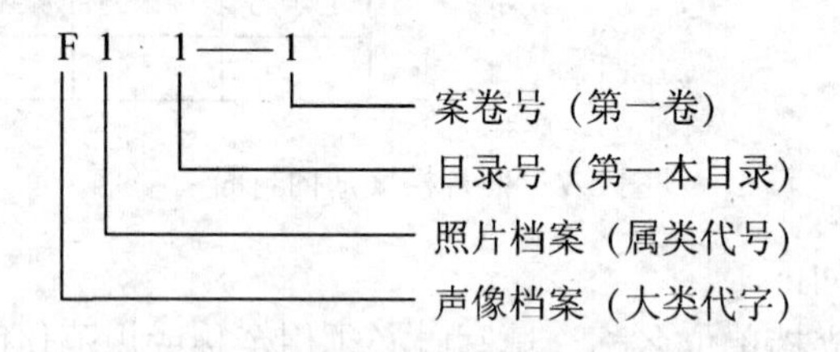

图 5-10 某单位照片档案编号示例

六、照片档案的考证与价值鉴定

（一）照片档案的考证与鉴别

照片档案，尤其是形成时间较久的照片档案，由于形成时间距现在较长，从而给准确判定其价值增加了难度。为此，应通过如下方法考证照片档案：

（1）通过文字档案与史料考证鉴别；

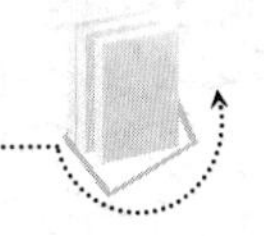

（2）通过调查询问进行考证鉴别；
（3）实地考察鉴别；
（4）对照比较考证鉴别。

（二）照片档案价值的鉴定

照片档案作为一种非定量的物体，对其进行价值判定难度较大，但以下几个要素可以作为鉴定照片档案价值时参考：
（1）照片形成的年代；
（2）照片反映的内容；
（3）照片的制成材料；
（4）照片的技术质量。

（三）照片档案的保管期限

关于照片档案的保管期限，无论记录性照片还是艺术性照片，一般在拍摄过程中就已经过选择，在印、放或冲洗过程中，还要进行筛选，因此，对保存下来的照片档案的保管期限，一般划为永久或长期保存比较妥当。购进的或与外单位之间互相赠送的照片，如果和本地区、本单位的工作无直接联系，只是作为互相学习、宣传交流情况之用，则应作为资料存放。

七、照片档案的保管与保护

有条件的单位，应建造符合《照片档案管理规范》要求的照片档案库房；不具备条件的单位，也应选择温、湿度比较适宜的房间作为保存照片档案的场所，至少要用专门的箱柜来保管照片档案。其中对底片的保管条件要求更为严格一些，库房内昼夜温度变化不应大于±3℃，湿度变化不应大于±5%。同时，库房还要注意防火、防光、防尘、防污染。

照片档案的装具在形式上和文字档案有一定区别。一般情况下，保管文字档案案卷的装具是不适用于照片档案保管的。目前主要有如下几种装具用于照片档案的保管：普通相册；自制相册；新型照片档案册。目前，以新型照片档案册用得比较广泛。这种照片档案册是按照国家标准，从封面到内芯，使用质量上乘的中性纸，同时活页装订，便于组卷，存用方便。

对于大幅照片的保管，应按《照片档案管理规范》格式写上说明，并在说明下方注明“此为大幅照片，存放于大幅照片第×盒”；备注栏内注明“大幅”和存放地址，这样既方便查找大幅照片，又利于大幅照片的单独存放与保管。

八、照片档案的提供利用

照片档案是一种具有形象真实性、审美性和易传播性的档案信息。照片档案自产生以来，始终为人们广泛地利用着。照片档案具体提供利用的方式，除了借阅、复制外，还有展览、咨询和宣传以及编辑画册出版等。

（一）展览

展览是根据某种工作的需要，按照一定的主题，系统地陈列照片档案，以供参观和展阅的一种提供利用的重要方式。展览以生动的画面和丰富多彩的内容，引起人们对照片档案的注意和利用的兴趣。

关于照片档案的展览，可以根据本单位自身条件，与其他档案一起设立长期的展览厅（室），陈列本单位保存的有关国家、民族、本地区、本专业系统、本单位历史和现实的珍贵照片，以引起社会对档案工作的重视。这种展览可以由档案部门自己举办，也可以由档案部门与有关部门共同举办；可以在国内举办，也可以在国外举办。

（二）咨询与宣传

照片档案工作人员要尽量向社会各界揭示所藏照片档案的状况和内容，并做好宣传工作。

（三）编辑出版照片画册

编辑照片画册的基本程序是：确定选题；拟制编辑方案；选材；加工和排列；审校和公布出版。

实训练习

1. 实训材料

教师事先准备照片 30 张（包括大幅照片 4 张、4R 彩色照片 20 张、黑白照片 6），旧底片 10 张，彩照中要求包含 4 组专题活动；照片档案册 4 本，特殊载体材料目录 1 本，档案目录夹 4 个。

2. 实训内容

训练照片档案的规范整理，掌握照片档案整理要领，尤其是照片总说明和分说明的撰写。

3. 实训方式

将全班同学分为 4 个小组，同时将所有事先准备的材料平均分发各小组，由小组同学自行整理照片档案，共同讨论研究说明的写法及要求、档号的编制方法等。

4. 教师评判

教师对各小组整理的档案进行点评，重点检查照片总说明和分说明的撰写，并由教师讲解照片说明的规范要求。

任务三　录音、录像档案的管理

相关知识

录音、录像档案是一种特殊的文件材料，是指国家机构、社会组织和个人在社会活动及科学实践中直接形成的有保存价值的磁性载体文件。录音、录像档案以磁性材料为载体，

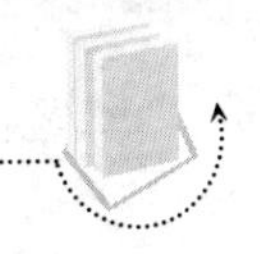

采用录音、录像等方法，记录声音和图像等信息，属于磁性载体档案类型。这类声像档案在现代社会中较为普遍，形成数量比较多。

一、录音、录像档案的收集

（一）录音、录像档案的积累

国家机关、社会团体及企业事业单位在社会活动及科学实践中直接形成的磁性载体文件，应由文件形成部门指定专人负责收集、积累，并附有配套的文字说明（包括活动内容、录制地点、时间、录制者等），确保记录内容的完整性、准确性。工作结束后，应及时向档案部门移交录音、录像档案，手续要完备。

（二）录音、录像归档要求

（1）磁性载体文件形成部门负责对需要归档的磁性载体文件进行整理、编辑，并根据本单位情况，待项目结束后将磁性载体文件按照 GB 1989—1980、GB 7574—1987 和 GB 9416.1—1988 转换成标准格式，一式两份（A，B 盘），及时向档案部门移交归档。

（2）归档的磁性载体文件必须是可读文件，必须在有关的设备上演示或检测，运转正常，无病毒，清洁，无划伤，确保文件的完整性和内容的准确性。

（3）归档使用的录音（像）带、软磁盘的性能质量，应分别符合 GB 7309—1987、GB 9416.1—1988、GB/T 14306—1993 的规定。

（4）同一项目、同一类别的磁性载体文件应存储在同种磁性载体上。

（5）归档的磁性载体文件应由文件形成部门编制归档说明。

① 磁带（软磁盘）需简要说明带（盘）中存贮文件的内容、运行的软硬件环境、版本号、文件的完整性和准确性等。

② 录像片需简要说明该片的内容、制式、语别、密级、规格和放映时间。同时，还应归档一套可供借阅的备份录像片。

③ 录音带需简要说明讲话内容、讲话人姓名、职务、录制日期、密级等。

二、录音、录像档案的分类

录音磁带和录像磁带尽管结构、原理相似，但由于记录的内容、频率范围有较大区别，所以应该分别进行归类。录音、录像档案应在“声像档案”基本大类之下再进行二级分类。首先分成录音、录像两大类进行整理，然后一般按照“载体形态—年度”或“载体形态—问题（内容）—年度”进行分类。

按照声像档案的二级分类，除照片档案外，根据档案的载体形态结合实际做法，同时设置了录音带、录像带、光盘（含录音、录像光盘）等类别。如果企业保存的录音、录像档案数量较多，则每种载体再按所涉及的内容进一步归类，设置三级类目，如会议类、业务工作类、活动类等。三级类目下，按年度进行整理排列，最后按其分类层次给定分类号。录音、录像档案数量较少的情况下，可不设三级层次，直接在二级类目下，按形成年度进行整理排列。

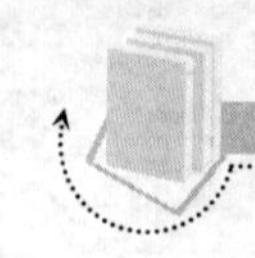

三、录音、录像档案的整理与编目

凡是归档的录音带、录像带，必须图像清晰、声音清楚，是原版、原件，并附有文字说明。

（一）录音、录像档案的整理

1. 整理方法

录音、录像档案由于其形成的特殊性，所以一般以自然盒（盘）为一卷。

每盒（盘）的外套上要贴上标签，并根据录音、录像的不同来标识不同的内容。

（1）录像带盒上需注明编号、档号片号、放映时间、摄制单位、摄制日期、规格、制式、语别、密级等标识；

（2）录音带盒上需标注编号、档号、讲话人姓名、职务、主要内容和录制日期、密级、讲话时间等。

2. 档号编制

录音、录像带一般以盒（盘）为一个保管单位编制档案号，按照归档时间的先后次序进行流水编号。每盒（盘）编制一个流水号，其结构模式参见图 5-2。

【例 5-8】某单位录音、录像档案编号案例如图 5-11 所示。

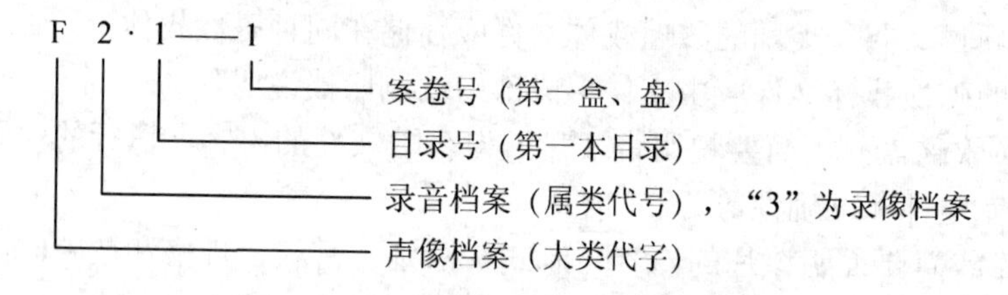

图 5-11 某单位录音、录像档案编号示例

（二）录音、录像档案的编目

录音、录像档案的编目主要是针对盒（盘）内文件编制目录清单和案卷目录。

1. 填写卷内目录

卷内目录的项目主要有序号、责任者、题名、日期（录音、录像时间）、录制长度、备注等（参见表 5-4）。

表 5-4 卷内目录

档号：

序 号	责任者	题 名	日 期	录制长度	备 注

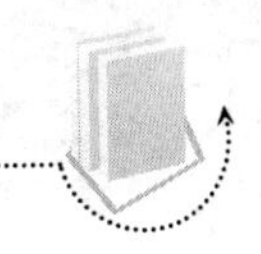

卷内目录的填写方法如下：

（1）序号：填写一盒录音带、录像带所录入内容的顺序号；

（2）责任者：填写形成声像档案的单位；

（3）题名：是对每盒录音带、录像带所录入的内容的概括；

（4）日期：填写现场录制的年、月、日；

（5）录制长度：填写录音、录像内容在用磁带的物理长度，按时间计算；

（6）备注：填写其他需要说明的事项。

需要注意的是，各地在编写录音、录像档案的盒（带）内文件时，采用的表格项目在设置上不尽相同，也有采用“磁性载体文件目录清单”的，在此不作统一的要求。“磁性载体文件目录清单”参见表 5-5。

表 5-5　磁性载体文件目录清单

盘带号：

序　号	文件名	题　名	档　号

2. 填写案卷目录

录音、录像档案由于是特殊载体档案中的类型，因此案卷目录的格式直接使用特殊载体档案目录。具体格式参见表 5-3“特殊载体材料档案目录”，其填写方法如下。

（1）序号：填写案卷顺序号。

（2）载体类型：填写录音、录像档案的类别，如录像。

（3）归档时间：填写整理编排的日期。

（4）案卷题名：填写录音、录像档案的名称，如×××视察东改工程时的录像。

（5）档号：填写 F2 · 1——1 或 F3 · 1——1。

（6）编制单位：填写录制的单位或个人。

（7）编制日期：填写录制的时间。

四、录音、录像档案的鉴定

在录音、录像档案的收集过程中，要注意加强鉴定，保证其真实可靠，具有保存利用价值。录音、录像档案的鉴定可以从四个方面来进行。

（1）判断所收集的声像制品是否属于声像档案。声像制品目前数量繁多，内容复杂，如不加强认真鉴定，难免鱼目混珠。只有那些反映历史真实面貌，具有长久保存利用价值，能为今后工作提供参考和凭证的声像制品才能作为档案保存。而一些以商业目的出版发行的声像制品，或是单纯的艺术欣赏、宣传教育方面的声像制品，以及与本单位主要职能活动无关的录音、录像材料，则不能作为档案。

（2）是否是声像制品的母带。母带是指最初录制的录音、录像带。母带的真实性、可靠性、声像质量都要强于复制磁带，失真度也较小，所以档案部门一般应该保存母带，而在利用时则尽量使用复制带。

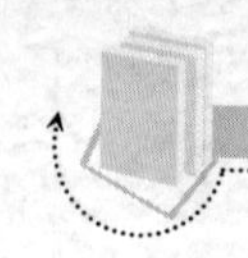

（3）声像载体是否符合保存要求。声像档案要想长久地保存和利用，载体质量是关键因素，所以在收集中一定要保证收到的声像档案载体符合有关的质量标准，能够达到长久保存的要求。

（4）相关的文字说明是否齐全完整。与照片档案一样，声像档案也需要一定的文字说明，否则不仅会给档案管理工作带来很多麻烦，而且会影响声像档案利用工作的开展。如在收集过程中没有相应的文字说明，则一定要请相关当事人及时撰写，以免今后无从考证。

实训练习

1. 实训材料

教师事先准备盒式录音带 4 盒，录像带 4 盒，光盘 10 张，旧电脑磁盘 10 张；特殊载体材料目录 1 本，档案目录夹 4 个。

2. 实训内容

训练录音、录像档案的规范整理，掌握录音、录像档案整理要领，侧重点在于编号和编目。

3. 实训方式

将全班同学分为 4 个小组，同时将所有事先准备的材料平均分发各小组，由小组同学自行整理档案，共同讨论研究档号的编制和目录的填写。

4. 教师评判

教师对各小组整理的档案进行点评，重点检查档号编制是否准确、规范，并由教师进行讲解。

任务四　实物档案的管理

相关知识

一、实物档案的定义和特点

（一）实物档案的定义

实物档案是指机关单位在工作活动中形成的，具有保存价值的荣誉证书、奖旗、奖状、奖杯、纪念品、工艺品等反映工作成绩及对国内外友好交往的特殊载体的档案。一个单位的实物会有很多，但并不都是实物档案，只有其中那些能够反映单位的重要活动，具有凭证或纪念价值，能够作为其他档案的参考与佐证的实物才能划归实物档案的范畴。

（二）实物档案的特点

实物档案具有真实性、凭证性、历史性、形象性的特点，能以直观姿态展现在人们的面前，活灵活现，感染力强，更能说明问题。实物档案可以用来弥补某些档案的不足。有

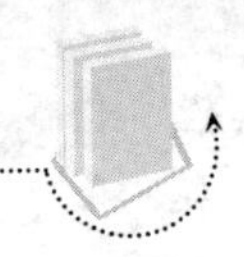

些实物具有较高的研究和凭证价值，有时是文字材料所无法替代的，需要同文字材料一起保存下来，以提供利用。

二、实物档案的基本范围

关于实物档案，目前档案界尚有较大争议：一种观点认为“实物”不应列入档案的范畴；另一种观点则认为“实物”记录或反映了单位发展历史的某个方面，应当视为档案。这里所讲的“实物”，一般是指单位在各项管理工作中获得的表彰、奖励、认证证明以及礼品等形式的物品。因此，在实际工作中，对于“实物”应区别对待。一个单位的实物有可能很多，但并不都是实物档案，只有其中能够反映单位的重要活动，具有凭证和纪念价值，与单位活动有密切关系且有文字记录，能够作为其他档案参考和佐证的“实物”，才应作为“实物档案”保存。因此，与声像档案相似，实物档案的基本范围也应从两方面来划定。

（1）从载体形式来说，实物档案的范围更广，形式更加多样，常见的有奖旗、奖杯、牌匾、盘、碟等等。

（2）从内容来说，实物档案也可以分为两部分：一是与其他门类档案同时形成的、反映同一活动或同一内容的，如表彰会议中获得的奖旗、奖杯、牌匾等；二是其他门类档案中没有的、内容独特的，如来宾赠送的各种纪念品、工艺品等。

三、实物档案的整理与编目

（一）实物档案的分类

在档案常规分类大纲中，实物档案与声像档案并列为一级类目（大类），通常用“H”表示。虽然从载体上讲，实物档案属于特殊载体材料，但由于保管方式不同，故在类别设置中其与声像档案有所区别。实物档案的分类，实际进行的是二级分类，一般按照“载体形态”分类。目前，实物档案二级分类有不同的方法。

（1）以外在形式为依据分为奖状、奖杯、奖旗（锦旗）、奖牌以及证书证件、工艺品等（如图 5-12 所示）。这是一种直接分类方法，适用于实物档案数量不多的企业，实际工作中经常采用。

（2）以内容为依据分为奖品类、纪念品类、证书类等。此法适用于实物档案量较大、内容较为复杂的企业，相当于再分一个“性质”层次（如图 5-13 所示）。

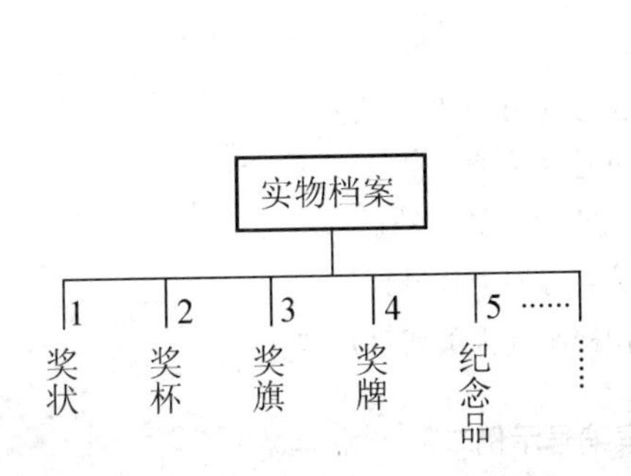

图 5-12 实物档案分类基本框架（一）

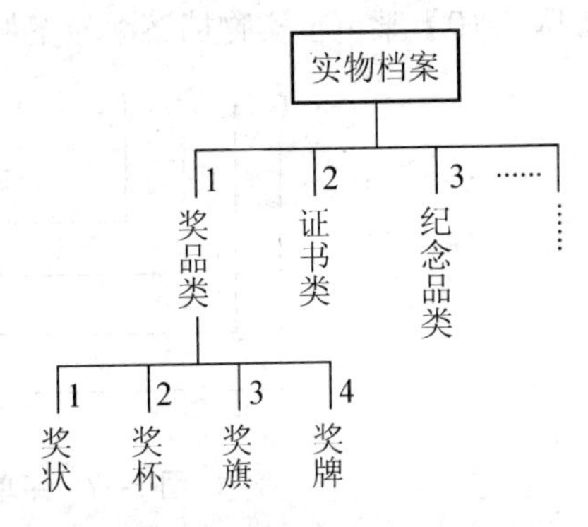

图 5-13 实物档案分类基本框架（二）

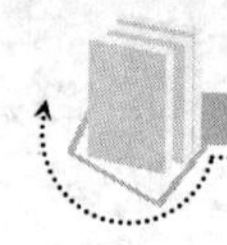

（二）实物档案的整理

1. 整理方法

由于实物档案是已成型的物品，不需经过组卷、编目、编制卷内目录等工序，因此，实物档案的整理重点在于分类编号，以“件”为单位编制“件号”，再将相关信息摘取后，填写实物档案“标签”，将“标签”粘贴在实物档案背面的四角或底座、印把等位置上，以不影响对实物的观瞻为宜。实物档案标签内容各地设计不尽相同，本书仅提供两种参考（如图 5-14、图 5-15 所示）。

题　　名	
编制单位	
编制日期	
档　　号	

图 5-14　实物档案标签式样（一）

实 物 档 案			
目录号		获得时间	
类　别		授予者或	
序　号		捐 赠 者	
题　名			

图 5-15　实物档案标签式样（二）

2. 档号编制

实物档案以件为一个保管单位编制档案号，在同一类别（属类）之下，按照归档时间的先后次序进行流水编号，每件编制一个流水号。“件号”一经确定，不要随意变动。实物档案的档号结构模式参见图 5-2。

【例 5-9】某单位实物档案编号案例如图 5-16 所示。

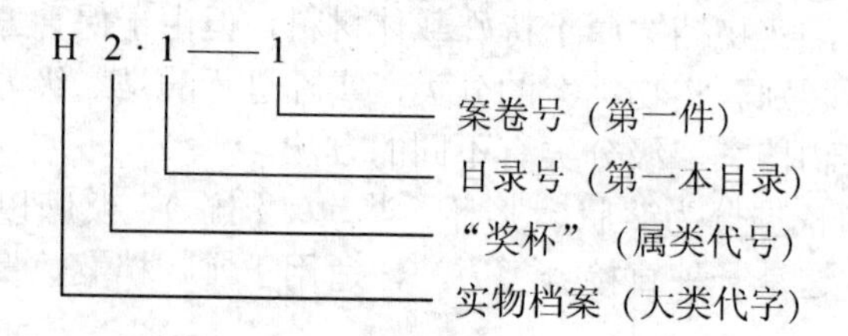

图 5-16　某单位实物档案编号示例一

【例 5-10】某单位实物档案编号案例如图 5-17 所示。

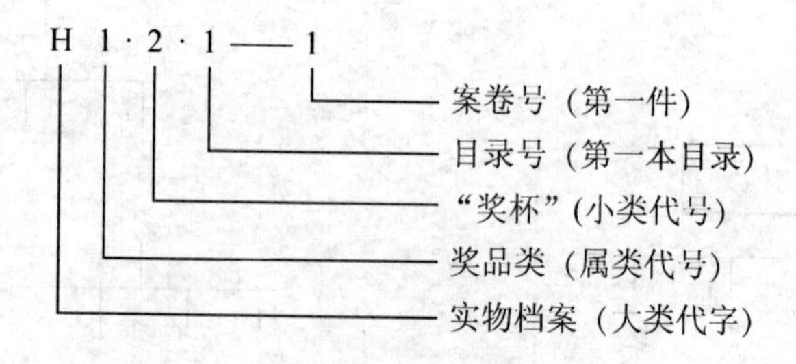

图 5-17　某单位实物档案编号示例二

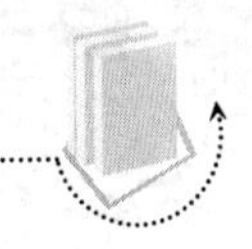

（三）实物档案的编目

实物档案的编目主要编制“案卷目录”。由于实物档案也是特殊载体档案中的类型，因此案卷目录的格式直接使用特殊载体档案目录，具体格式参见表 9-3“特殊载体材料档案目录”。其填写方法如下：

（1）序号：填写同一类别内实物档案的顺序号；

（2）载体类型：填写事物档案的类别，如奖杯；

（3）归档时间：填写整理编排的日期；

（4）案卷题名：填写实物档案的名称，如全国优秀旅游城市（奖杯）；

（5）档号：填写 F2.1——1 或 F1.2.1——1（参见例 5-10、例 5-11）；

（6）编制单位：填写颁发实物的单位或捐赠者个人，如国家旅游局；

（7）编制日期：填写获得实物的时间。

实训练习

1. 实训材料

教师事先准备获奖证书 4 本，奖状 4 张，锦旗 1 面，奖杯 2 座，工艺品 4 个，纪念品 4 种等实物（部分实物可采取拍摄照片方法拍摄后作实训材料）；特殊载体材料目录 1 本，档案目录夹 4 个。

2. 实训内容

训练学生对实物进行鉴别，确定是否属于档案，以及学习实物档案标签的制作，并确定正确的粘贴位置。

3. 实训方式

将全班同学分为 4 个小组，同时将所有事先准备的材料平均分发给各小组，由小组同学自行整理档案，共同分析，对提供的实物进行档案属性的判别，确定是否可作为档案保存。由学生共同制作实物档案标签，完成本组实物档案的全部整理工作。

4. 教师评判

教师对各小组整理的档案进行点评。

模块六　计算机与档案管理

计算机管理是21世纪档案工作的必由之路，计算机扫描技术、刻录技术、缩微技术、网络化管理等新技术的应用，已完全改变了传统档案管理的概念，把档案人员从体力劳动中解放出来，实现了档案管理、统计、编目和检索的自动化，推动了传统的档案管理技术和方法的变革。

知识目标

- 了解档案数据库建设的原则和方法
- 熟悉数字化存储设备
- 掌握电子文件的内涵和外延

技能目标

- 能正确使用电子档案管理系统
- 能完成电子文件的归档与管理
- 掌握纸质档案数字化的程序

案例导入

小赵在学校里也算得上是电脑高手，所以这次总公司要求各部门及各子公司档案管理统一实行计算机管理，他觉得自己的特长能够得到发挥了。公司从泰坦公司采购了一套国内最先进的档案管理软件，小赵积极申请去参加软件使用的培训。凭着他积累的电脑知识和档案知识，很快就掌握了软件使用的方法。在软件的安装和试用过程中，他还根据公司的实际情况向泰坦公司的技术人员提出很多有益的建议，使软件更加符合本公司的特点。

陈主任对小赵的表现非常满意，专门让小赵负责各部门和分公司档案员的档案管理软件培训。这让小赵很有成就感，他没有想到在学校时玩电脑还玩出了名堂，能够对他的工作起到这么大的帮助。

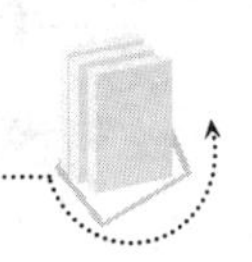

进入新世纪以来，形成了以计算机、光纤通信、生物工程、新材料和新能源等新技术的开发与利用作为主要内容的科技革命。科技革命是以计算机为核心的信息技术作为先导，并以其迅速发展和普遍应用作为主要标志。计算机与现代通信技术相结合，组成了高新技术产业的主导，为知识的扩大再生产创造了有利的条件。这场正在发展的新技术革命，为档案管理现代化创造了物质条件，提供了技术手段。高新科技发展迅速，它也必将给档案和档案工作的研究带来深刻的影响。

高新技术应用在档案工作中导致劳动方式、工作条件和管理体制的变革。计算机技术在档案工作中的广泛应用，信息库的建立，同时现代信息通信网络系统的发展，都将大大促进档案信息的存储、传播、交流，从而推进知识劳动强度，并为档案管理人员创造良好的工作条件。目前，计算机扫描、刻录技术、缩微技术、网络化管理等已对档案实行了全面自动化管理，从而把档案工作人员从体力劳动中解放出来，实现了档案管理、统计、编目和检索的自动化。这些新技术的应用，又推动了传统的档案管理技术和方法的变革。

与此同时，由于计算机的普及以及办公自动化、电子政务等技术的不断发展和普遍应用，电子文件正在大量产生，并将进一步成为新产生文件和档案的主体。做好电子文件归档与管理工作，已经成为新时期档案工作者面临的最大挑战和难题。

总之，以计算机为代表的高新技术在档案管理工作中具有广阔的应用领域，计算机与档案已经密不可分。

任务一　档案目录数据库的建设与应用

相关知识

档案信息资源建设既是档案信息化建设的核心任务，也是档案信息化建设取得实效的关键。加强档案目录数据库的建设与应用，加快推进档案信息资源的整合与共享，是重要而且迫切的任务。档案目录数据库建设的效率和质量，是检验档案信息资源开发利用程度的一项基础指标，也是衡量档案信息化发展水平的一个重要标志。

所谓档案目录数据库建设，就是利用现代信息技术，将档案信息和档案的管理信息，按照一定的规则和格式转换成数字信息，并建立起档案机读目录信息资源数据库。

一、档案目录数据库建设原则

档案信息数据库设计的总原则应符合国际和国家规则，便于管理、传输、检索，符合档案著录规则，易于维护，通用性强，便于各系统应用及联系。

（一）规范化原则

档案数据库如果不规范，例如数据著录项目的字段名、字段类型及著录项目的总数等各不相同，就会在客观上为档案数据库的规模化、网络化利用设置障碍。坚持规范化原则，

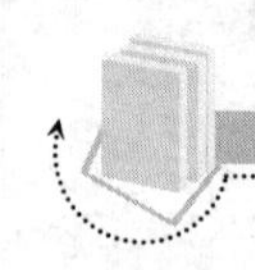

就可以扭转数据格式和元数据不统一的局面，建立一个操作性强、适用面广、科学实用的档案信息资源数据库系统。

档案数据库的规范化直接关系档案信息资源检索体系的统一，概括起来主要有三个方面：一是档案著录标引规范，以保证各级档案部门所生成的档案信息条目一致；二是档案信息数据库结构规范，以确保所生成的档案机读目录具有统一方便的检索与交换格式；三是档案计算机管理软件开发技术规范，以营造统一的信息平台，将各级档案部门所生成的档案机读目录集成于一体。

档案著录必须统一规范，否则就会在出现同一事物或同一人物具有不同的名称、而不同的事物或不同的人物却具有同一名称等一系列问题时，造成同一检索点的条目前后不一致的现象，影响档案机读目录数据检索和利用的质量和效率。

统一档案机读目录数据库构成，对于档案信息化和网络化建设具有至关重要的意义。数据库结构的统一，是用于消除档案资源数据库联网检索数据对接时出现的不规范现象。统一使用规范化、标准化的机读目录数据库格式，有助于简化网上的档案机读目录数据交换与检索，从而使来源不同的数据库很容易地结合在一起，有利于在网上对档案机读目录信息的规模化利用，发挥整体信息资源体系的优势。

（二）检索优先原则

数据库建设旨在提供丰富的信息资源，实现资源共享。尤其是在网络环境下，数据库必须要求拥有完备的检索功能体系。

首先，检索界面应简洁明了，易于操作，可提供多途径检索，如主题词检索、责任者检索、分类号检索等，并能实现各项间“与”、“或”、“非”的逻辑组配检索，以及可实现标引词的位置算符检索。在一次检索结果的基础上，可实现多次循环检索，以提高查全率和查准率。此外，数据库还应根据用户的要求，提供多种显示输出方式，以便用户根据自己的需要挑选满意的信息输出形式。

其次，标引体系系统应规范。数据库信息检索的实现以其对信息的标引为基础，以检索软件为依托，在网络条件下进行资源共享。所录入的档案信息等有关信息的标引必须统一规范与标准，以实现与互联网上信息资源检索的接轨。实现对档案信息规范化的标引必须以一定的“分类法”与“词表”为基础。其中，“分类法”实现对档案知识学科的标引，“词表”实现对档案的主题内容的标引。所以，应根据《档案著录规则》、《中国机读档案规范格式》以及其他有关档案及文献数据的标准标引，以实现理想的检索效果。

二、文书档案机读目录数据著录

档案目录的著录包括实行归档改革方式形成的档案目录和按照立卷归档方式形成的档案卷内目录及案卷目录，这一点在实际操作中要注意区分。

（一）著录细则

1. 题名

题名包括正题名、副题名、并列题名和案卷题名。

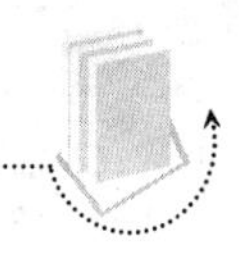

（1）正题名：是档案的主要题名，一般指单份文件文首的题目。“正题名”要写全，要与文件完全相符，不能随意删减、省略。单份文件没有题名时，应依据其内容拟写题名，并加“[ ]”号。单份文件题名不能揭示或不能全面揭示其内容时，原题名照录，并根据其内容另拟题名附后，加“[ ]”号。正文与附件一般为一件，用正文题名作为本件题名。附件题名必要时在附件项中著录。转发文与被转发文一般为一件，用转发文题名作为本件题名。转发文题名不能揭示被转发文主要内容时，原题名照录，同时著录被转发文题名或另拟能揭示被转发文主题的题名附后，并加“[ ]”号。来文与复文为一件时，用复文题名作为本件题名。

（2）副题名：是解释或从属于正题名的另一题名。正题名能够揭示档案内容时，副题名不必著录。必要时副题名照原文著录在正题名之后。

（3）并列题名：是以第二种语言文字书写的、与正题名对照并列的题名。并列题名与正题名一并著录在题名项中，并列题名前加“=”号。

（4）案卷题名：即案卷的标题，它可以准确地揭示卷内文件材料的内容与成分。

2. 文件编号

文件发文字号一般由单位发文机关代字、发文年度和发文顺序号三部分组成，要求照实抄录，填写完整齐全（没有文号的可不填）。文件上有多个文件编号时，一般只著录主要责任者的文件编号；若立档单位是联合发文机关之一的，也必须著录立档单位的文件编号。文件编号之间以“/”号分隔。

3. 责任者

责任者是对该份文件负有责任的单位或个人，分为团体责任者和个人责任者两种。

责任者只有一个时，照原文著录。责任者有多个时，著录列居首位的责任者。发文单位是责任者的必须著录，立档单位是责任者的必须著录，上级主管部门是责任者的必须著录，其余视需要著录。被省略的责任者用“[等]”表示。责任者之间以“/”号分隔。多个责任者具有同一职责或身份又必须著录时，可将职责或身份置于最末一个责任者后的“（ ）”号中，责任者之间以“/”号分隔。同一责任者有多个职责或身份又必须著录时，可将多个职责或身份置于责任者后的“（ ）”号中，职责或身份之间以“/”号分隔。机关团体责任者必须著录全称或规范的简称，并保持前后一致。个人责任者一般只著录姓名，必要时在姓名后著录职务、职称，并加“（ ）”号，个人责任者有多种职务时，只著录与形成文件相关的职务；外国责任者姓名前应著录易于识别的国名简称，其后著录统一的中文译名，必要时著录姓氏原文和名的缩写，国别、姓氏原文和名的缩写均加“（ ）”号；少数民族个人责任者在著录时应按民族的署名习惯著录。文件所署责任者为别名、笔名时，均照原文著录，将其真实名称附后，并加“（ ）”号。未署责任者的文件，应著录根据其内容、形式特征考证出的责任者，并加“[ ]”号。文件责任者不完整时，应照原文著录，将考证出的完整责任者附后，并加“[ ]”号。文件责任者有误，应照原文著录，将考证出的真实责任者附后，并加“[ ]”号。考证出的责任者根据不足时，在其后加“？”号，一并著录于“[ ]”号内。

4. 密级与保管期限

（1）密级。密级分为公开级、限制级、秘密级、机密级、绝密级。密级的标志采用汉字代码，即“公开”、“限制”、“秘密”、“机密”、“绝密”。一般按文件形成时所定密级著录。对已升、降密级的文件，应著录新的密级；对已解密的文件，应著录“解密”；公开级可不著录。

（2）保管期限。保管期限是指根据档案价值确定的档案应该保存的时间，分为永久、30 年、10 年等，应据实著录。保管期限更改的，应著录新的保管期限。

5. 文件时间

文件时间需写全年、月、日。文件中有多个日期的情况时，按照该文件的主要责任者所对应日期著录。

文件时间的基本格式为“CCYY.MM.DD”，用 8 位阿拉伯数字表示，其中“CCYY”表示一个日历年，“MM”表示日历年内日历月的顺序数，“DD”表示日历月中日历日的顺序数，中间必须用“.”隔开，时间不详时用数字“0”表示。若文件时间没有月和日，只有年份，则分别用“00”代替月和日，如“2009.00.00”；若文件时间没有日，只有年和月，则用“00”代替日，如“2009.11.00”。

6. 全宗号

全宗号指档案馆给定每个全宗的代码。

7. 目录号

目录号指全宗内案卷所属目录的代码。按档案目录本上的目录号著录，分别用“A1 · ×、A2 · ×、A3 · ×”表示，“×”为目录的流水顺序。

8. 案卷号

案卷号指编制的案卷顺序号。

9. 顺序号

按立卷方式整理的档案，依据卷内文件的顺序号著录。

10. 件号

按 DA/T 22 整理的档案，依据同一年度或归档先后时间顺序形成流水号著录。

11. 页号

页号一般著录案卷内每一件文件的首页号，最后一件文件著录起止页号。应在页码后加“—”标示本卷结束，如“99—100”；若最后一份文件只有一页也必须用“—”表示结束，如“99—99”。

12. 页数

页数指单份文件或案卷内所有文件的具体页数。

13. 文件份数

文件份数指案卷内文件的份数。

14. 年度

年度依据文书立卷和按 DA/T 22 整理档案时年度分类结果著录。以 4 位阿拉伯数字标注公元纪年。

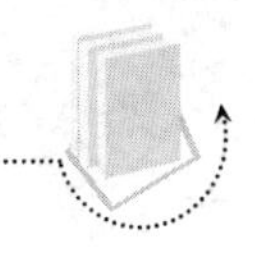

15. 人名

著录档案内容中涉及有关人物的姓名，必须如实录入，要求准确无误。多个人名之间以“/”号或逗号分隔，如“张三/李四/王五”或“张三，李四，王五”。凡在干部介绍信或干部任免等类文件中，标题中标明“张三等”的，著录中必须根据正文内容将省略的姓名完整地输入到人名项中，不能缺少任何一个人名。花名册文件视需要录入人名。

16. 控制标识

控制标识分为开放、控制两种。确定为开放的档案，著录为“开放”；确定为控制利用的档案，著录为“控制”。

17. 编制单位

编制单位指编制案卷的单位，如“珠海市档案局”。

18. 编制部门

编制部门指编制案卷的部门，如“办公室”。

19. 起止时间

起止时间为开始立卷和结束立卷的时间，以“年.月—年.月”表示，如“2009.01—2010.12”。两个时间之间必须以“—”分隔，不能使用空格或“/”。

20. 存放地点

存放地点指档案实体存放的具体单位，一般著录存放单位名称。

21. 分类号

分类号依据《中国档案分类法》和 GB/T 15418 等有关规定进行著录，多个分类号之间以“/”号分隔。

22. 档案馆代码

档案馆代码依据《编制全国档案馆代码实施细则》所赋予的代码，据实著录。

23. 档号

按立卷方式整理的档案采用“全宗号+保管期限+目录号+案卷号+顺序号”命名，如“001（全宗号）1（保管期限）10（目录号）0962（案卷号）002（顺序号）”。案卷档号采用“全宗号+保管期限+目录号+案卷号”命名，如“001（全宗号）1（保管期限）10（目录号）0962（案卷号）”。DA/T 22 整理的档案采用“全宗号+年度+保管期限+件号”命名，如“001（全宗号）2001（年度）1（保管期限）0015（件号）”。

24. 机构（问题）

依据文书立卷和按 DA/T 22 整理档案时机构（问题）分类结果著录。

25. 盒号

盒号指档案盒的排列顺序号，据实著录。

26. 缩微号

缩微号指著录文件首页所在画幅的缩微号。

27. 电子文档号

电子文档号由档号、电子文件数位号、文件扩展名三部分组成，其格式为“档号（电子文件数位号）.扩展名”。电子文档号依次著录，以“/”号分隔。

【例 6-1】档号为“0011100962002”的纸质文件，所对应的电子文件仅 1 份，为 TXT 格式，则该电子文件的电子文档号表示为“0011100962002（1—1）.txt”。

【例 6-2】档号为“0011100962002”的纸质文件，所对应的电子文件有 2 份，第 1 份文件为 TXT 格式，则该电子文件的电子文档案表示为“0011100962002（2—1）.txt”；第 2 份文件为 RFT 格式，则该电子文件的电子文档号表示为“0011100962002（2—2）.rtf”。

28. 稿本

稿本是指著录单位的文稿、文本和版本。稿本项依实际情况著录为草稿、定稿、草图、原图、蓝图、正本、副本、试行本、修订本、影印本、各种文字本等。

29. 主题词和关键词

（1）主题词：依据《中国档案主题词表》和 DA/T 19 基本专业、本单位的规范化词表进行著录，各词之间用 1 个空格分隔。

（2）关键词：著录取自文件题名或正文用以表达档案主题并具有检索意义的词或词组，各词之间用 1 个空格分隔。

30. 附件

附件之间以“/”号分隔。

31. 摘要与附注

（1）摘要：是对文件内容的简介，应反映文件的主要内容、重要数据。摘要项的内容依汉语的语法和标点符号使用法著录。

（2）附注：著录档案中需要解释和补充的事项。附注项的内容依各项目的顺序著录，项目以外需要解释和补充的列在其后。附注之间以一个空格分隔。

32. 载体

此项一般包括载体类型、载体数量和载体单位。

（1）载体类型：一般可区分为甲骨、金石、简牍、纸、唱片、胶片、胶卷、磁带、磁盘、光盘等。以纸张为载体的著录单位，其载体类型一般不予著录；其他载体类型据实著录，用汉字表示。

（2）载体数量：用阿拉伯数字表示。

（3）载体单位：一般用页、卷、盒、盘、米、片等来标识。

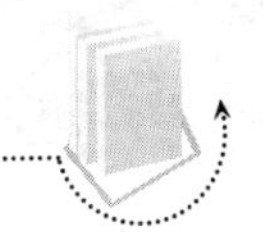

33. 脱机载体编号

脱机载体编号由全宗号、存储载体代码、排列顺序号组成。其格式为“全宗号—存储载体代码—排列顺序号”，存储载体代码用字母表示，“CD”表示光盘，“MT”表示磁带，“MD”表示磁盘；顺序号用3位阿拉伯数字表示。例如，071—CD—001。

（二）各著录项目中需要注明的事项

（1）题名附注：注明同一文件的不同题名或其他称谓，如“题名又称‘工业三十条’”。

（2）时间附注：时间系考证得出的，著录“时间系考证”；时间项著录的是非文件形成时间的，应在附注中说明系何种时间。

（三）著录项目以外需要注明的事项

（1）被著录文件有不同稿本者应予注明。

（2）被著录文件另有其他载体形式者应予注明。

（3）被著录文件的来源为捐赠、购买、交换、复制、寄存、征购、代为保管等情况时应予注明。

（4）被著录文件经考证为赝品者应予注明。

（5）与被著录文件关系密切的相关文件应予注明。

（6）除上述附注内容外，需要注明的其他事项。

三、档案目录管理软件使用范例

（一）Darms 2000 文件档案资料综合管理系统

1. Darms 2000 功能结构（如图 6-1 所示）

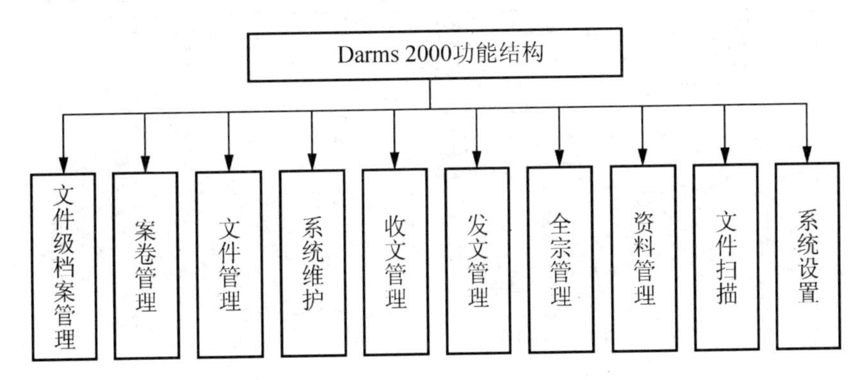

图 6-1　Darms 2000 功能结构图

2. Darms 2000 归档文件录入

（1）从系统的综合工作平台上选择“文件级档案管理”项，然后在上方菜单栏选择“档案著录”标签（如图 6-2 所示）。

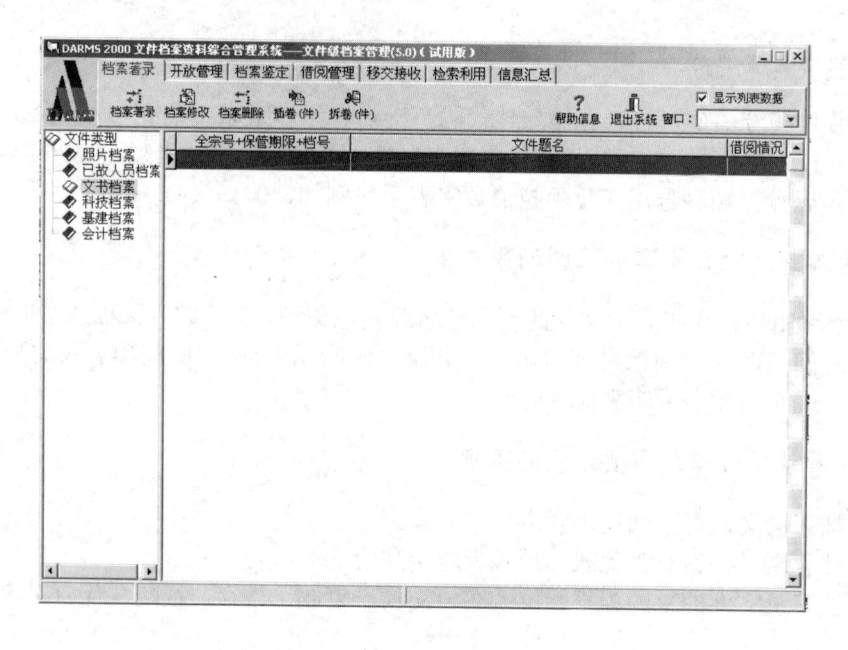

图 6-2　“档案著录”选项卡

（2）单击“档案著录”按钮，弹出“卷内文件/归档文件著录”对话框（如图 6-3 所示）。在文本框中输入需要归档文件的相关信息，然后单击“存盘”按钮，保存著录记录。输入完毕后单击右侧的“关闭”按钮退出著录。

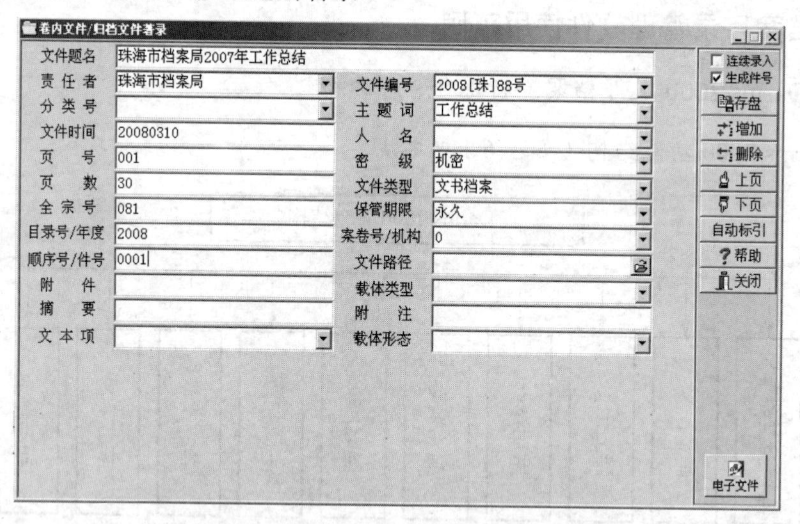

图 6-3　“卷内文件/归档文件著录”对话框

3．Darms 2000 归档文件检索步骤图解

（1）从系统的综合工作平台上选择“文件级档案管理”项，然后在上方菜单栏选择“检索利用”标签。从弹出的窗口左侧“文件类型”中选择“文书档案”，右侧主窗口就显示已经输入的归档文件的列表（如图 6-4 所示）。

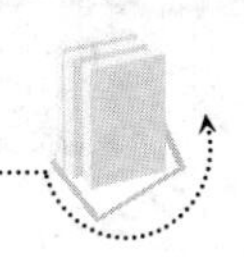

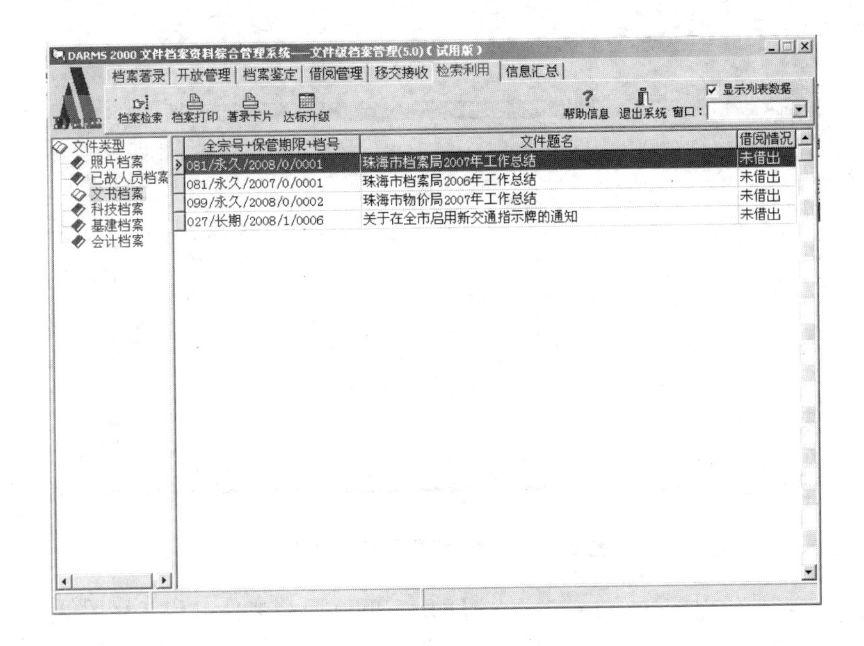

图 6-4 “检索利用”标签

（2）单击“档案检索”按钮，弹出“卷内文件/归档文件检索”对话框（如图 6-5 所示）。用户可以按照多种条件进行检索，这里以按“主题词”查找为例。在“主题词”文本框中输入“工作总结”，单击右侧的“检索”按钮。

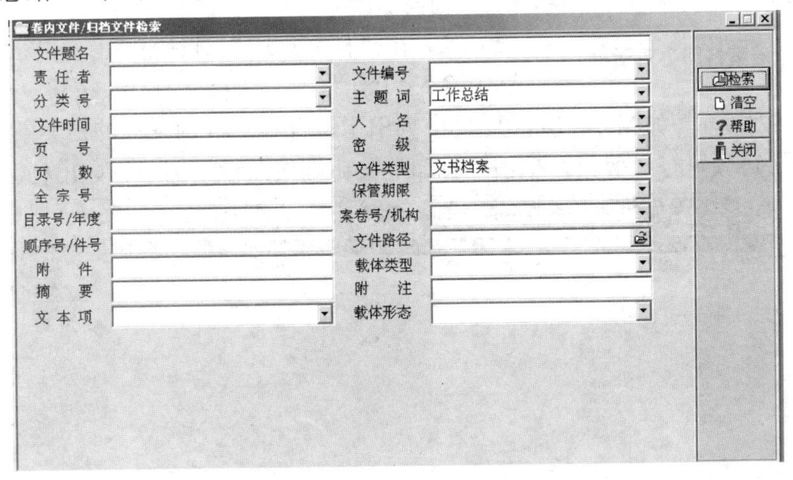

图 6-5 “卷内文件/归档文件检索”对话框

（3）在弹出的“检索信息列表”对话框中，单击“细阅”按钮，可查看选择条目的相关详细信息（如图 6-6 所示）；单击“排序”按钮，则会提供按多种排序方法给用户。单击“关闭”按钮，退出“检索信息列表”对话框。

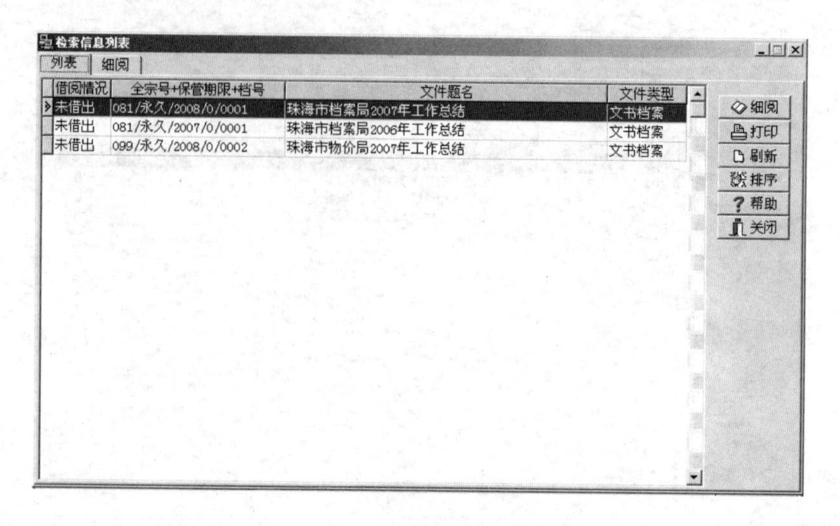

图 6-6 “检索信息列表”对话框

4. Darms 2000 归档文件打印步骤图解

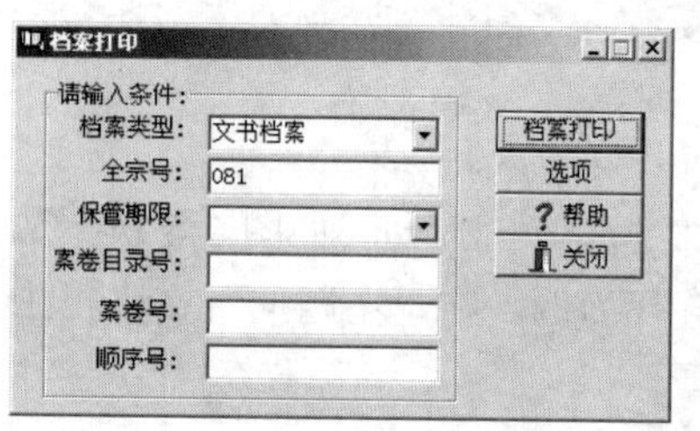

图 6-7 “档案打印”对话框

（1）当用户需要对某些归档文件目录进行打印时，可在“检索利用”标签内单击“档案打印”按钮，弹出“档案打印”对话框（如图 6-7 所示）。用户可以根据提示条件进行档案查找，这里以打印“全宗号”为“081”的文件作为示范。

（2）在“档案打印”对话框中，在“全宗号”文本框中输入“081”，单击“档案打印”按钮，系统弹出“档案打印窗口”对话框（如图 6-8 所示），其中列出了符合用户查询条件的档案条目。单击“打印预览”按钮可预览打印效果，单击“打印”按钮则按照设定需求打印出档案条目。

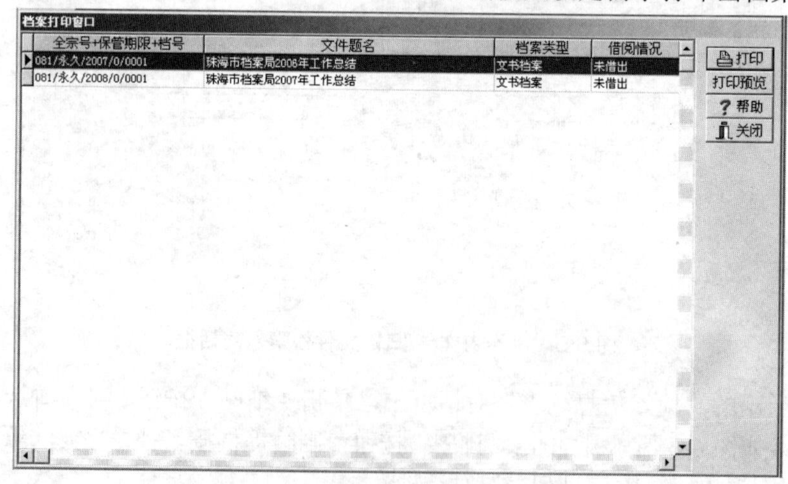

图 6-8 “档案打印窗口”对话框

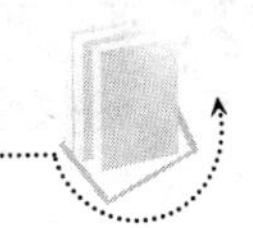

（二）Darms 2008 文件档案资料综合管理系统

1. Darms 2008 文件档案资料综合管理系统功能结构（如图 6-9 所示）

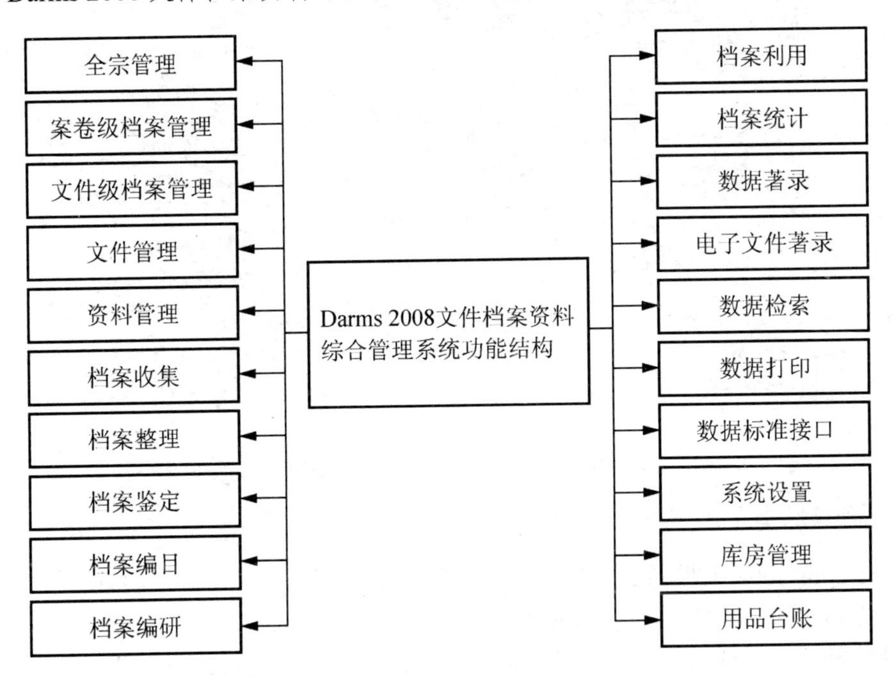

图 6-9　Darms 2008 文件档案资料综合管理系统功能结构图

2. Darms 2008 文件档案资料综合管理系统主界面（如图 6-10、图 6-11 所示）

图 6-10　Darms 2008 文件档案资料综合管理系统主界面 1

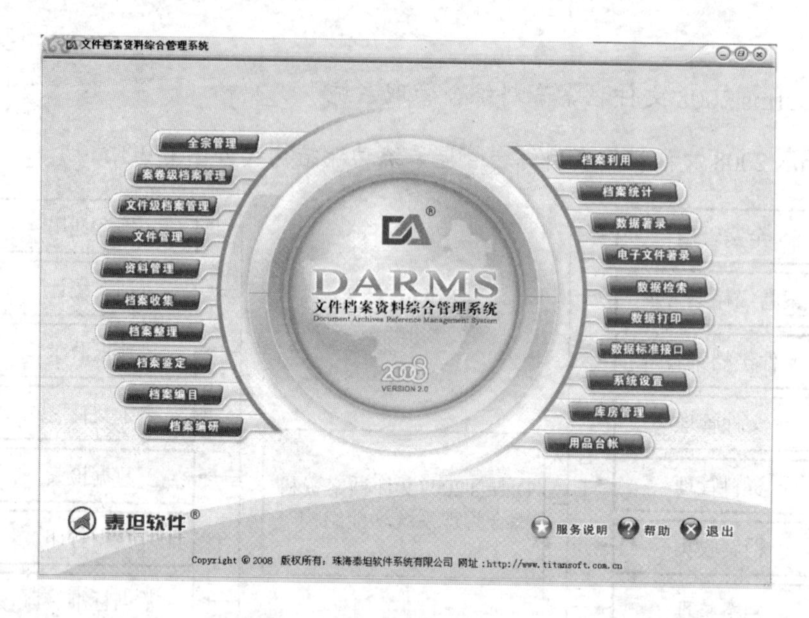

图 6-11　Darms 2008 文件档案资料综合管理系统主界面 2

3. 文件级档案著录

单击 Darms 2008 主界面 2 上的“文件级档案管理”按钮，然后单击弹出菜单中的“文档著录”按钮，进入如图 6-12 所示的界面。

文件级档案著录的具体操作方法为：在左侧的类型树中选择档案类型，单击“添加”按钮；在弹出的添加窗口中，选择档案的方式，添加所需的栏目，“保存”后完成操作。

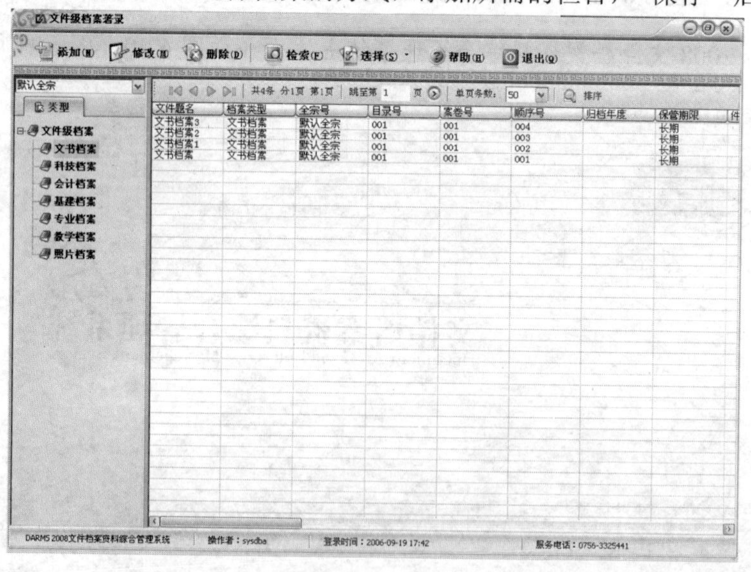

图 6-12　“文件级档案著录”对话框

4. 文件级档案检索

文件级档案检索的主要功能是查询人员通过设置查询条件，系统自动检索出符合条件

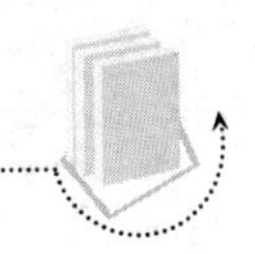

的档案信息。其功能包括检索、查看详细及快捷操作。

单击 Darms 2008 主界面上的“文件级档案管理”按钮，然后单击弹出菜单中的“文档检索”按钮，进入如图 6-13 所示的界面。

文件题名	档案类型	全宗号	目录号	案卷号	顺序号	归档年度	保管期限	件
8	文书档案	默认全宗	011	001	008		永久	
7	文书档案	默认全宗	011	001	007		永久	
44	文书档案	默认全宗	001	004	004		永久	
33	文书档案	默认全宗	001	004	003		永久	
22	文书档案	默认全宗	001	004	002		永久	
11	文书档案	默认全宗	001	004	001		永久	
6	文书档案	默认全宗	001	001	006		15	
5	文书档案	默认全宗	001	001	005		15	
4	文书档案	默认全宗	001	001	004		10	
3	文书档案	默认全宗	001	001	003		10	
2	文书档案	默认全宗	001	001	002		10	
1	文书档案	默认全宗	001	001	001		10	
9	文书档案	默认全宗	021	001	009		永久	

图 6-13 “文件级档案检索”对话框

文件级档案检索的具体操作方法为：在左侧的类型树中选择文件级档案类型，单击“检索”按钮；在弹出的检索窗口中，选择精确检索、组合检索和模糊检索三种方式。

5. 文件级档案目录打印

单击 Darms 2008 主界面上的“文件级档案管理”按钮，然后单击弹出菜单中的“目录打印”按钮，进入如图 6-14 所示的界面，主要功能包括打印、套打、检索、排序和快捷操作。

盒号	档号	案卷档号	录入人	修改人	文件题名	档案类型	全宗号	目录号	案卷号	顺序号	归档年度
	001 |1...	默认全宗|...			9	文书档案	默认全宗	021	001	009	
	默认...	默认全宗|...			1	文书档案	默认全宗	001	001	001	
	默认...	默认全宗|...			2	文书档案	默认全宗	001	001	002	
	默认...	默认全宗|...			3	文书档案	默认全宗	001	001	003	
	默认...	默认全宗|...			4	文书档案	默认全宗	001	001	004	
	默认...	默认全宗|...			5	文书档案	默认全宗	001	001	005	
	默认...	默认全宗|...			6	文书档案	默认全宗	001	001	006	
	默认...	默认全宗|...			11	文书档案	默认全宗	001	004	001	
	默认...	默认全宗|...			22	文书档案	默认全宗	001	004	002	
	默认...	默认全宗|...			33	文书档案	默认全宗	001	004	003	
	默认...	默认全宗|...			44	文书档案	默认全宗	001	004	004	
	默认...	默认全宗|...			7	文书档案	默认全宗	011	001	007	
	默认...	默认全宗|...			8	文书档案	默认全宗	011	001	008	

图 6-14 “文件级档案报表打印”对话框

实训练习

1. 实训材料

教师事先准备好40份左右的文件材料，其中机关公文30份（要求包含不同单位、不同文种、不同年度）、其他纸质材料10份。

2. 实训内容

主要训练学生的机读目录数据的著录工作，正确著录文件。

3. 实训方式

将全班同学分为4个小组，同时将所有事先准备的材料平均分发给各小组，小组内每位同学按照课本讲授的知识，单独对文件材料进行著录，著录结果交回教师。

4. 教师评判

教师对每一位同学的著录结果进行评判，并讲解正确答案。

任务二　电子文件的归档与管理

相关知识

由于办公自动化、电子政务等技术的不断发展和普遍应用，电子文件正在大量产生，并将进一步成为新产生文件和档案的主体。做好电子文件归档与管理工作，已经成为新时期档案工作者面临的最大挑战和难题。目前，我们对电子文件的产生和运行特性已经有了基本的认识，对电子文件的归档与管理也已研究制定了一些管理法规和技术标准，且专门用于电子文件归档与管理的软件系统已经投入使用。电子文件归档与管理已经成为档案部门工作的重要内容。

一、电子文件和归档电子文件的概念

对电子文件的定义可以从两个方面来理解。首先，从本质上看，电子文件是文件，电子是文件的表现形式，因此，严格意义上的电子文件应当是在完全办公自动化、电子政务等环境下生成的文件。其次，从技术层面上看，电子文件是信息时代的产物，是计算机、网络等技术设备普遍应用的产物，与纸质文件的区别主要是其产生的环境、外在表现形式等有本质不同，这就决定了电子文件的许多特征，同时也决定了电子文件及其归档管理需要采取不同的技术方法。

在国家标准《电子文件归档与管理规范》中，电子文件的定义为：“电子文件指在数字设备及环境中生成，以数码形式存储于磁带、磁盘、光盘等载体，依赖计算机等数字设备阅读、处理，并可在通信网络上传送的文件。”

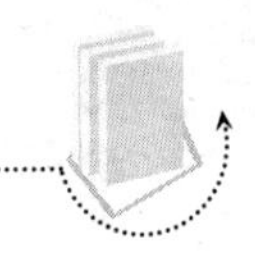

归档电子文件则是指具有参考和利用价值并作为档案保存的电子文件。

二、电子文件的基本特征

与纸质文件相比，电子文件除具有一般文件的基本特征外，还具有一些自身的特征，主要包括以下内容。

（一）对硬件和软件的相对依赖性

电子文件一般是由数字设备生成的，产生于一定的硬件和软件环境。由于过去信息技术发展水平的制约，数字产品的硬件、软件在更新换代后相互之间兼容性较差，从而造成电子文件的存储、读取等对原生成环境存在依赖性。

（二）非直读性

电子文件不能被人直接阅读，而需要借助特定的数字设备和相关软件才能阅读，这就需要采取迁移等措施和手段保持电子文件的长期可读性。

（三）信息与载体的相对分离性

与纸质文件相比，电子文件的载体与信息的结合是松散的。电子文件虽然也需要依附于一定形式的载体上，但载体相对于信息内容来说不再具有原始性、一致性和唯一性。

（四）结构复杂性和对背景信息、原数据的依赖性

电子文件的种类、表现形式繁多，其结构复杂，从而增加了电子文件归档管理的难度。

（五）信息共享的便利性和安全维护的复杂性

电子文件的信息共享相对比较便利，在标准化的前提下，信息共享可以无障碍实现。在信息共享便利的同时，保证电子文件的信息安全相对比较复杂，除了采取必要的管理措施外，还要有相应的技术手段来保证信息利用、传输的安全保密。

三、电子文件的归档原则

（一）连续性原则

应对电子文件的形成、收集、积累、鉴定、归档等实行全过程管理与监控，保证管理工作的连续性。由于电子文件具备易修改性的特征，故只有对归档电子文件进行全程控制和前端管理，才能保证归档电子文件的凭证作用。

（二）真实性、完整性、有效性、安全性原则

电子文件自形成时就应有严格的管理制度和技术措施，应明确规定电子文件归档的时间、范围、技术环境、相关软件、版本、数据类型、格式、被操作数据、检测数据等要求，确保其真实性、完整性、有效性和安全性，以此保证归档电子文件的质量。

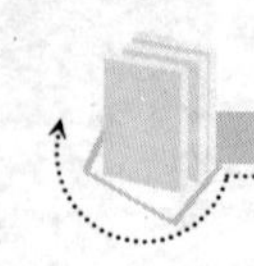

（1）真实性：指对电子文件的内容、结构和背景信息进行鉴定后，确认其与形成时的原始状况一致。真实性保证就是保证电子文件内容、背景信息与形成的原始状况一致，保证电子文件的产生、处理过程合法、有效，保证记录归档电子文件形成、处理、归档过程的各类凭证信息真实、可靠。应采取可靠的安全防护技术措施，保证电子文件的真实性。

（2）完整性：指电子文件的内容、结构、背景信息和元数据等无缺损。完整性保证须保证所产生的应归档的电子文件全部归档，须保证每一份电子文件内容信息的完整性，同时还须保证电子文件著录、背景和元数据等管理控制信息已归档保存。

（3）有效性：指电子文件应具备的可理解性和可被利用性，包括信息的可识别性、存储系统的可靠性、载体的完好性和兼容性等。有效性保证须保证归档保管的电子文件长期有效、可读，当难以保证归档的电子文件长期有效、可读时，可采取信息固化方式来确保电子文件长期有效、可读；同时还须保证存储归档电子文件的载体长期有效、可读。

（4）安全性：主要包括两个部分，一是指电子文件的处理、归档、保存与提供利用应符合国家的安全保密规定；二是要保证电子文件的处理、归档过程和电子文件归档保存数据的安全性。

（三）“双轨制”归档管理原则

电子文件归档实行“双轨制”归档管理原则。电子文件同时存在相应的纸质或其他载体形式的文件时，电子文件与纸质或其他载体形式的文件一并归档，并须保证其在内容、格式及相关说明和描述上完全一致。具有永久保存价值的文本或图形形式的电子文件，如果没有纸质等拷贝件，则必须制成纸质文件或缩微品等与电子文件一并归档，并须保证其在内容、格式及相关说明和描述上完全一致。

注意，对于只有电子签章的电子文件，发文单位在归档时须在相应的纸质文件上加盖具有法律效力的非电子签章，以保证归档电子文件的法律凭证作用。

四、电子文件的归档范围

电子文件的归档范围按照纸质文件的有关规定执行，同时可根据电子文件的利用价值适当放宽归档范围，或作为资料保存，以供利用。记录了重要文件的主要修改过程和办理情况，具有查考价值的电子文件的不同版本的修改稿、定稿，均应归档保存。记录电子文件形成、处理、承办过程信息的文件拟稿、处理、督办单等，与电子文件定稿或文件正本一并归档。对于归档电子文件，应将电子文件的全信息归档，包括电子文件原文，电子文件草稿、定稿，电子文件著录信息、背景信息和元数据信息等。

五、电子文件的收集要求

电子文件在形成和处理过程中，应采取严密的措施，以保证电子文件不被非正常改动。归档的电子文件应采取安全可靠的措施，保证电子文件不可修改，同时应随时对电子文件进行备份，将之存储于能够脱机保存的载体上。在收集、积累的过程中，还须注意收集相关电子文件的管理控制信息，以保证电子文件的真实性、完整性及有效性。

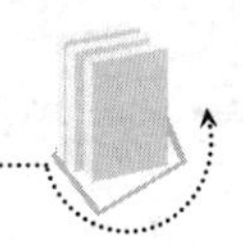

六、电子文件的归档

经过鉴定符合归档条件的电子文件形成后应及时或定期向档案部门移交，并按档案管理要求的格式将其存储到符合保管期限要求的脱机载体上。各立档单位应制定电子文件归档管理的方法，妥善保存产生的电子文件信息资源。

电子文件的归档应按照鉴定标识进行。归档时，应充分考虑电子文件的技术环境、相关软件、版本、数据类型、格式、被操作数据、检测数据等技术因素，应保证归档电子文件不被修改、删除、替换。加密的电子文件应解密后归档保存。

电子文件的归档分为逻辑归档和物理归档两种方式。

（一）逻辑归档

逻辑归档指在计算机网络上进行，不改变原存储方式和位置而实现的将电子文件的管理权限向档案部门移交的过程。采取逻辑归档方式实时归档的网络系统，应制定确保归档电子文件安全存储的措施，数据量大或存储重要的电子文件时，应配置专门的电子文件存储管理服务器。归档的电子文件管理权限在档案部门，任何人员（包括计算机系统的管理人员）对归档电子文件的任何操作都需经过档案部门的批准和授权。

（二）物理归档

物理归档指把电子文件集中下载到可脱机保存的载体上，向档案部门移交的过程。完成逻辑归档的电子文件须及时制作脱机备份，并定期完成物理归档。凡不经逻辑归档而采取直接物理归档方式的归档电子文件，推荐采用在电子文件形成文件正本后即归档的方式。即时归档有困难时，也可采取定期归档方式。采取直接物理归档方式时，须注意准确、完整地采集电子文件的元数据和背景信息。可以采用技术方式捕获元数据和背景信息。所有物理归档的电子文件须定期制作备份，并存储到耐久性好的载体上，一式三套，一套封存保管，一套供查阅使用，一套异地保存。备份制作和存储载体应按照规定执行。

七、归档电子文件的整理

归档电子文件的整理可应用计算机档案管理软件，以件为单位进行整理，按照DA/T 22规定和《文件材料归档改革方案》的要求进行。同一全宗内的电子文件按照“保管期限—年度—机构（问题）”或“年度—保管期限—机构（问题）”等分类方案进行分类。按电子文件的“保管期限—年度—机构（问题）”顺序，相对集中组织存储归档电子文件。电子文件著录项目参照DA/T 18和电子文件基本数据信息规定的项目进行著录，也可以根据本单位电子文件的特点进行增减，但必须满足保证电子文件真实性、完整性、有效性的基本要求。应将著录结果制成机读目录和纸质目录。

八、归档电子文件的保管

归档电子文件的保管除应具备纸质档案的一般要求外，电子文件存储载体保管还应注意以下问题：归档载体应作防写处理；光盘、磁带须保持清洁，不得擦、划、触摸记录涂层；硬盘须注意防震，轻拿轻放；光盘载体应入袋，存放在专用的光盘盒内，竖立存放，

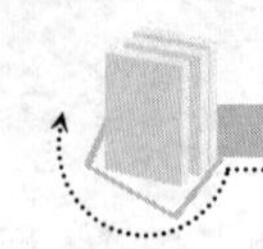

避免积压；存放时应注意远离强磁场、强热源，并与有害气体隔离；环境温度选定范围为17～20℃；相对湿度选定范围为35%～45%。

为保证归档保存的电子文件长期有效、可读，归档保存的电子文件应存储为通用的文件格式。对难以用通用文件格式存储的电子文件，可采用信息固化的方式将其存储为通用格式。信息固化是指当电子文件的内容、结构、背景信息和元数据等存在的动态因素可能造成信息缺损时，将其转换为一种相对稳定的通用文件格式的过程。

应及时掌握电子文件格式、存储管理技术的发展动态，每年均应对电子文件的读取、处理的软件环境更新情况进行检查。若出现可能不兼容或电子文件格式将要淘汰的情况时，须及时进行迁移。迁移是指将源系统中的电子文件向目的系统进行转移存储的方法与过程。

应定期检查电子文件存储载体，对存储在可能失效载体上的电子文件及时备份。对于存储在磁性载体上的电子文件，应定期进行数据读取检验，检验时间间隔1～2年，抽样率不低于10%，检验中发现问题应及时采取措施。磁性载体上的归档电子文件每4年转存一次，且原载体同时保留时间不少于4年。对于存储在光盘载体上的电子文件，应根据光盘检验的情况而定，初期可每2～4年转存一次，待对光盘的寿命有明确验证技术资料后，依据技术资料确定转存时间间隔或是否需要转存；此外，原载体同时保留时间不少于转存间隔时间。

应建立安全防范措施，防止电子文件被无意和恶意损坏，并制订数据恢复方案。电子文件保管应针对非法访问、非法操作、病毒侵害、设备损坏、自然灾害等采取与系统安全和保密等级要求相符的防范对策，实施有效的安全技术措施和保护管理制度，确保电子文件的安全。

九、归档电子文件的利用

归档电子文件利用范围的确定，须有严密的审核批准制度，并严格按照批准的范围提供利用。归档电子文件的封存载体不应外借。未经批准，任何单位或人员不允许擅自复制电子文件。利用归档电子文件时应使用拷贝件，且应遵守保密规定。对具有保密要求的归档电子文件采用联网的方式利用时，应遵守国家或部门有关保密的规定，有稳妥的安全保密措施。利用者对归档电子文件的使用应在权限规定范围之内。对于公开级的归档电子文件，档案管理部门可提供互联网利用服务。对于国内级的归档电子文件，档案管理部门可提供政务外网利用服务。对于内部级的归档电子文件，档案管理部门可提供内部网利用服务。严禁涉密电子文件上政务外网和互联网，其利用须按照保密管理部门所规定的方式，并取得档案管理部门的许可后方可利用。

十、电子文件归档管理系统实例

（一）南海区档案局电子档案数据中心在线归档功能说明

1. 基层单位发送移交进馆文件

（1）基层单位登录系统，进入系统界面，进行新文件增加（如图6-15所示）。此系统在线归档过程需要逐条人工手动发送请求，效率一般，不方便管理。

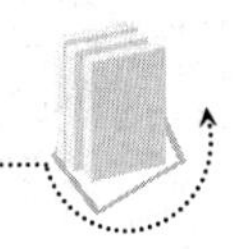

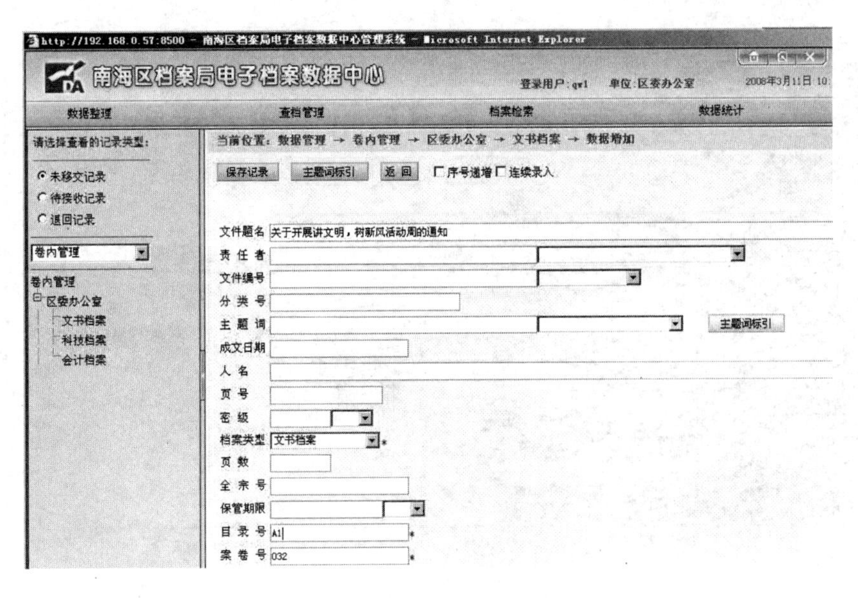

图 6-15　基层单位进入系统界面

（2）生成提交列表，单击“移交进馆”按钮，完成向服务器端发送请求（如图 6-16 所示）。

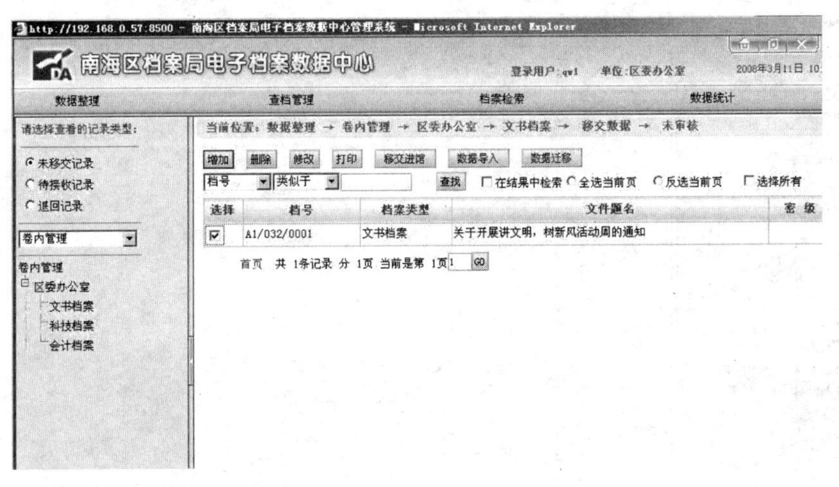

图 6-16　基层单位提交列表界面

2. 服务器端进行审批过程

（1）服务器端登录系统，进入登录界面（如图 6-17 所示）。

（2）进入系统后，单击左侧“卷内管理”→发文单位→“文书档案”，显示发文单位提交的进馆文件申请（如图 6-18 所示）。符合条件的，则单击“入库”按钮完成入库；不符合条件的，则单击“退回”按钮重新返回发文单位检查。

图 6-17　服务器端登录界面

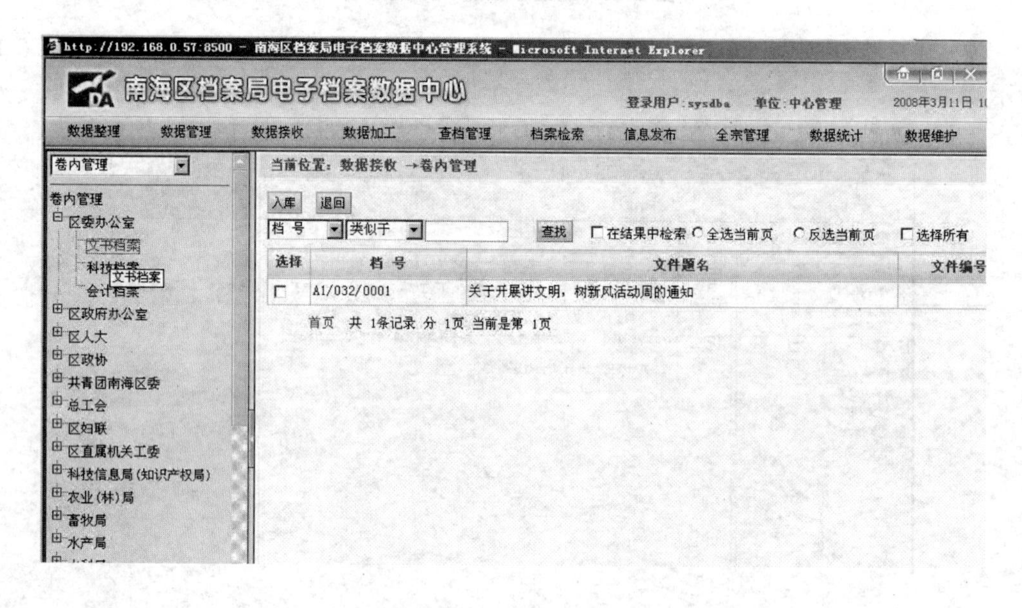

图 6-18　服务器端显示界面

（二）珠海市电子公文在线归档系统

1. 基层单位发送移交进馆文件

（1）登录珠海市电子公文在线归档系统，进入归档系统主界面，依次选择“数据整理”→“未归管理”→自身单位（这里以市教育局为例）→“文书文件”。如果存在未归档文件，则记录不为空（如图 6-19 所示），可以成批发送请求，效率较高，而且还能生成请求单，方便管理。

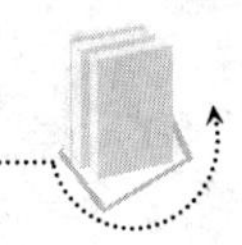

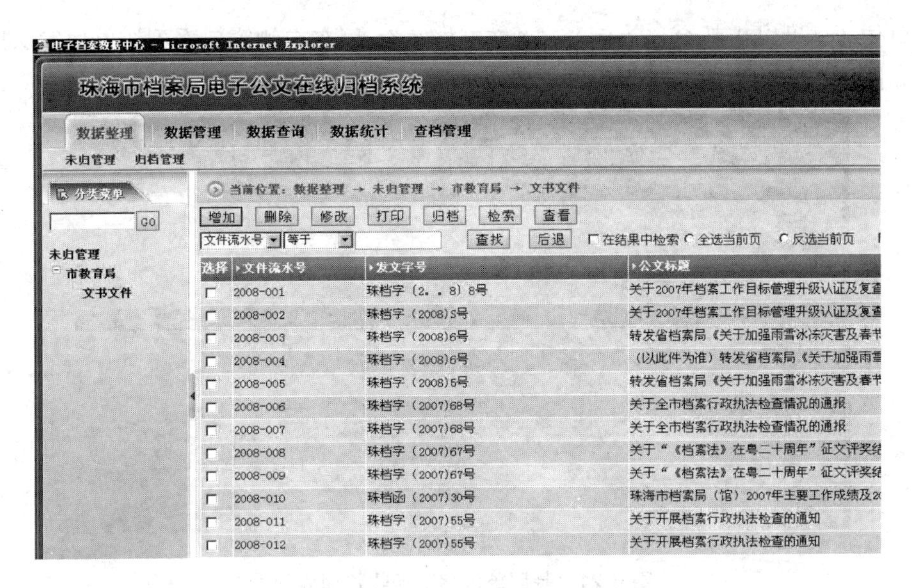

图 6-19 基层单位归档系统主界面

（2）通过界面按钮对已经识别出的档案信息进行增、删、改和查等操作。需要对其中几条进行归档时，在该条信息前的选择框里画钩，单击界面上的“归档”按钮，进入补充著录页面（如图 6-20 所示）。

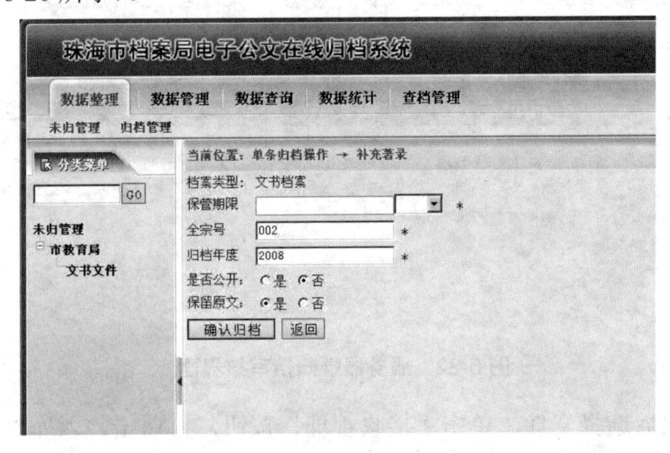

图 6-20 基层单位补充著录页面

（3）单击“确认归档”按钮，在弹出的页面中再单击“移交管理”按钮，填写归档年度、负责人、移交时间以及本次移交文件各个保存期限数目。单击“保存”按钮后生成新的未移交条目，选择未移交记录，单击“移交”按钮，发送至服务器端进行审核（如图 6-21 所示）。

2. 服务器端档案局进行归档审核过程

（1）登录珠海市档案局电子公文在线归档系统，服务器用户比基层单位用户多了数据接收功能，用来接收基层单位传来需审核的数据。依次选择“数据接收”→“归档管理”

→接收单位（这里以市教育局为例）→“文书档案”，可在右侧窗口看到该单位发送过来的数据（如图 6-22 所示）。

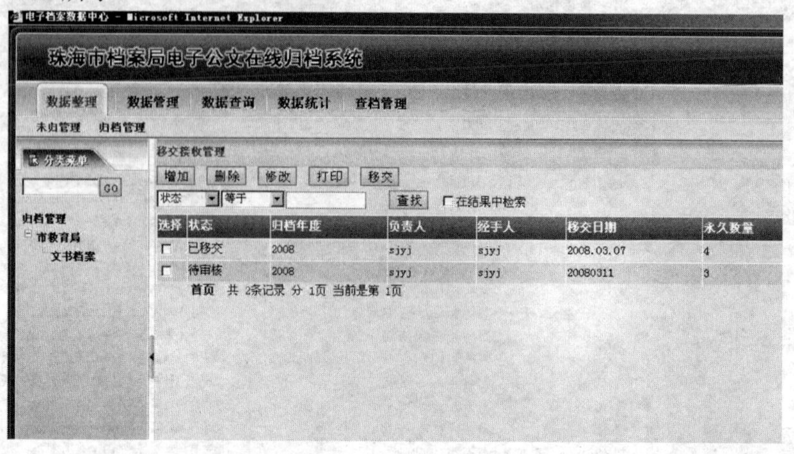

图 6-21 基层单位移交接收管理界面

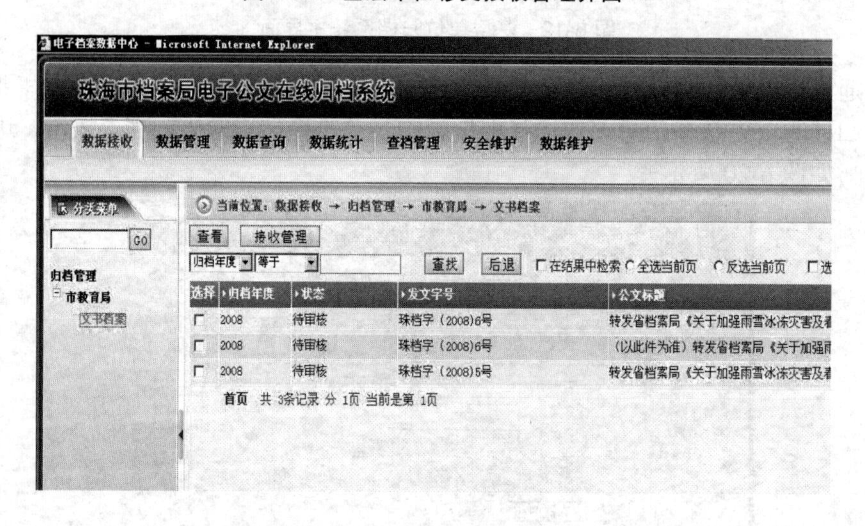

图 6-22 服务器端归档审核界面

（2）查看无误后选择文件，单击“接收管理”按钮，再单击“入库”按钮，完成整个归档过程。如果文件不符合要求，则单击“后退”按钮，则文件退回给基层单位重新检查。

实训练习

1. 实训材料

教师事先准备已经由同学著录完毕的文件材料，准备一台笔记本电脑，并事先安装通用档案管理系统，连通投影设备。

2. 实训内容

主要训练学生的实际操作数据录入能力，掌握档案数据的基本要素。

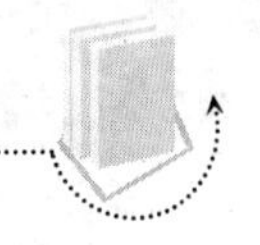

3. 实训方式

随机抽取5位同学，由这5位同学进行操作，将已经著录完毕的文件材料按照档案管理系统的提示自行操作，将著录项目的内容录入档案管理系统。其余同学观摩，并随时提出自己的看法。

4. 教师评判

由教师对操作录入同学的操作过程进行点评。

如有条件，可安排专门的电教室，每两人一台电脑进行操作。

任务三　纸质档案的数字化

相关知识

对档案文献进行数字化加工处理，是在加强档案原件保管质量的同时，提高档案信息利用效率、完善档案信息利用方式的一项重要手段。随着电子政务和办公自动化的发展，人们对网上档案信息资源的需求也日益强烈。把传统的档案信息资源经数字化处理转换成数字档案信息资源，建立起数字档案信息中心，将进一步完善我国以纸质档案为主体的档案信息资源体系，为社会各界提供更为丰富的信息资源服务。如今，档案数字化已日益成为档案信息化建设的一个重要组成部分。

一、档案数字化概述

档案数字化，就是采用各种信息采集设备将不同载体形式的档案转换成数字方式的过程。纸质档案数字化，就是利用扫描等信息采集设备，将纸质档案原件的图文信息分解为若干点阵式信息元（像素），并将光信号转换为电信号输入计算机内，从而形成数字图像文件的过程。

（一）数字化处理方式的选择

将纸质档案转换成计算机可处理的数字格式通常有两种方法：一是将纸质档案扫描并以图像方式存储，或进行 OCR 字符识别转换成文本文件；二是利用已有的缩微胶片影像进行数字化转换，或直接用数码相机进行拍摄。其中，对纸质档案进行直接扫描的方式比较经济和快捷。因此，纸质档案的数字化一般应采取扫描的方法来将其变成电子图像文件直接存储，再配合标引信息数据库的建立，以实现档案资料电子影像的快速检索利用。

（二）数字化输入设备的选择

目前，投入使用的档案数字化加工系统大多采用扫描仪作为数字信息采集设备。

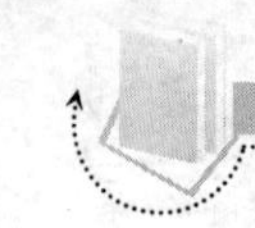

1. 扫描仪的种类

扫描仪通常分为高速扫描仪和平板扫描仪。高速扫描仪一般处理速度可达每分钟20～120页，还有单面扫、双面扫不同类型可供选择，其特点是扫描速度快，主要缺点是档案纸张状况较差时易损坏原件，故珍贵档案不适合选用该设备进行加工处理。平板扫描仪处理速度较慢。

扫描仪按颜色还可以分为黑白扫描仪和彩色扫描仪。如果仅做文字输入，则用黑白扫描仪即可。

2. 扫描仪的性能指标

（1）扫描速度。扫描速度是表示扫描快慢的指标。高速扫描有利于提高工作效率，缩短档案信息数字化的时间。

（2）扫描分辨率。扫描分辨率是决定图像质量的关键因素。分辨率选择应根据用途、原件字体大小来决定。分辨率是表示扫描仪精度的重要指标，反映了扫描仪对图像细节的表现能力。选择扫描仪绝不是分辨率越高越好，因为扫描精度提高1倍后，其扫描速度会大大降低，且生成的图像文件大小将呈4倍增长。如果扫描分辨率超过一定数值，再清晰的图像也不可能打印出来。一般而言，纸质档案数字化选择600 dpi×1200 dpi分辨率类型的扫描仪即足以应付文字输入。

（3）色彩分辨率。色彩分辨率是表示扫描仪分辨率彩色或灰度细腻程度的指标。理论上，色彩位数越多，颜色越逼真。对于档案来说，因为一般的文稿或图片本身质量就不高，故一般24位以上的扫描仪就够用了。

（4）动态密度范围。动态密度范围用来表示扫描仪所能探测到的最淡颜色和最深颜色间的差值。范围越宽，表示扫描仪可捕获到的可视细节越多。该指标对高性能专业扫描仪十分重要。

（5）灰度级。灰度级用来表示灰度图像的亮度层次范围。级数多，说明扫描仪图像的亮度范围大，层次丰富。目前，多数扫描仪灰度为1024级。

（6）扫描仪的接口方式。扫描仪的接口方式主要分USB和SCSI两种。USB接口速度较快，安装方便，可以带电拔插。SCSI扫描仪安装时需要在计算机中安装一块接口卡，安装较复杂，价格较高，但速度快，扫描稳定，扫描时占用系统资源少。需要注意的是，扫描速度与扫描仪本身的性能相关，同一扫描仪，使用任意一种接口方式，扫描速度上并无太大差别。

3. 扫描技术参数的确定

为了保证扫描图像的质量，必须认真选定图像扫描的有关技术指标与存储格式。与扫描图像质量有关的指标有很多，纸质档案的扫描中主要应考虑以下三项参数。

（1）扫描分辨率。分辨率越高，则扫描出的图像越清晰，但所占的资源也相应越多。纸质档案的扫描分辨率一般可选200～300 dpi。

（2）扫描模式。扫描模式即选择灰度扫描还是黑白二值扫描。对于一般的文字型档案文件，可以采用黑白二值扫描；对于需要表现档案原件细节的文件，则可以采取灰度扫描。

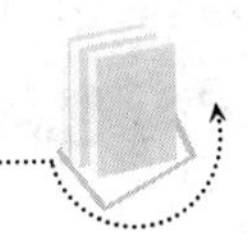

（3）压缩存储格式。纸质档案扫描信息的压缩存储格式主要有 TIFF、BMP、JPEG、AWD 等几种。根据档案的实际应用情况，一般选择“.tiff”格式。TIFF 格式可以存储多幅图像，其中以未压缩形式存储的 TIFF 文件可通过 OCR 软件识别转换为可编辑的文本。

（三）数字化存储设备的选择

大量档案原文的存储管理离不开海量存储技术。光盘存储系统是目前海量存储的基本手段。完整的光盘存储系统包括光盘盘片、相应的光盘驱动器及其光盘软件。选择档案信息用光盘存储系统的考虑因素如下。

1. 支持并发访问用户的数量

选择档案光盘系统最关键的因素应当是其可同时支持在线并发访问用户的数量。对众多并发访问的支持是有效实现档案信息库利用价值的基本条件，否则，无论存储容量多大，都可能因光盘系统不能有效支持众多并发用户而彻底崩溃，进而导致整个网络系统的瘫痪。

2. 安全性及其安全管理体系

档案信息确保其存储安全十分重要。对于镜像存放在光盘存储系统中的重要档案信息，系统管理员和合法用户在任何情况下均不得对其数据做任何修改。因此，在选择档案光盘系统时，安全性是必须考虑的重要因素。

3. 对各种网络操作系统和网络结构的支持

网络环境中，网络操作系统平台和网络结构千变万化，网络中服务器和客户机多种多样，这就要求档案光盘存储器能够适应各种复杂的网络环境。

4. 存储容量

必须根据本单位数字化档案的数量及其增长情况来选定光盘塔、光盘库可存储光盘的数量及其总的存储容量。存放档案信息的光盘数量每年都在不断增加，因此选择档案光盘存储系统时应考虑系统是否允许采取自行添加硬盘的方式来对光盘塔和光盘服务器进行扩容。

二、纸质文书档案数字化步骤

（一）档案整理阶段

1. 调档

从档案保管处借出需数字化的档案，按照要求办理调档登记手续，登记好档案数量、状况等，并对档案逐页进行清点。

2. 拆装

对归档改革前整理的档案，要将档案原件的装订拆除，排好顺序，并用夹子夹起防止散乱；归档改革后整理的档案如果没有装订，可直接排好顺序。操作中不得对档案原件有任何损坏。

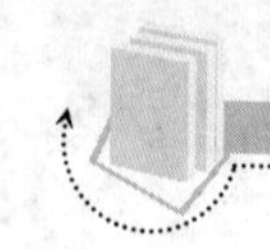

3. 修复

档案中，若有装订金属物则需去掉；有破损的地方需在备考表中注明，如果破损程度影响了档案内容的文件，则需进行修补；小于16开的档案需进行托裱；没有装订线的档案要另用纸加宽（档案学把这种对装订边窄小的档案进行加边的技术称为接后背，操作时要注意两点：一是补纸与档案搭接处宜窄不宜宽，一般为1～3 mm；二是如果需要在档案的四周加边，则应先加长边，后加短边）；多份档案粘连一起时，需在不损坏档案载体信息量的前提下，细心分开，如实在无法分开则不分。

4. 档案及目录的检查、整理

妥善保管好档案，严禁批注、涂画、圈点。档案目录中出现繁体字或不规范的简化字时，一律参照国家标准的简体字补充著录，需手写补录的项目要求字迹工整，并逐份逐页地仔细检查，不符合要求的应予以纠正。检查整理时主要注意以下几方面。

（1）检查档案的顺序，基本原则是档案页号按顺序连续排列。需要在档案原件上重新标注页号时，必须使用标准档案页码章，加盖在档案的右上角，位置须统一，并不得用手写页码。

如果在档案原件中出现档案漏编页码时，可视下列情况具体处理。

① 中间任意两页之间的空白页需以“×-1，×-2”补编页码。例如，第7页与第8页之间有4页没有编页码，则依次编为“007-1，007-2，007-3，007-4”。若空号为一份档案的首页，则将该页编为正码，其他页依次编为副码。例如，第7页与第8页之间有一页未编码，而该页正好是P8所在档案的首页，则将空白页编为“008”，而原第8页编为“008-1”。以上补编页码需在电子目录与卷内文件、案卷内的目录、档案目录上依次注明增加的实际页数。

② 出现跳号。若前后两份档案内容完整且连贯，但编码时跳号，如第1页与第2页分别编码为“001”和“004”，则需在电子目录与卷内文件、案卷内的目录、档案目录上依次注明“P2，P3为跳号，无实际内容”。

（2）检查档案目录所有的项目，包括题名、文件编号、责任者、日期、顺序号、页号、备注，保证其准确、完整，并与档案原件内容一一对应。要求一份档案对应一条目录，并仔细检查每份档案是否完整。如有档案漏编目录，应补编目录。正式档案若为复印件，则需在该档案首页的右下角加盖“复印件”章，字号要求5号字。

① 题名：要写全，与档案完全相符，不能随意删减、省略，要做到一字不落。凡题名中只写了“通知”、“委托书”、“支持信”、“承诺书”、“确认函”、“抵押书”、“公证书”、“协议书”、“申请书”、“工作动态”、“简报”等字样的，必须重新拟写一条简洁的题名反映档案的内容，外加“[ ]”号。凡档案内容涉及有关人物的姓名时，必须在题名项中照实著录。例如，题名为“有关张三等同志的任免通知（李四、王五）”，此时必须根据正文内容将“张三等”后面省略的人物姓名（如李四、王五）完整地著录。

② 文件编号：要写全，照实著录。

③ 责任者：同一责任者必须用统一名称。例如，在所有档案中责任者为“珠海市档案局”时，须统一名称，不得使用其他名称，如“市档案局”。

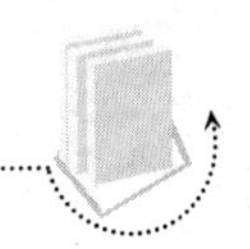

④ 日期：需写全年、月、日，格式为××××.××.××。档案中存在多个日期的情况时，应按照该档案的主要责任者所对应日期著录。

⑤ 顺序号：按照档案的合理排列，要求一份档案对应一条目录，一条目录对应一个顺序号。

⑥ 页号：填写首页页号即可，但每卷最后一份档案的起止页号都要填写。应在页码后加"—"标示本卷结束，如"99—100"。如果最后一份档案只有一页，也必须用"—"表示结束，如"99—99"。

⑦ 备注：应标注档案密级，无密级的可不写。

（3）检查案卷封面上的项目，包括全宗名称、类别名称、案卷题名、案卷所属年度、保管期限、卷内文件件数、页数、全宗号、目录号、案卷号等是否与案卷实际内容一致。

（4）花名册、介绍信及其他类型档案的整理。

花名册整理方法如下：

① 题名按名册全称著录；

② 责任者一律为名册上印章所对应的批准单位，无批准单位印章的以填报单位所写字样为准录入；

③ 花名册及其他名册均不需著录人名；

④ 日期写填报日期或批准日期，若有多个日期则录入一个即可。

介绍信、报到证、工资转移证、农转非存根整理方法如下：

① 以上类别档案中的人名必须如实录入，要求准确无误，少量看不清楚的字迹要核实后再作修改，如"党员介绍信存根（张三、李四、王五）"；

② 责任者和日期应为档案中印章所对应的单位和日期。

此外，任免、出访、优秀人员批件（教师、党员、干部……）等档案中涉及有关人物的姓名必须在题名项中照实著录。

5. 校对"档案目录"

按照档案（案卷）及目录检查整理的结果，对照档案目录进行校对，保证档案目录、卷内文件、案卷内的目录三者一致。

6. 检查"档案目录"

派专人负责对前面五个环节做仔细检查，确保档案目录、卷内文件、案卷内的目录三者一致。

（二）目录数据修改阶段

1. 电子目录数据修改

对照查改后的档案目录修改电子目录，要注意经常保存，以免数据丢失。进行电子目录数据修改时，主要应注意以下著录项的修改。

（1）档案题名：题名要写全，照实著录。

（2）责任者：录入多个不同责任者时，必须用"/"分隔开，如张三/李四/王五。

（3）文件编号：录入多个不同文件编号时，编号之间必须用"/"分隔开，如××/××/××。

（4）文件时间：需写全年、月、日，格式为××××.××.××，中间必须用“.”隔开。档案中存在多个日期的情况时，按照该档案的主要责任者所对应日期著录。如果档案时间没有月和日，只有年份，则分别用“00”代替月和日，如“2007.00.00”；如果档案时间没有日，只有年和月，则用“00”代替日，如“2007.11.00”。

（5）人名：凡档案内容涉及有关人物的姓名，必须如实录入，要求准确无误。多个人名之间必须用“/”分隔开，如张三/李四/王五。花名册档案无须录入人名。

（6）页号：填写首页页号即可，但每卷最后一份档案的起止页号都要填写。应在页码后加“—”标示本卷结束，如“99—100”；如果最后一份档案只有一页也须用“—”表示结束，如“99—99”。

（7）密级：按档案标注的密级著录，无密级的标注“无密”。

（8）页数：录入该份档案的页数。

（9）全宗号：输入时必须采用3位数，不足3位数的在前面补0，如“15”应为“015”。

（10）保管期限：按档案目录本上标注的保管期限著录。

（11）目录号/年度：归档改革前的档案，按档案目录本上的目录号著录，分别用“A1·×、A2·×、A3·×”表示，“×”为目录的流水顺序；归档改革后的档案，按文件归档的年份著录。

（12）案卷号/机构：归档改革前的档案著录案卷号，案卷号必须采用4位数，不足4位数的在前面补“0”，如“15”应为“0015”；归档改革后的档案，该处均录入“0”。

（13）顺序号/件号：归档改革前的档案著录顺序号，必须采用3位数，不足3位数须在前面补“0”，如“15”应为“015”；归档改革后的档案著录件号，必须采用4位数，不足4位数须在前面补“0”，如“15”应为“0015”。

2. 电子目录数据检查

对照修改后的电子目录进行检查，保证档案的电子目录、卷内文件、案卷内的目录、档案目录四者一致。

（三）档案扫描挂接阶段

1. 档案扫描

档案扫描过程中要严格执行有关档案阅览利用、保管保护和保密制度，注意保护好档案。

（1）档案扫描必须采用专业文件扫描仪，按照CCITT Group4压缩为标准格式或者标准TIFF格式。扫描以黑白为主，对于原件不清和字迹较淡的档案，扫描时必须用灰度或真彩模式扫描。扫描件打印效果不得比原件差，打印出的页面比例尺寸与原件相同，同时分辨率不低于200 dpi。

（2）档案扫描一般采用逐页手工扫描，纸张较好的档案可以采取连续进纸方式扫描。

（3）档案扫描中发现档案粘连在一起时，则需在不损坏档案载体信息量的前提下分开，将可以识别的信息全部扫描。

（4）存储格式按多页TIFF的格式进行保存，每份卷内文件为一个多页TIFF。保存多页TIFF文件时，要注意核对好页码顺序，不得缺、漏页。

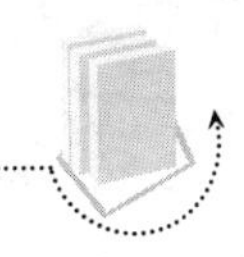

（5）文件命名：归档改革前的档案采用“全宗号+保管期限+目录号+案卷号+顺序号”命名，如“001（全宗号）1（保管期限）10（目录号）0962（案卷号）002（顺序号）”；归档改革后的档案采用“全宗号+年度+保管期限+件号”命名，如“001（全宗号）2001（年度）1（保管期限）0015（件号）”。

（6）扫描完成后，必须指定专人进行核查，检查扫描效果以及 TIFF 文件内的页码顺序、文件名是否正确。

2. 光盘刻录存储

将扫描形成的图片文件采用保存期限为 300 年以上的光盘（如柯达 CD-R80GOLD5PKBX 24K 纯金片 CD-R）刻录，一式两套，以作备份，并填写详细清单。光盘刻录必须有专人负责检查，检查光盘内容是否有错漏，光盘能否正常打开等。

3. 数据检查

应由专人、专机对每天完成的数据进行检查，要求保证扫描形成的图片文件与卷内文件一致，编号无误，清晰度和格式符合标准。

4. 数据挂接

将扫描获得的每个图片文件对照数据库原有的目录数据，逐份点击链接导入数据库。数据挂接必须跟扫描同步进行。在数据库中备份导入后的数据，将备份数据用保存期限为 300 年以上的光盘刻录，并制作一份挂接清单。

（四）档案装订、归还阶段

按检查整理阶段确定的顺序将扫描完的档案装订好。装订时必须保持档案的原貌，不得更换卷皮，不得缺漏页，且按照档案原有的线孔装订。装订好后要将档案检查一遍，看案卷装订是否结实，有没有脱页，顺序对不对，档案及目录齐不齐。检查完毕后，归还档案保管处，办理归还手续。

实训练习

1. 实训材料

教师事先准备好 30 份左右的机关文件材料。

2. 实训内容

主要训练学生开展档案数字化处理的前期准备工作。

3. 实训方式

将全班同学分成 4 个小组，同时将事先准备的材料平均分发给各小组。各小组按照课本讲授内容共同讨论，对材料进行扫描前的准备工作，熟悉工作流程和要求，并将准备的结果反馈给教师。

4. 教师评判

由教师对操作录入同学的操作过程进行点评。

模块七　档案保管

档案保管是关系档案保存环境、保存方法与保存寿命的重要工作。在我们生活工作的环境中存在着许多危害档案的完整与安全的因素，只有认真研究这些因素，并采取有针对性的防护措施，才能有效地延长档案寿命，使之更加长久地发挥其社会作用。

知识目标

- 了解档案保管的含义、任务及要求
- 熟悉影响档案寿命的因素及针对措施
- 掌握档案保管的条件与设施

技能目标

- 能够使用全宗卷等档案保管材料
- 能够根据库房建筑标准，辅助档案库房的设计
- 掌握档案库房的温、湿度调节方法

案例导入

一天，公司领导要查阅一份去年的文件。小赵找到那份文件时大吃一惊，因为那份文件已经被污损，部分文字看不清楚了。他赶紧拿去问老陈，老陈看了也吃了一惊，经过他的回忆，前几年公司档案工作不正规，只有一个兼职的档案员，年底档案室在整理档案时，人手不够，招了两名实习生来帮忙。为了降低成本，提高效率，档案员在批发市场买了糨糊和胶水，用了黏接法装订好档案。经过一段时间，因为受潮糨糊已经浸到了文字部位，而且还有一些地方开始长霉，文件已变得面目全非。

小赵有些着急："那怎么办，领导等着要呢。"

老陈说："别急，我们先去复印一下，把复印件先用着，原件再作技术处理。"

小赵说："问题是复印也会出现有污损的痕迹呀。"

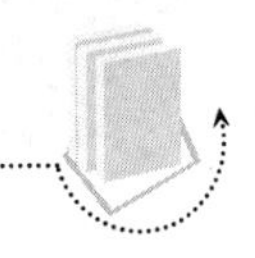

老陈说："没关系，我们试试看。"

老陈到复印机前，首先对复印灰度进行了调节，果然复印出来的文件几乎看不出污痕了。等小赵把文件送去再返回时，老陈已经开始对原件进行技术处理了。

老陈不无感慨地说："要做好档案保管，最重要的是防患于未然，等到出问题就晚了，再好的补救都会对档案造成新的损害。"

任务一 档案保管概述

相关知识

档案保管既是整个档案管理业务的一个环节，又是一个相对独立的工作活动。由于档案保管对档案管理的重要意义以及其特有的科学性、技术性和专业性的要求，目前保管工作已经形成了一个专门研究的领域——档案技术学。本书主要从文档管理的角度来探讨档案保管工作的内容、意义和常用的技术手段。

一、档案保管的含义

我国《档案法》第三条规定："一切国家机关、武装力量、政党、社会团体、企业事业单位和其他组织的档案机构或者档案工作人员，负责保管本单位的档案。"这指所说的保管，是泛指档案的日常管理工作。而作为科学管理档案的一项具体业务，档案保管是指根据档案的制成材料，使用一定的设备和装具，采取适当的措施和方法，妥善地保存档案，延长档案的寿命，以便档案信息的长远利用。

档案保管主要包含三方面的内容：

（1）库房内档案的日常管理工作；

（2）档案在流动过程中一般的安全保护；

（3）利用专门措施和方法延长档案的寿命，如为延长档案的寿命而采取的复制和修补等各种专项技术处理。

二、档案保管的重要性

《档案法》第三条明确指出了保管好档案是党和国家赋予档案机构的神圣职责。档案保管在整个档案工作中具有重要意义。

（一）从微观上看，档案保管决定着档案寿命的长短

档案是物质的，物质运动规律使档案不可能永久保存下去。档案都有消亡的一天，但档案保存的寿命长短与档案所处的环境直接相关。如果保存环境得当，保管方法科学，档案寿命就会大大延长，就能够发挥更加长远的作用，产生更大的社会效益和经济效益。一旦保管方法不当，恶劣的存放环境就会加速档案的损毁，档案的寿命就会缩短，以致造成不可估量的损失。

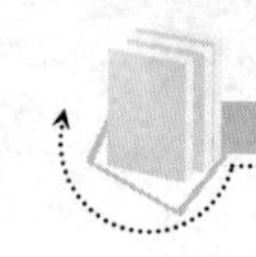

尤其是目前人类生存的环境日益恶化，危害档案寿命的因素也空前增多，如空气中的酸污染、沙尘、各种有害气体以及对于磁记录载体档案影响严重的电磁污染，令人防不胜防。这些都对档案保管工作提出了更新更高的要求。如果不能加速档案保管工作的研究，采取更加有效的应对措施，则档案所处的环境堪忧。

（二）从宏观上看，档案保管决定着档案事业的兴衰

档案保管质量的高低，对提高档案管理工作水平具有决定性的影响。档案保管得好，就为整个档案工作的顺利进行提供了最基本的物质前提，使档案的整理、鉴定、统计和利用等工作得以顺利开展，而且对档案的提供利用和编研创造便利条件。反之，如果档案得不到安全的保护，残缺损毁，失密泄密或保管杂乱无章，前期的收集整理等工作就会前功尽弃，也就谈不上检索利用，其他环节都会受到影响而不能正常开展。保管不当甚至会直接造成档案的损毁，从而给国家的档案和其他相关方面造成不可估量的损失。因此，档案保管质量在一定程度上体现了整个档案工作的质量，它在整个档案工作的进程中占有重要的位置。

三、档案保管的任务、基本原则和要求

档案作为各种社会实践活动的历史记录，需要内容系统、载体完好地保存下来，但是社会和自然的许多因素都可能使档案材料受到危害甚至遭受损毁，档案的系统性和政治安全就可能受到破坏。档案保管的任务就是要了解和掌握档案损坏的规律，通过采取专门的技术措施，最大限度地防止和减少档案的损毁，延长档案的寿命，维护档案的系统性和完整性，保证档案的安全。

（一）档案保管的任务

《档案法》第五条规定，要“维护档案完整与安全，便于社会各方面的利用”。这是我国档案工作最基本的原则和对档案工作最基本的要求，而保管是实现维护档案的完整与安全的重要环节和直接手段。档案保管的具体任务如下。

（1）防治损坏。这是档案保管最主要的一项任务。从总体上看，档案的损坏是不可避免的，这就要求我们采取必要的措施，尽可能消除危害档案的因素，改善档案保存的环境，让档案得到更妥善的保护。

（2）延长寿命。这是档案保管的总体目标。防治损坏只是手段，延长寿命才是目的。所有保护措施和技术手段都应该围绕延长档案的寿命展开。在档案保护工作中也出现过为了解决某一种危害而对档案进行处理，结果造成了新的伤害的案例，这就有违于延长寿命的要求。

（3）维护安全。维护档案的安全一方面指档案作为一种物质存在的形态必须最大限度地存在下去，另一方面是使档案不致因为保管失当或条件的恶劣而发生丢失或泄密现象，造成政治上的不良后果。这也是保管工作的重要任务所在。

（二）档案保管的基本原则

档案保管应坚持“以防为主，防治结合”的基本原则。“防”是指预防档案的损坏，

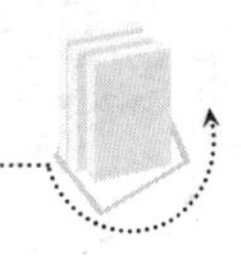

防止档案丢失，防止人为或自然对档案的污染和损毁；“治”是指治理已经损坏的档案，对破损档案进行复制，进行修补。

在档案保管中，“防”是主导，“治”是补充。如果不把“防”放在首位，防止不利因素对档案的破坏，“治”的任务必然会很大，一定会治不胜治。而且，目前保存的档案大部分是完好的，因此保证大量完好无损的档案的安全与完整，才应是首要任务。

同时，“治”也很重要。不治，已经损坏的档案就不能被利用，档案受害的范围、程度还会继续扩大和加深，使濒临损坏的档案遭到毁灭。所以，在“防”的同时，也要做好“治”的工作，只有防治结合，才能维护档案的完整和安全。

（三）档案保管的要求

档案保管的要求包括三个方面。

（1）档案应集中保存，综合管理。这既符合档案管理工作的基本原则，又能使档案其他环节的工作得以顺利开展，有利于综合开发利用档案。

（2）档案保管应体现管理的科学性。要按照档案的保管期限、不同门类和载体分别编号，统一管理。

（3）档案保管的目的是为了提供利用，因此必须坚持“利用促保护，保护为利用”的原则。在保管过程中必须采取一系列安全防护措施，确保档案的完整与安全。

四、档案保管与档案工作其他环节的关系

档案保管是整个档案工作的基础，与档案工作各个环节有机结合，有着密切联系。档案保管不能离开其他环节而孤立进行，必须与其他环节密切配合。档案人员要掌握其他各环节对保管的促进和制约作用，并注意在其他各环节工作中保护档案。

档案是由文件转化而来，因此文件信息的载体和书写材料及质量与档案的耐久保存有密切的关系。为了更好地保管档案，档案部门有责任向文书部门要求和推荐适合的载体和书写材料，以便最大限度地延长需要永久保存的重要文件的寿命。

此外，档案保管不是单纯“为保管而保管”，其最终目的是为了保证党和国家各项工作对档案的利用，如果只片面强调保护而不提供方便的利用，则保管工作就失去了意义。但若只强调方便利用而损毁了档案，则利用工作也就没有了基础。因此，档案保管的一切措施、制度、办法直至具体的技术处理，都要既有利于保护档案，又要保证当前和长远利用的方便，这是档案保管的出发点和检查保管工作做得好坏的标准。

【知识链接】

档案制成材料的耐久性比较

1. 字迹材料的耐久性

字迹材料的色素成分大致有三种，即炭黑、颜料和染料。

（1）炭黑：主要成分是碳，物理化学性能稳定，耐光、耐热、耐酸碱、耐氧化，不易与其他物质发生反应，也不溶于水、油和一般的溶剂，是字迹色素成分中最耐久的一种。

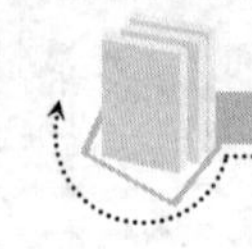

（2）颜料：又可分为有机颜料和无机颜料，不易溶于水、油和其他溶剂，耐光性能好，耐酸碱，是字迹色素成分中较耐久的一种。

（3）染料：是一种有色的有机化合物，易溶于水、油或其他溶剂，耐光性能差，不耐酸碱，是字迹色素成分中不耐久的一种。

2. 字迹材料与纸张结合的方式

（1）结膜式：这类字迹材料书写在纸张上后，会在纸张表面结一层膜，将字迹固定在纸张上，既不易磨掉，又不会扩散，属于最耐久的方式。

（2）吸收式：这类字迹材料书写在纸张上后，被纸张纤维吸收而固定在纸张上，耐摩擦，但容易引起扩散，属于比较耐久的方式。

（3）黏附式：这类字迹材料书写在纸张上后，既没有结膜，也没有被吸收，只是黏附在纸张上，因此不耐摩擦，容易被损坏。

综上所述，凡字迹材料是炭黑、与纸张结合方式是结膜式的书写材料最耐久，如墨汁、碳素墨水、黑油墨等；凡字迹材料是颜料、与纸张结合是吸收式的书写材料比较耐久，如蓝黑墨水、彩色油墨、印泥等；凡字迹材料是染料或者与纸张结合方式是黏附式的书写材料都属于不耐久的材料，如红墨水、纯蓝墨水、复写纸、圆珠笔、铅笔等。

五、影响档案寿命的因素

影响档案寿命的因素包括社会因素和自然因素两方面。

（一）社会因素

社会因素也即人为的因素，主要表现在以下三方面。

（1）由于权力斗争及其他各种政治原因，一直存在着对某些档案文件进行有计划、有意识的破坏现象，使该历史时期或事件无法完整或真实地记录下来。

（2）由于档案工作人员或利用档案等接触档案的有关人员麻痹大意，或玩忽职守，或不遵守规章，或缺乏档案学知识等导致管理或使用不善而造成对档案的丢失、损坏或档案整体系统的混乱。

（3）在档案日常管理和利用过程中，人为造成的档案材料的老化和磨损。

（二）自然因素

自然因素主要包括两个方面。一是档案制成材料本身，如纸张、胶片、磁带等载体材料和墨水、油墨等所用书写、印刷材料，这些制成材料的运动变化和耐久性因素等直接影响档案的寿命。二是档案所处的环境和保管档案的库房条件，这些因素主要包括以下几点。

（1）温度。库房里的温度太高不仅会破坏纸张纤维，而且会加速其他有害因素的影响；温度太低则会使纸张和塑料载体变脆，机械强烈下降。

（2）湿度。湿度指库房的相对湿度，即在特定温度下空气中的水分子含量。相对湿度过大不仅会引起纸张纤维素的水解，而且会加速空气中酸碱性物质的危害；同时，充足的水分也是生霉、生虫的必要条件。

（3）有害气体。有害气体主要是指空气中的有害酸碱气体。这些气体附着在纸张或其

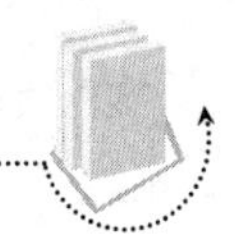

他档案载体上不仅会直接腐蚀档案载体，加速档案的老化，而且会导致书写材料的变色和褪色，造成信息的消失。

（4）光线。在普通条件下，空气中的氧对纤维素的氧化很缓慢，但如果有光的照射，纤维素的氧化速度会大大加快，此反应称为光氧化反应。此外，阳光以及某些灯光中的紫外光能量很强，可以破坏档案载体的结构，使纸张、塑料等载体机械强度下降，变脆或老化。

（5）档案害虫。档案害虫的种类很多，几乎所有的库房害虫都可能危害档案，而且档案害虫造成的损失是无法挽回的，因此防虫也成为档案库房的一项经常性的任务。

（6）灰尘。灰尘是一种固体杂质，它的形状不规则，多是带有棱角的粉粒。灰尘落在档案上以后，在整理、保存、利用的过程中，随着纸张的移动、翻阅，会引起灰尘颗粒对纸张的摩擦，使纸张和字迹受到损坏。此外，灰尘中还会夹杂一些酸碱类有害物质，附着在档案上后会逐渐发生作用。灰尘的一些有色的细小颗粒也会污损档案。

（7）老鼠。老鼠对档案的破坏非常严重，档案被老鼠啃噬的部分完全无法复原。老鼠的排泄物、食物残渣也会污损档案载体。

（8）真菌。真菌对档案的影响来自三个方面：一是真菌在生长繁殖过程中会产生有机酸，这种酸会造成档案载体的腐烂；二是真菌会因生活条件的不同产生不同颜色的色素，这种色素非常稳定，不易去除，会直接导致档案变色，污损字迹；三是真菌生长过程中还会分泌出一种能使纤维素水解的酶，能够在 3 个月内把纸张纤维毁去 10%～60%。因此，档案库房防霉的任务也非常重大。

（9）火灾。档案库房多为易燃物，一旦着火，后果不堪设想。而且档案库房不能用水或干粉来灭火，只能用灭火气体灭火，否则会加速档案的损坏。防火对于档案库房的重要性不言而喻。

（10）磁场。各种设备、仪器所发出的电磁场，对磁记录档案的影响是非常明显的。现在磁记录载体的数量增多，运用也越来越广泛，档案库房防磁场也成为一个新的课题。

以上这些因素中有很多是看不见、摸不着的，还有一些危害是非常严重、无法挽回的。总之，我们对以上因素都需要给予足够的重视，应尽可能消除这些因素的影响。

档案制成材料和所处环境的影响是相互作用的。例如，纸制档案材料易受潮、长霉、发黄、变脆，这些现象与保管档案时的温度、湿度、有害气体、灰尘和微生物有密切的关系。同时，字迹扩散、退色与水溶、光、酸、碱、摩擦有很大关系，因此，温度、湿度、光线、灰尘、虫、鼠、水、火及机械磨损等都是造成档案被破坏的原因。例如，库房温度过高会使耐热性比较差的书写材料（如圆珠笔、复写纸）的字迹发生扩散，有利于档案有害生物的生长与繁殖，加速各种有害化学杂质对档案制成材料的破坏作用；而低温则会使档案纸张里的水分产生冰结。又如，库房内湿度过高，会加速档案纸张材料中纤维素的水解，会使耐水性较差的纯蓝墨水、红墨水等字迹发生扩散退色，有利于档案有害生物的生长和繁殖，还会促进空气中的有害气体、灰尘等不利因素对档案制成材料的破坏作用；但低湿又容易使纸张变硬、变脆。

【知识链接】

档案库房常见害虫及防治方法

档案害虫根据其生活习性、食性及危害性大致分为三类：一类是档案的主要害虫，以档案为主要食料，如书虱、毛衣鱼、档案窃蠹、烟草甲等；一类是在缺乏食料的情况下能咬食档案的，如家白蚁、蜚蠊等；一类是不能在档案库内完成世代的偶发性害虫，如红圆皮蠹等。据有记载的资料及初步调查，对档案造成危害和可能造成危害的害虫约有30余种，隶属于6目13科。

档案害虫的杀灭有化学杀虫、物理杀虫等多种方法。

（1）化学杀虫。化学杀虫就是利用有毒的化学物质直接作用于虫体使其死亡的一种方式。它既可灭杀也可预防，是防治结合和预防档案害虫传播蔓延的有效手段。该法杀虫速度快，作用时间短，处理量大，费用低，杀虫彻底。剂型分为液剂、粉剂、烟剂、熏蒸剂。

（2）物理杀虫。物理杀虫是利用物理方法破坏害虫的生理机能，使之不育或死亡，达到防治目的。物理杀虫具有方法简便、无残毒、不污染环境、也不致害虫产生抗药性等特点。

实训练习

1. 实训材料

按照班级分组情况，每个小组准备以下的实训材料：

（1）准备5张白纸，上面分别用铅笔、圆珠笔、红墨水、水性笔、碳素墨水写上字；再用激光打印机和喷墨打印机各打印一张文字，并把其中一张复印好。

（2）一个装水的容器。

2. 实训内容

了解档案材料的耐久性。

3. 实训方式

（1）各小组将事先准备的8张纸放入容器中用水浸泡10分钟左右。

（2）将浸湿的纸张取入，观察上面字迹的变化。

（3）将纸贴在窗户的玻璃上，并在下次上课时再取下纸张，记录字迹的变化情况。

（5）小组成员查找有关资料，分析字迹变化的原因，并完成实训报告。

4. 教师评判

教师根据各小组的实训报告进行评分，并做出点评。

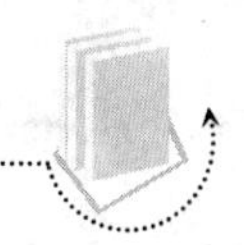

任务二 档案保管的物质条件

相关知识

一、档案库房

档案库房是档案保管最基本的物质条件，因为库房一旦建成或选定，则在短时间内很难再变动。此外，档案库房对档案的影响是长期的、持续的，如果建筑不符合标准或选址不当，会给档案保管带来很多不利影响。

（一）档案库房选址的要求

根据防水、防湿的要求，档案库房一般不能选在靠近江河湖泊或地势低洼的地方，也不能选在地下水位高的地段，以免地下水通过地面影响库房内的湿度，造成库房潮湿。为了避免有害气体及灰尘的不利影响，档案库房也不应选在靠近工业区或者污染较大的单位、人流、车流量大的繁华街道。

（二）档案库房的建筑要求

档案库房的建筑要求主要包括库房的屋顶、外墙和地面，重要需要解决的问题是防光、隔热和防潮。

现代建筑的屋顶有平顶和坡顶两种，其中坡顶房屋防热性能更好，排水效果更理想，也不易发生渗漏，维修容易。所以，按档案库房的要求，选择坡顶房屋效果较好。档案库房的屋顶还要求有专门的防热和防水处理，颜色最好以浅色为主，以尽可能减少房屋对热量的吸收。

档案库房的外墙也有隔热和防水的要求。库房尽量不要有西晒，不能有渗水现象，墙壁可以采取加厚、填充隔热材料或修成空气间层墙体来隔热和防潮。墙面最好刷成浅色，表面尽可能光滑，以减少太阳辐射热的影响。

库房地面也应进行专门的防潮处理，特别是处在一楼的库房，如果防潮措施不当，则以后即使采取吸潮、降湿等方法，效果都不会太理想。

（三）档案库房温、湿度调节

库房内的温、湿度是直接影响档案“自然寿命”的环境因素，因此，库房温、湿度的控制与调节是档案保管工作的一个重要部分。为了掌握库房温、湿度情况，应配置精确、可靠的温、湿度测量仪器，随时测量并记录库房温、湿度的具体指标状况。控制和调节库房温、湿度的方法很多，大致可归结为以下两种。

一是对库房实行严格密闭，隔绝库房内外温、湿度的相互交流，在库房内采用空调或恒温、恒湿技术设备，将库房温、湿度人为调控在适宜的指标范围之内。但这种方法所需费用较大。

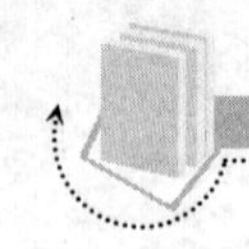

二是采用一些机械性或自然性的措施对库房温、湿度进行人工调控。具体的措施大致又可分为三种，实际工作中可以同时或交叉使用。

（1）使用增温、增湿或降温、降湿等机械设备进行调控，使原有温、湿度有所改变。

（2）利用库房内外温、湿度的差别，采用打开门窗或排风、换气扇等方法进行自然通风，用库房外的自然温、湿度来改变调节库房内的温、湿度。

（3）采用一些更为简便的人工方法来对库房温、湿度进行调节，如在库房内放置水盆、湿草垫、地面洒水等以适当增湿，在库房内或装具中放置木炭、生石灰、氯化钙、硅胶等物品以适当降湿。但这种方法的效果只是局部的，而且很有限。

此外，真菌等微生物对档案的破坏性很大，因此要保持清洁，避免污染。同时，使用一些防霉剂以及给档案库房消毒等，也有一定的防护作用。真菌虫害生长最适宜的温、度是22～35℃，最适宜的湿度是70%～90%，故当库房温、湿度在这个范围时将会有利于档案有害生物的生长繁殖，给档案制成材料带来破坏作用。因此，保护档案较适宜的温度是14～20℃，比较适宜的相对湿度是50%～65%，这样的温、湿度可使档案纸张也达到标准的含水量（7%），从而较有利于更好地保护档案材料。

（四）档案库房日常的防光和防尘措施

1. 防光措施

光对档案制成材料耐久性的影响有三个方面：一是光辐射热；二是光氧化；三是光能的破坏作用。为了防止或减少光对档案制成材料的破坏作用，一般可采取以下措施。

（1）为了防止阳光的直接照射，库房的窗子要少，东西向不宜开窗，南北向的窗子要小而窄。

（2）为了防止或减少漫射光中的紫外线进入库房，在库房窗子玻璃上应采取一定的措施，如加设百叶窗、使用毛玻璃、在窗玻璃上涂刷紫外线吸收剂等。

（3）为了防止或减少人工光源中的紫外线，库内使用灯光以白炽灯（即普通的钨丝灯泡）为好，因为日光灯发射的紫外线比白炽灯多。

2. 防尘措施

库房内应防止灰尘及有害气体的影响。灰尘一般能吸附空气中的酸碱性，落在档案上会对纸张和字迹起到破坏作用，还会脏污档案，影响字迹清晰度；同时，灰尘还是真菌孢子的传播者。有害气体会影响档案制成材料的耐久性，使字迹产生氧化退色作用。因此，应采取以下措施以防止有害气体和灰尘。

（1）正确选择档案库房的地址，不要把库房的地址选在工业区、大居民点或繁华的街道上，从而大大减少有害气体与灰尘的影响。

（2）档案库房要实行密闭。档案存放可采取密封或相对密封的方法，以减少有害气体（特别是灰尘）对档案的破坏。

（3）绿化植物对环境保护有着积极作用。在档案库房周围进行绿化，可以减少有害气体和灰尘对库房的影响。

（4）使用空调装置净化和过滤灰尘与有害气体，一般能起到较理想的效果。

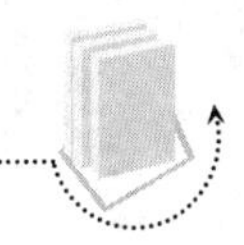

（5）档案材料入库前应进行除尘处理。

（6）经常做好库房的清洁卫生工作，也能有效地降低库房内的含尘量。

二、档案装具

档案装具是档案库房内的主要设备，也是存放和保护档案的基本条件。由于档案装具用量大，其形式、用材、结构、规格等是否合理，会直接影响档案的保管条件。

档案装具种类很多，目前普遍使用的主要有档案架、档案柜和档案箱。设计档案装具时，应注意所用的材料及加工方法都不应对档案有丝毫损害；装具的形式要便于调阅档案，并便于合理利用库房的空间；装具要经久耐用，并符合节约原则；尽量做到整齐划一，便于管理。

（一）装具的用材

档案装具目前有金属与木质两种。金属装具耐久，有利于防火，搬动不易损坏，但造价高，防潮隔热不如木质的好。木质装具造价低，可就地取材，有利于防潮隔热，但易生虫，不如金属装具耐久，不利于防火。木质装具要注意选材，所用木材应当不生虫、不出油、结实耐久。在加工木质装具时应注意干燥、去脂，或浸以一定药剂，涂布防火材料等，以提高木质装具的质量。

（二）装具的形式、结构

档案架造价低，比较经济，调用档案方便，可提高库房有效使用面积。但档案架要求具有较理想的库房保护条件，否则各种不利因素对架中档案的影响将大于档案柜、档案箱。

档案箱因自成一个密闭的环境，故可减少外界不利因素对档案的影响。但档案箱结构复杂，一套箱子消耗材料较多，故逐项提高了成本；此外，使用档案箱还会降低库房面积的利用率，并且调用档案不如档案架方便。

档案装具中还有一种活动式密集架。这种架子在库内是紧密排放的，一般架子下有轨道，可以推动或电动，库内留少数通道作为移动架子和取放档案之用，从而大大提高了库房面积的利用率。而且这种活动式密集架可密封为一个整体，有利于减缓各种有害因素的影响。但这种架子造价要高一些，且增加了建筑的负荷，如果楼层均用密集架，则库房建筑的投资就要增加。此外，使用密集架时调用档案也不如一般档案架方便。

总之，在档案装具的选用问题上，应根据各馆（室）的实际情况而定。档案馆（室）档案数量多，保护条件较好时，以用档案架为宜。机关档案室如档案数量少，保护条件差，则可用档案柜、档案箱。档案柜的优缺点与档案箱相近，但比档案箱便宜。

三、温、湿度测量及控制调节设备

为了有效地控制温、湿度，库房内应配置温度计和湿度计，并对库内温、湿度状况进行连续性的记录。此外，还应配置去湿机、排气扇和空调机等。

（一）常用的温、湿度测量仪器

常用的温、湿度测量仪器有水银温度计、酒精温度计、双金属自记温度计、普通干湿球温度计、旋风式干湿球温度计、自记式毛发湿度计、自记式电子温湿度计等。

（二）常用温、湿度控制调节设备

常用温、湿度控制调节设备有轴流式窗用排风机、去湿机、加湿机、窗式空调机、分体空调机和柜式空调机等。一般情况下，利用空调机基本上就能够达到控温、去湿效果，但有时也可以单独使用去湿机去湿。

去湿机根据去湿量有 2 kg/h、3 kg/h、6 kg/h 等几种规格。选择去湿机时要考虑库房密封程度、面积大小以及空气潮湿程度。一般而言，面积在 50～60 m^2 的密封严实的库房配置一台 3 kg/h 的去湿机，每周开机 7～8 h，便可将相对湿度控制在库房技术管理规定标准范围之内。使用去湿机时库房应密闭，且不宜在温度 15℃、相对湿度 50%以下时使用去湿机。

四、灭火除尘设备

（一）灭火设备

基于防火的要求，档案库房应配备合适的灭火设备。我国通常使用的灭火器很多，如化学泡沫灭火器、清水灭火器、酸碱型灭火器、二氧化碳灭火器、干粉灭火器、四氯化碳灭火器、1211 灭火器和 912 灭火器。这些灭火器中，有一些不适宜档案灭火，如化学泡沫灭火器、清水灭火器、酸碱型灭火器、二氧化碳灭火器、干粉灭火器和四氯化碳灭火器等。比较适合档案灭火的有 1211 灭火器和 912 灭火器。

1211 灭火器是一种储压式气体灭火器，具有灭火效率高、毒性低、腐蚀性小、久贮不变质、灭火后不留痕迹、不污染物品、绝缘性能好等优点，主要用来扑灭电器、油类、图书、档案、资料等的初期火灾。

912 灭火器是一种储压式卤代烷强力灭火器，内装 912 灭火剂，具有灭火效率高、灭火速度快、毒性低、腐蚀性小、久贮不变质、灭火不留痕迹、不污染物品、绝缘性能好等优点，还可在带电场合使用。手提式 912 灭火器除可以扑灭煤气、油类和变压器等初期火灾外，还特别适合档案、文物和图书馆等部门使用。

灭火器应悬挂在醒目、易取拿的地方。

（二）除尘设备

档案库房内除尘不宜使用鸡毛掸子等工具，否则会造成尘土飞扬；使用干抹布效果也不佳；使用湿抹布会引起库房湿度增高。库房除尘应使用吸尘器，它不仅可以除掉桌面、装具表面的灰尘，还可以除掉案卷封面等处的灰尘以及墙壁、屋顶的灰尘，而且除尘彻底，不会造成尘土飞扬。

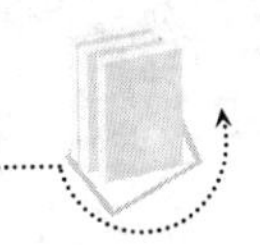

五、档案修复设备

档案修复工作就是对破损或变质的档案材料进行及时的修补、复制或其他技术处理。修复设备包括复印机、照相机、录音机和修补档案专用的工具。

修补文件的工具中最常见的是排笔（毛笔）、棕刷、油纸、喷水壶、划尺板、裁板、裁刀、锥子、压力机、吸潮纸以及各种修补材料，如宣纸、毛边纸、棉纸、白报纸、透明纸、封皮纸等。另外还有脸盆、镊子、大头针、铁夹等工具。

档案修复应该有专门的工作台，工作台表面应平整光滑、无裂缝，以便于修复工作的开展。

六、库房照明采光设备

库房内照明采光设备要基于安全和光线中紫外线含量少的要求，宜选用加乳白色灯罩的白炽灯。若采用荧光灯，则应有过滤紫外线和安全防火的措施。

库房内的照度以 50～100 lx 为宜，以 16 m^2 面积库房配备一只 60 W 白炽灯为标准；阅览室的照度以不低于 150 lx 为宜。库房内灯光安排要均匀，线路采用穿金属管暗敷，尽量简捷，设置分开关。

实训练习

1. 实训内容

了解档案保管的物质条件。

2. 实训方式

（1）各小组自己选择一个附近的档案室参观考察。
（2）观察档案室所处的位置，判断该档案库房的选址有何利弊。
（3）观察档案库房有无温度、湿度控制设备，确定其控制效果如何。
（4）观察档案室主要的档案装具是什么，讨论各装具有何利弊。
（5）每小组选派一名代表在班上进行交流。

3. 教师评判

教师根据各小组的交流情况进行评分，并做出点评。

任务三 档案库房的日常管理

相关知识

档案库房的日常管理工作是档案保管工作的基础，只有做好了库房的日常管理工作，才能做好档案保管，并为档案工作中其他环节的顺利进行创造条件。

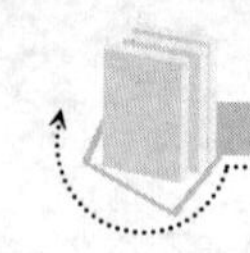

一、档案柜（架）的排列与编号

库房内档案柜（架）的排列管理，与档案柜（架）的合理使用、库房内的工作秩序以及档案的取放，都有直接的关系。因此，库房内档案柜（架）的排放应符合下列要求。

（1）档案库房内档案柜（架）的布置应成行地垂直于有窗的墙面，以避免强光直射档案，采光窗宜与档案柜（架）间通道相对应。无窗库房中档案柜（架）的排列应注意不要有碍通风。

（2）档案柜（架）不应紧靠墙壁，档案柜（架）与墙之间的距离要在 10 cm 以上。应注意最大限度地利用库房的地面与空间，同时也要便于档案的搬运与取放，不要太松或太紧。为了便于管理和通行，主要通道应正对库房门，净宽不小于 1.5 m。非密集架的排列，两行间净宽以不小于 0.8 m 为宜。

（3）档案柜（架）应排列一致，横竖成行，整齐美观。

（4）档案柜（架）应统一编号。为了便于对库房内档案的管理，能够迅速地提取档案，应将所有的档案柜（架）统一编号。编号办法为：从门口开始依次从左至右编档案柜（架）号；每个档案柜（架）分栏的，自左向右编栏号，每栏由上至下编格号。库房面积较大，档案柜（架）较多时，可绘制库房存放平面位置图，以便于查找。

二、档案的排列存放

一般我国的档案馆（室）保存的档案应按全宗排列、整理和保管。全宗的排列方法主要有全宗顺序号流水排列法和全宗分类排列法两种。如果一个库房内同时存放多个全宗、类别的档案，则全宗与全宗之间、类别与类别之间不能混淆。要注意它们之间的联系，联系密切的全宗、类别档案要放在一起，应尽量保持它们相互之间的联系。

一个全宗的档案应排放在一起。同一个全宗的档案，按案卷的顺序号，依据柜、栏、格编号，依次排列上架。有的全宗内可能还包括一部分声像档案、技术图纸或会计报表等档案，这些不同载体和类型的档案，可以分别保管，但应填写说明卡放置于原全宗内，指明该部分存放地点，以保持其应有的联系。

案卷的存放上架可采用竖放或平放两种方式。竖放是目前采用比较广泛的一种，其好处是提取、存放案卷比较方便。平放虽然取放不方便，但对保护档案有利，故平放适用于保管珍贵档案和不宜于竖放的档案。为了避免压力过重，堆叠高度最好不超过 40 cm。

科技档案要根据其载体材料和类型特点，选择最适宜的存放方法。

底图（描图纸）档案的制成材料比较特殊，而且多次复印使用，为延长其寿命，一般应在特殊的底图柜内存放，并且平放。对于特大特长幅面的底图，卷成圆筒存放为好，其优点是节省面积，但取放不够方便。

照片、胶片、磁带等特殊材质和特殊形式的专门档案材料，应放在特制的胶片页夹、密封盒和影集盒袋，按编号顺序排列在防火柜内。缩微母片和拷贝片应分别储存。

三、档案存放地点索引

档案存放地点索引是为了方便档案库房的日常管理，帮助档案人员更好地掌握档案存

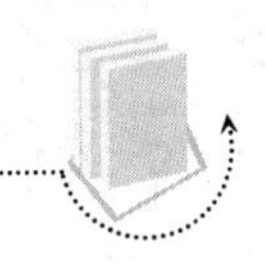

放情况和迅速地取放档案而编制的一种以档案存在地点为线索的管理材料。档案存放地点索引按其作用可分为两种。

（1）以全宗内各类档案为单位，指明档案存放地点（参见表 7-1）。

表 7-1　档案存放地点索引（一）

全宗名称			全宗号				
案卷目录号	案卷目录名称	目录中案卷起止号	楼	层	档案柜（架）	栏	格

（2）以档案库房和柜（架）为单位，指明库房保存档案情况（参见表 7-2）。

表 7-2　档案存放地点索引（二）

楼：　层：　房间：							
档案柜（架）	栏	格	存放档案				
			全宗号	全宗名称	案卷目录号	案卷目录名称	目录中案卷起止号

索引可制成簿册式和卡片式，还可制成图表，悬挂在合适的地方。索引中的详细程度和项目可依实际情况增减。

四、档案代卷卡

由于提供利用或档案室编研、修补、复制档案等工作的需要，要将在库房已上架的档案暂时移出库房外，此时为了便于档案人员掌握档案流动情况和进行安全检查，应编制案卷代理卡（或称代卷卡），放在被提出案卷的位置上。档案代卷卡的格式参见表 7-3。

表 7-3　档案代卷卡

全宗号	目录号	案卷号	移出日期	移往何处		库房管理人员签名（移出）	归还日期	库房管理人员签名（收回）
				单位名称	经手人姓名			

五、全宗卷

全宗是在档案馆（室）工作中，专门为了保存和管理某一全宗而形成的能够说明全宗历史情况的文件材料。以全宗为单位组成的专门案卷，称为全宗卷。全宗卷不能与全宗内的案卷混同，在管理上应单独存放，并按全宗顺序保管。当全宗内的档案转交给另一个档案馆（室）保管时，其相应的全宗卷也必须随同全宗移交。

全宗卷是档案保管工作的一个重要管理工具和手段。它是在档案馆或档案室本身管理活动工作中形成的一种档案，通常包括移出和接收档案的文据、立档单位和全宗历史考证、全宗整理工作方案和档案分类方案（分类表）、全宗内档案数量和状况的检查登记表册、档案保管期限表、档案销毁清册、全宗指南等。

（一）全宗卷编制原则

（1）档案馆（室）对其所管的每个全宗都应以全宗为单位编制全宗卷。

（2）全宗卷的各种文件材料（包括凭据、清册、报表）应做到准确、齐全、规范。

（3）对于全宗卷内的文件材料，应按照其固有的特点，保持文件间的有机联系，反映全宗管理的历史面貌，以便于保管和利用。

（二）全宗卷的主要内容

（1）档案收集：档案交接文据，移交目录，接收，征集记录，档案来源和价值说明等。

（2）档案整理：整理工作方案，分类方案，案卷目录说明，整理工作小结等。

（3）档案鉴定：鉴定小组成员名单，档案保管期限表，鉴定档案分析报告，销毁档案的请示与批复，销毁档案的清册等。

（4）档案保管：档案安全检查记录、报告，重点档案采取的特殊保护措施，档案的抢救与修复情况报告等。

（5）档案统计：档案收进、移出登记，案卷基本情况统计和重要的利用统计表等。

（6）档案利用：全宗指南（全宗介绍），开放利用和控制范围说明，档案汇编和公布出版情况及报批文件，档案产生社会效益或经济效益的典型事例等。

（7）其他：档案管理新技术的应用缩微复制和计算机辅助管理等情况的文字说明材料。

（三）全宗卷的整理

全宗卷内的文件材料是随着全宗管理的延续而逐渐增加的，故平时必须注意积累，把全宗管理中产生的文件材料先归入预设的卷夹内，当文件材料积累到一定数量时，应及时进行整理组卷，数量较多的可设分卷。

整理组卷时，必须认真检查、鉴定文字材料的完整程度及其保存价值，对于有重要遗缺或无保存价值的应予以补齐或剔除。

卷内文件材料按“问题—时间”进行系统排列，排列顺序如下。

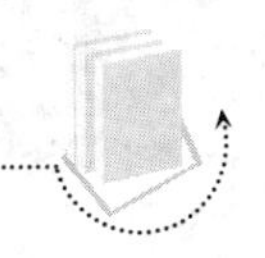

（1）全宗情况：全宗指南（全宗介绍）；立档单位大事记；组织机构沿革；成立综合档案室的通知；成立档案工作领导小组文件材料；档案工作机构工作人员任免文件；档案员岗位职责及各项工作制度；历年来档案人员名册；印发《档案管理暂行办法》的通知；档案管理组织示意图；档案管理体系网络图。

（2）档案收集：档案交接文据（包括各种门类如文书、会计、基建、照片档案的移交表）；档案移交目录；接收档案记录；征集档案记录；档案来源和价值说明等。

（3）档案整理：档案分类大纲、分类方案、归档范围和保管期限表；档案检索工具（包括归档文件目录、专题目录、文号索引、人名索引、全宗指南、干部任免索引）的编制情况及说明；档案整理工作计划（方案）、小结等。

（4）档案鉴定与销毁：鉴定小组成员名单及成立或调整机关档案鉴定、销毁领导小组成员的通知；档案保管期限表；鉴定档案分析报告；销毁档案的请示与批复；销毁档案的清册等。

（5）档案保管：档案安全检查记录、报告（或档案库房“九防”情况检查报告）；对馆（室）藏重点档案采取特殊保护措施记录；档案抢救与修复情况报告；档案库房温、湿度登记（或记录）。

（6）档案统计：机关档案室基本情况统计台账；档案基本情况统计；档案分类统计表及分析报告；档案复制抢救情况统计；档案收进、移出登记及情况统计；重要的利用统计表。

（7）档案利用：档案编研材料（包括大事记、组织沿革、基础数字的徽记、专题概要、发文汇集、专题文件汇编）的编制情况；开放利用和控制使用范围说明；档案汇编和公布出版情况及报批文件；档案利用事例汇编；档案利用事例刊登报道材料；档案利用效果登记分析；档案查、借阅登记分析。

（8）档案管理新技术的应用：机关办公自动化开发情况；计算机辅助管理的文字说明材料（含计算机软件安装及使用说明情况）；计算机管理软件系统盘。

（9）机关档案工作目标管理情况：机关档案工作目标管理晋升省级的报告和批复；机关档案工作目标管理考评申报表；机关档案工作目标管理自检打分情况表；机关档案工作目标管理自查情况汇报；机关档案工作目标管理考评工作记录。

六、温、湿度的记录、控制与调节

（一）温、湿度的记录

不适宜的温、湿度不仅会直接影响档案制成材料的耐久性，而且会加速一些不利因素对档案制成材料的破坏作用。因此，档案库房保管人员应定时测量温、湿度，一般一日 3 次，当基本掌握库房温、湿度规律时，次数方可减少。

所记录的材料是掌握库房内外温、湿度的重要资料，应妥为保存，其格式参见表 7-4。

表 7-4　温、湿度记录表

库房号 ________　　　　　　　　　　　　　　　　________年

测定时间				天气	温　度		相对湿度		库房保管人	采取措施及效果
月	日	时	分		库内	库外	库内	库外		

（二）温、湿度的控制与调节

档案库房保管人员应根据测量记录的库内外温、湿度状况，随时采取适当的控制与调节措施，主要有以下几种。

1. 密闭

密闭就是当档案库房内温、湿度在标准范围内（即温度是 14～20℃，相对湿度为 50%～65%时），密闭档案库房的门窗。其作用是防止或减少库外不适宜的温、湿度对库内的影响。密闭只有控制作用，没有调节作用。

2. 通风降温降湿

通风降温的依据容易掌握，只要库房外的温度低于库内就可以通风。不过通风时温度的变化也会引起湿度变化，故调节温度时，必须考虑对湿度的影响。

通风降湿要根据几项原则来进行：

（1）库外的温度和湿度都比库内低时，可以通风；反之，不能通风；

（2）库内外温度一样，库外湿度低于库内，可以通风；反之，不能通风；

（3）库内外湿度一样，库外温度低于库内，可以通风；反之，不能通风。

此外，还有去湿机去湿、硅胶局部减湿、氯化钙吸湿等去湿方法，实际工作中可依据自身条件选用。

七、档案的安全检查

档案库房一定要有严密的管理制度，因为有许多档案材料是有机密性的。因此，库房管理人员应做好防盗、防泄密工作。非库房管理人员未经批准不得随便入库，相关人员不得随便谈论档案中的内容。要定期和不定期地对档案进行检查，这应作为库房管理工作中的一项重要工作，这也是维护档案完整与安全的重要措施。

定期检查可根据本部门的具体情况制定。一般可一年 1 次。针对工作头绪多、库房分散、设备简陋、安全条件较差的情况，应勤做检查。

不定期检查主要在发生意外事件以后，如发生火灾、虫害、鼠害、霉烂、被盗或工作人员调动等。检查内容主要包括档案是否有毁灭、遗失、被盗、受损等情况和数量，档案的收进、移出、借阅登记是否准确，档案数量是否相符，以确保档案的完整与安全。此外，

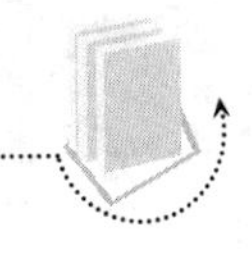

还要检查档案的自然损毁现象、库房内安全设施及日常管理执行情况等。检查完后应进行登记，发现问题要及时处理。

档案安全检查记录表格参见表7-5。

表7-5 档案安全检查记录表

被检查全宗（或类目）名称： 检查出的问题： 整改意见：   检查人（签字）________ 检查日期___年___月___日

记录以全宗为单位进行，最后应根据记录做出检查报告。

实训练习

1. 实训内容

组织全班对本地的综合性档案馆进行专项调查，重点调查档案保管的方法、设施、技术手段，了解档案保管工作的现状和存在的问题。

2. 实训方式

（1）观察档案库房的环境，了解库房的各种数据，如库房面积、温度、湿度、库房利用率以及调查单位所采取的档案保护措施等。

（2）与调查单位档案人员交谈，了解档案人员对档案保管工作的认识和经验，加深对档案保护工作重要意义的认识。

（3）每位学生完成一篇调查报告，着重反映档案部门保管工作的开展情况。

3. 教师评判

教师根据学生的调查报告进行评分，并做出点评。

模块八　档案的提供利用与编研

收藏档案的根本目的之一，就是满足广大档案用户对档案信息资源的利用需求。档案部门只有将档案纳入利用实践，使档案所具有的特殊功能与档案用户的利用需求发生一定的关系，才能充分发挥档案的积极作用，为社会创造更多的物质财富和精神财富。

知识目标

- 了解开放档案的基本知识
- 熟悉档案利用服务的基本内容
- 掌握不同档案利用服务方式的特点

技能目标

- 能参与档案开放工作的开展
- 能根据档案利用方式的特点组织利用工作的开展
- 能够完成常见档案参考资料的编纂工作

案例导入

公司总经理秘书小邓十万火急地跑到档案室，“快快，帮我把去年公司董事会会议纪要给我，老总等着要。”小赵赶紧拿出目录让他找，小邓把目录一推，“我哪看得明白你们的目录，你帮我找。”

小赵一边让他别急，一边为他查找目录。老徐见状，起身进到库房，不到两分钟便拿着会议纪要出来。

小邓一看，“哎呀，太好了，再帮我复印 10 份。”

一边复印，老徐一边跟小邓聊：“你记不记得今年年初找你收这份文件时，你也是找了半天，还是放在档案室里快吧。”

小邓说：“是呀，我那里文件太多，老总经常是说要就要，万一找不到可就麻烦了，

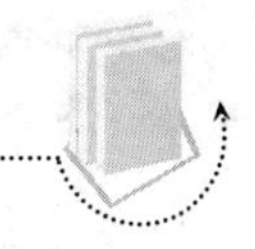

以后一定定期交到档案室来。”

小邓走后，小赵笑着对老徐说：“这小邓以前对档案工作是最无所谓的，总觉得跟他的工作没关系，去找他收文件也是推三阻四的，这下子知道档案管理的重要了吧。”

老徐说：“档案的利用可是档案工作的窗口，你里面管理得再好，别人来找文件找不到或者时间太久，都会影响我们的工作，也会影响别人对我们的看法。所以呀，平时一定要对常用的文件非常熟悉，不能等到要用时临时去查目录，这样也会影响效率的。”

老徐对公司档案的熟悉程度一直让小赵很佩服，通过这事他又学到了如何在利用中适时宣传档案工作的一招，经常这样宣传，以后再遇到需要各部门支持的时候也就方便多了。

任务一　档案的提供利用

相关知识

一、档案提供利用工作概述

（一）档案提供利用工作的含义

档案提供利用工作是直接传递档案信息为党和国家各项工作服务的环节，称为“档案的利用服务工作”或简称为“档案利用工作”，又称“提供利用”。

（二）档案提供利用工作的基本内容

（1）了解和熟悉馆（室）藏档案信息的内容和成分，了解各种档案检索工具的使用方法。

（2）分析和预测社会对档案信息的需求特点，把握档案利用需求的发展规律。

（3）向档案用户介绍和报道馆（室）藏中相关的档案信息线索，积极开展档案咨询服务。

（4）向档案用户提供他们所需要的档案文献。

（三）档案提供利用工作的指导思想

1. 全面地为档案用户服务

档案馆（室）对那些具有正当利用目的的用户，应当通过各种服务方式与方法，满足其利用需求。就个体用户而言，档案收藏单位一方面应当主动地向其提供馆（室）藏中有关的档案信息，另一方面也应当向用户推荐、介绍与其利用需要相关的、收藏于其他馆（室）的档案线索，从而使档案用户的利用需求得以全面实现。全面性服务的内容不仅体现在为档案用户查找档案方面，而且也体现在为馆（室）藏档案寻找用户方面。档案部门应当全面了解档案用户的利用需求内容与范围，并帮助用户正确地将需求的内容准确地表达出来。

2. 及时地为档案用户服务

档案用户都希望其利用需求能够得到档案收藏单位的及时满足。“求快”是档案用户在档案利用实践中普遍存在的一种心理状态。许多档案用户是为了解决现实的工作、生产

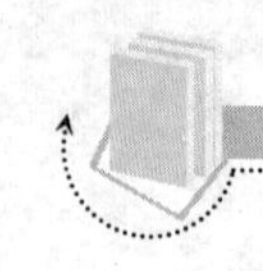

活动存在的问题而来馆（室）利用档案文件的。这种类型的利用需求具有突出的时间性特点，有时，错过了时机，不但档案用户的需求不能实现，而且某些档案文件的保存价值也会受到影响，甚至丧失发挥作用的可能性。正所谓“养兵千日，用兵一时”。为此，档案馆（室）必须建立科学的检索体系，同时档案人员也应当熟悉库藏档案的内容与成分，这样才能及时地满足档案用户的需要。

3. 准确地为档案用户服务

档案部门首先要准确地分析和把握档案用户的利用需求。实践表明，有的档案用户由于缺乏利用经验，往往不能准确表达其利用需求。遇此情况时，档案工作人员应依据用户的利用目的，帮助他们筛选有用的档案信息线索，将模糊的需求表达转变为有针对性的利用提问，从而有效地减少误检和漏检等问题的产生。其次，档案部门应准确地向用户提供所需的档案与资料，不能超出用户需求的范围，提供一些无关的档案与资料。

4. 有效地为档案用户服务

一方面，档案部门要积极主动地为来馆（室）的用户查找档案与资料，努力提高档案利用服务工作的质量；另一方面，档案部门应当组织人力和物力，大力开发库藏档案信息资源，建立完善的检索系统，编辑出版各种档案史料，不断提高档案部门为社会提供档案信息服务的能力，主动为利用者服务。

（四）档案提供利用工作的要求

根据《档案法》、《机关档案工作条例》、《档案馆工作通则》的有关规定，档案提供利用工作的基本要求是：档案馆（室）应当为档案的利用创造条件，简化手续，提供方便，主动开展档案的利用活动，及时掌握档案的利用效果。

1. 档案收藏单位应为档案用户利用档案创造方便条件

档案馆（室）要根据社会发展的需要，积极加强自身基层工作建设，了解和掌握档案用户利用需求的新特点，科学地做好供求关系的调整工作。目前，档案利用需求呈现一些新的特征，如要求提供档案及其信息加工品的用户增多且范围广、时间长、数量大，史学研究部门及文献编辑部门要求全面、系统地提供中华人民共和国成立前和成立后的档案与资料等。因而，机关档案部门应根据档案需求的变化，加强基层工作，编制必要的档案目录、索引等检索工具，为档案用户提供必要的检索手段，同时应编辑机关档案用户需要的档案文件汇集（文集）以及其他的参考资料。

档案馆应以有关法规为依据，适应社会需要，开放历史档案和保管已满 30 年左右的档案，以扩大档案的利用范围和服务面；同时改善阅览条件；编制必要的检索工具和开放档案目录，印发档案馆指南、全宗指南、专题指南；积极开展档案史料的编纂辑录工作等。档案馆（室）还应当努力革除一些不必要的利用限制，简化利用档案的手续，消除人为性的障碍，从而方便档案用户开发利用档案信息资源。

2. 档案收藏单位应主动开展档案利用工作

档案馆（室）应当走出传统的“查查看”、“你查我调”式的樊篱，变被动服务为主动

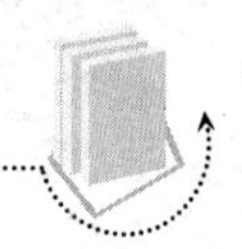

服务，广开档案利用之门，拓展提供服务之路，预测和了解档案用户的利用需求，主动为用户找档案、为档案找用户，充分发挥库藏档案的各种积极作用。近年来的实践表明，哪个档案馆（室）的工作主动，其档案管理与利用工作就会充满生机，并得到广大档案用户的重视和支持。反之，则会死气沉沉，缺乏活力。

主动服务主要表现在两方面：一方面是思想主动，具有明确的为本部门（单位）用户或社会用户服务的思想意识，认识到档案的利用价值只有在利用实践之中才能实现；另一方面是工作主动，即主动了解用户需要，主动宣传报道馆（室）藏，主动为用户提供研究和解决有关工作或生产问题的档案信息线索，预测和分析档案用户的利用需求趋向与特点，开展咨询服务活动，主动为档案用户查找他们所需的档案及其信息加工材料。

3. 档案收藏单位应当注意掌握档案的利用效果

档案提供利用工作不能只重过程，而忽视工作的结果。档案馆（室）应当把档案利用效果的收集、整理、分析和研究作为一项基本的工作任务来抓。所谓档案的利用效果，是指档案用户在利用档案部门提供的档案信息后，所获得的工作、生产的结果。档案部门不但应当注意了解和掌握档案用户利用档案后所取得的经济效益与社会效益，而且应当全面了解和掌握档案用户利用档案后没有产生积极效果的情况。只有这样，才能全方位地把握库藏各类档案与资料的利用价值，从而为改善馆（室）藏档案与资料的质量、加强各项基础工作的建设提供可靠的科学依据。

二、档案提供利用的方式

档案馆（室）的档案利用服务工作可采取多种方式。根据提供给利用者的利用对象的不同，可将档案利用服务方式做如下划分（如图 8-1 所示）。

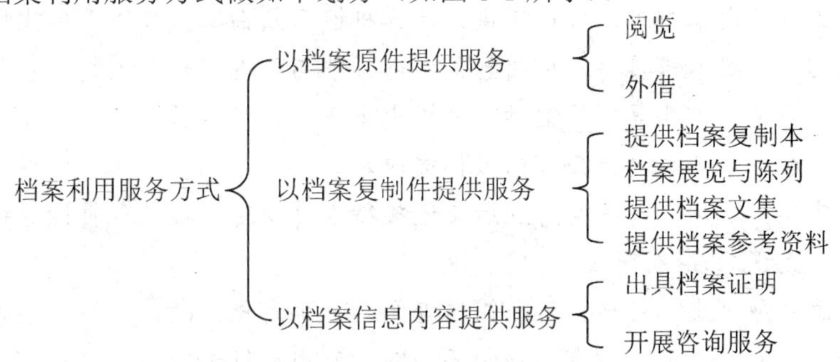

图 8-1　档案利用服务方式

（一）通过提供档案原件，满足有关档案用户的利用需要

1. 档案阅览服务

档案阅览服务即档案馆、档案室在特定的场所，开辟阅览室，向有关档案用户提供档案信息。这是目前我国档案收藏部门提供档案信息服务的最主要形式。

档案阅览服务的具体活动内容如下。

（1）档案收藏部门要开辟档案阅览室，即在档案馆（室）内设置专供查寻、使用档案与资料的场所。

（2）档案收藏部门要为档案用户提供必要的阅览条件，这些条件包括人员条件、物质条件和制度条件等。

① 人员条件：是指在阅览室里应配有熟悉馆（室）藏、了解有关专业知识或历史知识、业务能力强、工作热情的档案工作者。

② 物质条件：是指在阅览室内应装备必要的物质设施，并为档案用户准备诸如检索工具、工具书、参考资料等常用的参考或查寻材料。

③ 制度条件：是指建立与健全旨在维护国家档案完整与安全的有关阅览规则及制度，对接待对象、阅览范围、阅览要求与手续以及其他相关事项，都应作出较明确的规定。

【例 8-1】以××市档案馆为例，其查档制度的相关规定摘录如下。

查档手续

中华人民共和国公民和组织持介绍信或工作证、身份证等合法证件，可以查阅本馆开放档案；查阅未开放档案，须持所在单位或街道办的正式介绍信，说明查档范围和利用目的，经本馆同意，即可查阅利用。

港、澳、台同胞和侨胞，外国人或外国组织，持我国有关主管部门介绍信和本人来华有效证件，并提前与本馆联系，经同意可以利用本馆开放档案。

查档须知

一、利用者可以直接到本馆阅览室查阅档案，特殊情况可通过信函、电话、网上预约等方式，委托利用接待室代查档案。

二、检索工具须由本馆工作人员提供，计算机检索须由本馆工作人员操作。

三、抄录档案须经本馆接待人员同意。不得抄录与所查问题无关的内容。抄件经接待人员同意后方可带走。需要复制档案时，可提出申请，经批准后本馆代为复制。未经本馆同意，任何单位和个人不准自行公布馆藏档案内容。

四、阅卷完毕，利用者将档案清点后交还接待人员核对，接待人员检查档案的数量和完好情况，确定无误后注销。

五、档案资料原则上不外借，只限馆内查阅，如确需借出的，须经馆领导同意，履行登记手续。借期不超过 3 天，到期必须归还，继续利用可续借。

六、查阅密级档案者，必须是中共党员，并经馆领导批准；查阅市委常委、市政府党组会议记录、纪要，须经市委、市政府秘书长或办公室主任批准。严守党和国家机密，不得泄露有关内容。

七、查档者必须对档案资料妥善保管，严加爱护，严禁折叠、涂划、损坏档案资料，确保档案完整。

八、严禁在阅览室喝水、抽烟、喧哗。

九、自觉维护公共卫生，保持阅览室清洁、肃静。

十、查档者应主动提供档案利用效果，如实填写有关表格，及时反馈档案利用信息。

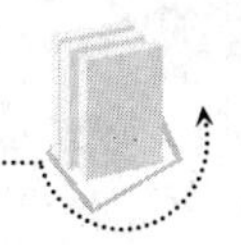

查档程序

来访接待→查阅登记→检索查询→调卷阅览→复制→摘抄→查档交费→出具证明→案卷检查→入库上架

档案利用审批表参见表 8-1。

表 8-1　××市档案馆档案利用审批登记表

<table>
<tr><td>姓　　名</td><td colspan="2"></td><td>单　　位</td><td colspan="2"></td><td>联系电话</td><td></td></tr>
<tr><td>联系地址</td><td colspan="5"></td><td>到馆时间</td><td></td></tr>
<tr><td>证件名称</td><td colspan="2"></td><td colspan="2">证件号码</td><td colspan="3"></td></tr>
<tr><td colspan="8">请利用者协助填写知道的以下查档线索。
1．档案的大致年代：
2．拟查阅档案的内容：
3．解决什么问题：
4．档号或文件号：
5．其他线索：</td></tr>
<tr><td rowspan="3">利用登记</td><td>用　途</td><td colspan="6"></td></tr>
<tr><td>利用要求</td><td colspan="6">阅览室阅览、复印、翻拍、底片加印、原件仿制、（光盘、磁盘）拷贝</td></tr>
<tr><td colspan="2">是否要公布档案内容</td><td colspan="2"></td><td colspan="2">利用者签名</td><td></td></tr>
</table>

（证件复印件粘贴处）

以下项目由本馆工作人员填写

<table>
<tr><td rowspan="6">调档清单</td><td rowspan="6" colspan="4"></td><td rowspan="6">利用目的</td><td colspan="3">编史修志（　　卷）</td></tr>
<tr><td colspan="3">工作查考（　　卷）</td></tr>
<tr><td colspan="3">学术研究（　　卷）</td></tr>
<tr><td colspan="3">经济建设（　　卷）</td></tr>
<tr><td colspan="3">宣传教育（　　卷）</td></tr>
<tr><td colspan="3">其　　他（　　卷）</td></tr>
<tr><td rowspan="2">交接与审批记录</td><td colspan="4">审批意见：
年　月　日</td><td colspan="4">经办人：
年　月　日</td></tr>
<tr><td colspan="8">归还经办人：
年　月　日</td></tr>
<tr><td colspan="3">查阅统计</td><td colspan="2">复印（页）</td><td colspan="4">其他复制（　　　　）</td></tr>
<tr><td>天数</td><td>人次</td><td>卷次</td><td colspan="2" rowspan="2"></td><td>张（页）</td><td colspan="2">幅</td><td>盘</td></tr>
<tr><td></td><td></td><td></td><td></td><td colspan="2"></td><td></td></tr>
</table>

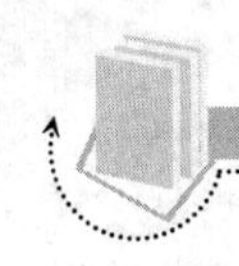

查档收费

为保护档案原件，凡利用本馆档案均需收取部分保护、复制、证明等费用；利用本单位或本人形成、移交、捐赠、寄存的档案，原则上无偿提供服务。本馆收费按本市物价部门制定的标准执行。

预约查档

为了更方便您查询档案资料，我们在××档案信息网（www.zhda.gov.cn）设置了查档预约窗口。我们将根据您的预约内容及时查找，给予回复，以节省您的宝贵时间。

网上查档预约操作方法：登录 www.zhda.gov.cn 网站→新用户注册、登录查档预约窗口（老用户可直接登录）→填写预约内容及来馆阅览时间→使用您注册过的用户名及密码登录，查看预约回复。

（3）接待档案用户，解答用户提出的相关问题。接待工作是一项业务性、政策性和艺术性较强的服务工作。做好接待工作应深入了解档案用户需要，积极满足档案用户的合理利用需求，耐心讲明不能向档案用户提供有关档案文件的原因，切实帮助档案用户准确地表达其利用需要，确定查阅档案的范围，为档案用户提供较为完整的、系统的档案信息材料。由于保密和保护的需要或因馆（室）藏的局限等原因，暂时不能向档案用户提供的档案文件与资料，有关接待人员要向档案用户解释清楚不能提供使用的原因。

（4）通过有效方式满足档案用户需要。在清楚地了解档案用户需求后，档案阅览室的接待人员就可以选择恰当的方式来满足档案用户的利用需要。应首先考虑可否采用档案复本或复制件、参考资料及档案编纂成果等形式来满足档案用户的需要，以便最大限度地保证档案原件的物质安全。如若没有复本与资料可以利用，也可以提供档案原件，直接满足用户需要。

2. 档案外借服务

档案的外借服务即档案馆（室）为满足某些需要档案原件或副本作证据等特殊的利用需求，暂时将档案借出馆（室）外使用。在档案馆，档案一般是不借出馆外利用的。机关档案室将档案原件外借给本单位的领导和有关业务部门的情况比较多些，有时，如认为必要，档案室还可采取“送卷上门”的主动服务方式，充分发挥档案的作用。在档案馆的提供利用活动中，档案人员对那些珍贵的或易损的文件、古老文件以及特殊载体的档案文件，一般不能借出馆外使用。

（1）档案外借服务必须建立、健全制度。只有当档案用户，特别是党政领导机关或司法机关必须以档案原件作为证据的特殊情况，才可将档案原件借出馆（室）外使用；外借档案的时间不宜过长，以免遗失、失密与泄密；借出档案时，应履行严格的交接手续，并查明外借档案文件的份数状况；外借档案的数量应予以控制，一次借出馆（室）外的档案数量不宜过多，以免影响其他档案用户的查阅使用；档案借出后，应填制代卷卡（单），放置在档案原来的位置上，以便掌握档案的流动和利用情况；归还档案时，档案人员必须认真清点，并在借阅登记簿上注销，如果发现外借档案存在被污损、拆散、撕破、抽换、散失等情况，则应及时向有关领导或主管部门汇报，以求妥善处理。

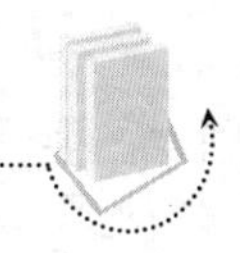

（2）档案部门应做好外借档案的登记与记录工作，监督档案用户填写清楚档案借阅单，并做好外借档案登记簿的记录工作。登记与记录的内容一般包括案卷题名、档号、页（件）数、密级、借阅时期、归还日期、用户所在单位名称及借阅人姓名、归还签收人等。开展此项工作的目的，在于掌握有关档案用户借阅了哪些档案及副本，了解有关外借档案的去向，控制档案的归还时间，明确借阅使用档案的责任。

（3）为了确保外借档案的按时归还，档案馆（室）还应建立催还制度。对外借档案到期不归还者，档案馆（室）不可坐等，而应及时向有关档案用户催还。催还的主要目的在于减少档案原件在同一用户手中的滞留时间，防止影响其他档案用户的查用，提高档案利用率，避免档案因外借时间过长而出现损坏、散失、失密等问题。对个别的档案用户，如确系工作或生产需要，不能按时归还者，经过批准则应办理续借手续。

（二）通过提供档案副本或复制品，满足有关档案用户的利用需要

1. 档案展览与陈列服务

档案展览与陈列服务是指档案收藏部门按照一定的主题，以展出档案原件或其复制品的方式，系统地揭示和介绍档案馆（室）藏中有关档案的内容与成分的一种具体服务方式。

（1）档案展览与陈列服务的工作内容如下：

① 确定展览或陈列的主题（专题）；

② 选择合适的展出方式；

③ 确定展品及展览（陈列）的艺术形式；

④ 确定展览与陈列的组织方式；

⑤ 确定展览与陈列的服务对象；

⑥ 记录与分析展览、陈列的实际效果。

（2）档案展览的形式包括以下几种。

① 按照展览的时间长短，可分为长期性档案展览与短期性档案展览。长期性档案展览通常是在档案馆内设立长期的、较固定的展厅（室），全面系统地陈列馆藏中的反映国家、民族或一个地区及档案馆自身发展情况的档案新闻公报或其复制件。它可以使档案用户充分认识档案与档案工作的意义。短期档案展览是档案馆根据有关工作的需要而举办的反映某类档案价值（如明清档案、民国档案、革命历史档案等）、有关事件专题或人物的档案内容和成分。

② 依据参展的档案文献的内容，可分为综合性档案展览与专题性档案展览。

③ 根据展出的地点及方式，可分为固定式档案展览与巡回式档案展览。

2. 制发档案复本服务

制发档案复本服务即档案馆（室）根据档案用户的合理需要，以档案原件或已有的档案副本为依据，通过复制（包括静电复印、照拍、晒印、摹写、抄录等）、摘录等手段，向档案用户提供档案复制品的一种具体服务方式。这种方式具有以下优点和特点：

（1）速度快，准确度高；

（2）机动灵活，不受时空限制；

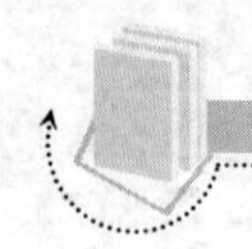

（3）有利于档案原件的保护和长远流传。

（三）通过提供档案信息加工品，满足有关档案用户的利用需求

1. 制发档案证明

档案证明是档案馆（室）根据有关档案用户的询问和申请，为核查某种事实在档案馆（室）馆（室）藏档案中的记载情况（有无记载和如何记载）而摘抄编写的一种书面证明材料。档案部门依法出具档案证明，也是档案部门开展档案提供利用服务工作的一种方式。

制发档案证明是一种政治性、政策性很强的服务方式。档案部门应严格按程序制发档案证明。制发档案证明要注意以下几方面问题。

（1）档案证明必须根据机关、团体和个人申请才能制发。在申请书中应写明申请发给档案证明的目的以及根据所要证明问题的范围应提供的有关材料。

（2）档案馆（室）是管理档案的机构，不是国家公证机关，所以，档案馆（室 ）制发档案证明，只是据档案向有关单位或公民个人证明某个事实在本档案馆（室）所保存的档案中有无记载及如何记载的，而不对该事实下结论或作任何解释。因此，在编写档案证明时，应以引述或节录档案原文内容为主要方法。如果材料比较分散，需要档案工作人员加以综合概括或摘要叙述时，也必须忠于原文的内容，不可擅自加以解释，更不能随意加以评论。与申请书无关或未获准证明的内容不准列入档案证明中。

（3）编写档案证明时，要确保提供材料的准确性。一般来说，档案证明应依据档案正本或可靠的副本来编写，并在档案证明上加以说明（如可注明未经签署、草稿或试行草案等）。如发现档案中有关同一事实的记述互有矛盾时，应当将几种不同的材料同时列入档案证明中，以供使用者分析研究。

（4）在档案证明中，必须注明所提供材料的出处，以便必要时加以核对。出处一般注明所采用档案的全宗号、目录号、案卷号和文件页码，并填写证明的制发日期。对档案中的某些名词、术语或字迹难以判辨处可作必要的说明。

（5）档案证明写好后，必须对内容和文字进行认真的校对，并经有关负责人审查批准，而后加盖档案馆或机关公章。得到档案证明的申请应该履行签收手续：机关应出具书面收据；个人应在留存的档案证明的副本（或底稿）上签名，并注明身份证号码和获取日期。

2. 档案咨询服务

档案咨询服务是档案部门答复用户咨询，指导其利用档案信息资源的一种服务方式。这也是一种经常的、重要的档案提供利用服务方式。

（1）档案咨询服务范围。

档案咨询服务范围包括两部分：一是解答咨询，通过口头或书面等形式答复咨询；二是协助检索，指导利用者使用检索工具，为查找馆（室）藏档案资料提供新的线索。

（2）档案咨询服务的种类。

档案咨询按不同的方式可分为不同的种类，主要有以下分类方式。

① 按内容性质，可将档案咨询分为事实性咨询、指导性咨询与检索性咨询。事实性咨询，是指档案馆（室）解答档案用户关于特定的事项或数据的咨询，如关于特定事件、

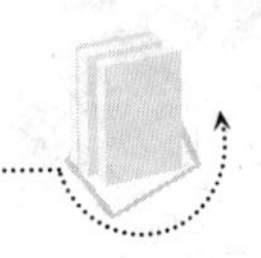

会议、人物、文件的相关事实与数据的询问。指导性咨询，是指档案馆（室）对档案用户在查阅档案与资料时遇到的疑难问题进行指导服务，如指导用户掌握查找所需档案资料的方法、了解和把握各种档案检索工具的特点及使用方式等。检索性咨询，是指档案部门根据有关档案用户的利用需求，对已经确定的工作、科研或生产等项活动，主动地提供有计划、有组织的档案情报咨询服务。

② 按档案咨询的难易程度，可将其分为一般性咨询和专门性咨询。一般性咨询，是指档案部门针对档案用户提出的关于档案馆（室）基本情况、档案利用制度、库藏档案的种类及内容成分等方面的咨询所进行的一般性解答服务。专门性咨询，是指档案部门根据对有关档案文件的分析研究结果，解答档案用户关于特定档案文件的研究价值、文件中记载事实或数据的真实性与可靠性、文件中某些术语的含义以及有关专题档案文件的范围等方面的咨询。

③ 按档案咨询的形式，可将其分为口头咨询和书面咨询。口头咨询，是指档案部门以口头解答或电话答复等方式，回答档案用户在查阅、使用档案文件活动中的有关难题的一种咨询服务。书面咨询，是指档案部门以正式的书面材料形式，解答档案用户提出的有关档案、档案目录、档案机构等方面的咨询。

（3）档案咨询服务的步骤。

答复咨询的过程，就是分析和解决问题的过程。咨询工作一般按下列程序进行。

① 接受用户咨询。档案部门要先审查核实档案用户询问有关问题的目的、内容、范围及需要解答问题的程度，以便选择咨询服务的具体方式与途径。在审核用户咨询问题及要求时，要弄清本档案馆（室）有无解答询问的档案材料和承担咨询任务的能力。凡尚未搞清楚的咨询问题，不可贸然解答，而应当进一步询问清楚，以免出现无效劳动或答非所问等现象。对比较复杂的用户咨询，档案馆（室）不能即刻解答的，可让用户先填写“档案咨询登记表”，注明咨询的题目、咨询内容等事项，以便在分析、研究后，酌情处理并予以满足。

② 分析用户咨询问题。接受用户咨询后，要进行较为深入细致的分析、研究，确定查找档案文件的步骤，做好查找档案文件的相关准备工作。在接受了较大型的档案咨询题目后，档案馆（馆）的咨询工作人员和有关的专业工作者还应共同分析研究，协作制订切实可行的工作方案，以便使咨询活动有计划地科学进行。

③ 帮助用户查找档案文件。根据档案咨询问题的分析研究结果，确定查找档案文件的范围，选定档案检索工具，明确解决问题的方法和途径，并据实查找有关的档案文献。

④ 答复用户咨询。其具体方法和形式主要有：为档案用户直接提供有关咨询问题的答案，如按用户要求提供有关事实、数据，介绍检索工具的使用方法；为档案用户提供相关档案的信息线索，如文件的责任者、形成时间、档案号、文件字号等；对于无法确定准确答案的咨询问题，也可以为档案用户提供选择性的答案或档案材料，由用户决定取舍等。

⑤ 建立咨询档案。对已经答复的或未能答复的咨询问题，档案部门应当有目的地建立相应的咨询档案。凡是具有长远的、重要保存价值的，或者今后有可能重复出现的，以及未能解答的咨询问题材料，包括各种咨询服务记录、反映解答咨询问题过程及其结果的材料等，均应归档保存。档案工作实践表明，建立咨询档案，对历史地考察咨询工作情况，

总结实际工作经验，发现与探索档案咨询服务工作的特点与规律等，均具有重要作用。

【知识链接】

美国国家档案馆的档案利用

什么叫宝库，什么叫金矿，来到这里就知道了……按照国家档案馆的规定，你只要根据它的索引填写索取表格，工作人员就会为你整个文件夹、整个纸箱、整个小推车甚至几个小推车取来原始档案供你查阅、摘抄、拍照、扫描。因为不允许带进馆外的纸张和笔，所以馆内备好了专用的纸张和铅笔，任意取用。洁白的细棉纱手套也是无偿提供的，并且要求你在触摸照片时必须佩戴，且每天要换新手套。

那种装档案的不锈钢推车装满文件夹，推起来其实是体力活。每天晚上，工作人员要把文件全部收回去，第二天我们到了，文件几分钟又全部推到我们面前，好像我们是领导一样。没有一个人来告诫你：每次少要点，省得工作人员麻烦。每天下午特定时间，工作人员会在安静的屋子里高声提醒：还有谁要提交索取卡吗？时不时工作人员会走到你身边，轻声问一句：有什么要帮忙吗？

三、开放档案工作

（一）开放档案的含义

档案开放原则是1789年法国大革命的一项重要成果。1790年颁布的法国《国家档案馆条例》中规定，国家档案馆每周对外开放3天，法国公民可以免费查阅和使用档案。1974年颁布的《穑月七日档案法令》进一步明确规定了法国所有公共档案馆实行开放原则。自此之后，档案是国家的公共财富，任何公民都享有利用档案的平等权利的思想，越来越深入人心。体现档案开放原则的《穑月七日档案法令》被誉为“档案的人权宣言”。两百多年来，档案开放的道路也被人们开拓得越来越宽。从历史档案的开放到现行文件的公开，从公共档案馆的档案开放到单位档案利用服务社会化概念的提出，档案开放的范围和途径已经呈现出一种多元化的发展态势。档案的开放也使越来越多的人认识到：档案是一种人类文明的记录，是一种社会性的文化存在；利用档案、了解档案中的信息内容是公民的一种基本的民主权利，是公民知情权利的一种实现方式。档案开放是一个社会文明发展程度和水平的重要标志之一。

所谓开放档案，就是将一般可以公开的和保密期满的档案解除“封闭”，向社会开放，允许档案用户在履行简便的手续后，即可通过一定的方式，进行开发利用。开放档案的具体含义包括以下几个方面。

（1）确立了开放档案的范围。即一般可以公开的和保密期满的档案文件，均应向社会开放。

（2）明确了开放档案的用户对象。即向社会开放，“向一般的公众开放”。档案向社会开放，意味着任何依法利用档案馆馆藏档案资源的法人和自然人均有权开发使用档案馆已开放的档案。

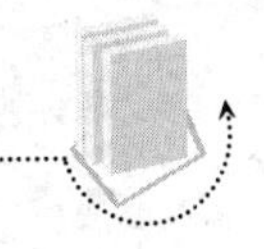

（3）简化利用手续是开放档案的基本特征之一。档案用户利用馆藏档案的手续是否得到简化，这是衡量档案开放工作质量的一个重要标志。

（二）开放档案的意义

开放档案是具有理论依据、实践依据和法律依据的，其具有重要的现实意义。

（1）开放档案是有利于社会进步的新方针，是加快我国政治民主化进程的一个新步骤。

（2）开放档案是现代化档案馆自身发展的一项重大措施。

（3）开放档案可以促进档案馆的各项业务建设。

（三）开放档案的期限

我国《档案法》规定："国家档案馆保管的档案，一般应当自形成之日起满30年向社会开放。"有关经济、科学、技术、文化等类别的档案，其开放期可少于30年。对那些内容涉及国防、外交、公安、国家安全等国家重大利益的档案，不受30年期限的限制，可适当延期向社会开放。对档案馆保存的、属于集体和个人所有的档案（即代管或寄存档案），档案馆在未经档案所有者同意之前，不得擅自向社会开放。

（四）开放档案的公布

1. 开放档案的公布权

《档案法》第二十二条规定：属于国家所有的档案，由国家授权的档案馆或者有关机关公布；未经档案馆或者有关机关同意，任何组织和个人无权公布；集体所有的和个人所有的档案，档案的所有者有权公布，但必须遵守国家有关规定，不得损害国家安全和利益，不得侵犯他人的合法权益。

2. 公布档案的方式

根据《中华人民共和国档案法实施办法》第二十三条规定，公布档案的主要方式有：通过报纸、刊物、图书等出版物发表档案的全文或部分原文；通过电台、电视台播放档案的全文或部分原文；陈列、展览档案或其复制件；出版发行档案史料（全文或摘录）、汇编以及公开出售档案复制件；散发或张贴档案复制件；在公开场合宣读、播放档案原文等。

实训练习

1. 实训内容

各小组到本校或附近的公共图书馆调查，了解图书馆提供服务的方式。

2. 实训方式

各小组在调查中讨论以下问题，并根据讨论结果撰写实训报告。

（1）图书馆和档案馆提供利用的方式有何异同？

（2）图书馆提供利用的方式中，有哪些方式可以在档案的提供利用上加以借鉴，哪些则不能借鉴？

（3）思考信息资源一体化的发展趋势及如何有效实现信息资源一体化。

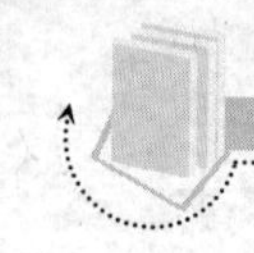

3. 教师评判

教师根据各小组的实训报告进行评分，并做出点评。

任务二　档案的编研

相关知识

档案的编研是档案工作中的一个重要环节，同时也是档案馆（室）主动地、系统地、广泛地提供利用服务的一种有效方式，是档案利用服务工作的进一步深化。

在“档案”一词出现之前，档案工作实际由掌管朝廷图书典籍的史官主管，并受诏撰史。他们所从事的工作实际上就是档案编研工作的雏形。西汉史学家、文学家司马迁（约公元前145－前90）出生于史学世家，曾任太史令，掌管天文历法及皇家图籍。司马迁所著的中国第一部纪传体通史《史记》共130篇，被誉为档史结合的典范，而司马迁亦被称为档史结合的榜样。1959年6月10日，周恩来总理在全国档案资料工作先进经验交流会上提出：“档案工作者应该向司马迁学习。”

一、档案编研的基本内容、意义和特点

编研是带有很强的研究性的编纂工作，在各项档案基础业务工作中最具有创造性，亦是最体现档案工作人员水平的一个环节。

（一）档案编研的基本内容

档案编研是档案人员以馆（室）藏档案为基础所进行的编辑和研究工作，其内容主要包括以下四个方面。

1. 档案史料和现行机关文件汇编

这项工作通常称为档案文献编纂，即按照一定的作者、专题、时间或文种等特征，把档案文件选编成册，在一定范围内使用或公开出版，如各种专题的档案史料汇编、现行机关的重要文件汇编、政策法规汇编等。将档案原文集中汇编成册，虽然改变了档案文献的存在形式，若经出版，档案还转化为图书，但是由于其并未改变档案原文，因此仍属于一次文献。根据汇编档案的内容、材料成分以及详略程度的不同，编研成果可采用不同的题名，如汇编、丛编、丛刊、辑录、选编、选集等。

档案文献汇编有以下三个特点。

（1）原始性。汇编所纂辑的都是档案原件，而不是任何档案的加工品。

（2）系统性。每一部汇编都围绕一个主题，内容互有联系，编排有序且具有逻辑性。

（3）易读性。在汇编过程中，通过对档案文件的标点与分段，对错字和残缺文字的校正和恢复，对档案文件上批语、标记、行款格式的处理等文字加工，可以使读者更加易于阅读档案的内容；通过对档案文件的编排，可以进一步揭示其中的历史联系；通过备考、

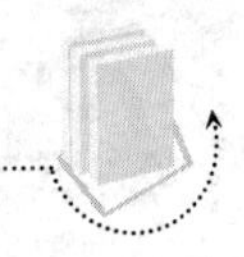

注释、按语、年表、插图、目录、索引以及序言、范例等的撰写和编制，可以帮助读者理解有关专题档案的内容、历史背景及其价值，便于读者查找汇编内的档案文件。

2. 编辑档案文摘汇编

档案文摘汇编是对档案原文的缩写，它以简练的文字概要地揭示档案原文的主要内容，是一种二次文献。档案文摘可以作为一种检索工具编制和使用，如档案著录中的提要项，实际上就是档案文摘的一种形式，它在著录项目中起到介绍、报道档案文件内容的作用，可以为利用者提供较为具体的查找线索。根据一定的专题或采用定期的方式将档案文摘汇集起来加以公布，也是档案编研的一项内容。与档案文献汇编相比，其在编辑方法和报道功能上具有较为灵活、简便、及时等特点。

3. 编写档案参考资料

档案参考资料是按照一定的选题，根据档案内容而编写的文字材料，如大事记、组织沿革、专题概要、会议简介、统计数字汇集等。

4. 参加编史修志

以馆藏档案为基础，参加历史研究和编史修志。例如，协助或参与史志编修工作，进行与馆藏内容相关题目的历史研究，撰写专门文章和著作等。

（二）档案编研的意义

1. 档案编研是主动、系统、广泛地开展提供利用服务的一种方式

编研工作的突出之点，表现在工作成果的研究性，提供方式的主动性，材料的系统性以及作用的广泛性。可以说，开展档案的编辑和研究工作，是档案的整理和利用工作的一种高级形式，也是开放历史档案的一项重要措施。

2. 档案编研是提高档案馆（室）工作水平的一个重要途径

收集、整理、编目等基础工作是开展编研工作的基础和前提，而编研工作的开展，既对基础工作提出了新的要求，又能检验和推动各项基础工作的全面发展。同时，由于编研作品的出版和发行，可以减轻社会各界络绎来馆（室）查阅的压力，使档案馆（室）有更多的时间和精力去从事改进和提高工作。此外，只有通过研究档案内容、汇编档案史料、参加编史志等研究和服务活动，才能进一步扩大档案工作的影响，赢得社会各方面对档案工作的重视和支持。

3. 档案编研是保护档案原件和长远流传档案史料的一种措施

提供编写的参考资料和编辑的档案史料来代替原件提供利用，可以避免档案原件遭到损坏和流失，有利于档案原件的世代长传。档案只靠单份和一处保管，难以千古无失。编印档案汇编和以档案为基础的资料，发行量大，存放点多，即使遇有不测，也会此失彼存，得以辗转流传。迄今我国保存下来的相当数量的古代和近代的档案史料就是有力的证明。我国现存明清以前的档案几乎没有，所能见到的都是一些前人编纂的史料。

（三）档案编研的特点

档案编研的主要特点在于它的研究性、思想性和政策性。

1. 研究性

档案编研工作中的“编”与“研”不是两个各自独立的概念，而是互相统一的，即编中有研，编研结合。档案编研工作的每一项内容都带有很强的研究性，不仅在编史修志中需要研究，在编辑档案史料汇编以及编写档案参考资料时也要以大量的研究工作为基础。从编研题目的选定、材料的选择、考订，到文字加工、编排，都需要进行认真的研究，包括史实研究、史料研究、体例研究、文字研究以及需求研究、政策研究等许多方面。档案编研的质量管理要着力抓研究，不仅应就选定的题目本身加以研究，还要注意学习和研究相关理论、相关知识、相关动态，不断提高编研人员的思想认识水平和业务水平。

2. 思想性

档案编研不仅是对档案原文的简单照录，它还必须反映编研人员的观点和认识，具有明显的思想性。档案编研成果不同于一般的出版物，它是以档案为基础编辑或编写的，带有一定的权威性，利用者往往会作为依据性材料加以使用。但是社会的发展变化是复杂的，档案的形成过程和来源也是十分复杂的，档案的真实并不等同于历史的真实，这就要求编研人员要将辩证唯物主义和历史唯物主义的思想方法贯穿在选题、选材乃至加工、编写的每一个环节，使编研成果反映历史的真实面貌。

3. 政策性

档案编研成果通常要在一定范围内公开使用，从而涉及许多政策和法律方面的问题需要认真注意。例如，《档案法》规定了国家所有的档案，由国家授权的档案馆或者有关机关公布；集体和个人所有的档案，档案的所有者有权公布，其他机关和个人无权随意编辑和公布有关档案；公布档案时要维护党、国家、集体和公民个人的利益，要遵守《档案法》中对于档案开放时间、范围问题的规定，遵守《保密法》中对保密问题的规定，遵守《宪法》中对保护集体、公民个人权益问题的规定；对有关科技成果档案的编研要注意保护专利问题；在出版编研成果时要注意知识产权、著作权问题；等等。如果在这些方面出现差错，不仅可能引起某些纠纷，而且有时还会给国家、集体、个人造成不应有的损失。

二、档案资料汇编与档案参考资料

现行档案文件汇编、档案文摘汇编和编写档案参考资料既是档案编研工作的三大基本内容，也是一般档案馆（室）日常编研工作的重要内容。下面将重点介绍现行档案文件汇编、档案文摘汇编、档案参考资料及其编写实用技巧。

（一）现行档案文件汇编

现行档案文件汇编是将中华人民共和国成立后形成的各种档案文件编辑汇总，这是各级档案馆、机关档案室为满足社会各方面的现实需要而开展的一项重要的工作内容。

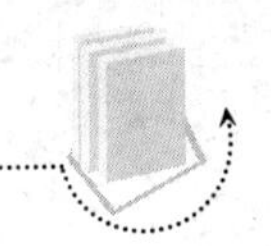

现行档案文件汇编的种类很多，常用的有以下几种。

1. 法规文件汇编

法规文件是指党和国家各级权力机关及其所属业务主管部门颁发的以强制力推行的用以规定各种行为规范的文件，如法律、法令、规定、决定等。法规文件汇编就是将这些文件汇编成册。

（1）法规文件汇编的类型。法规文件汇编分为综合性汇编和专题性汇编，前者如《中华人民共和国法规汇编》，后者如《林业法令汇编》。

（2）法规文件汇编的编辑出版。法规文件汇编一般由有权制定法规的单位进行编辑出版。收录文件应现行有效，要有时间断限，一般按内容分类后按时间排列。

（3）法规文件汇编的特点。法规文件汇编具有权威性、准确性、资料性的特点。

2. 重要文件汇编

重要文件通常是指有关方针政策方面的规定性、领导指导性文件，将这些文件汇编成册，即为重要文件汇编。重要文件汇编的内容大多是综合性的，编辑时需分门别类后按发文时间顺序排列。

3. 发文汇编

发文机关将本机关的发文定期（通常按年度）集中成册，即为发文汇编。发文汇编一般按发文号顺序排列。

4. 会议文件汇编

将会议中产生的有一定参考利用价值的文件汇集成册，即为会议文件汇编。一般要选择在社会或机关发展中、工作中有重要作用的会议编制文件汇编。可将一次会议的文件汇成一册，也可将同一种会议的若干届会议文件汇成一册，但不可将不同性质会议产生的文件混为一册。

5. 公报、政报

公报、政报的选材范围主要是有关方针政策的规定性、领导指导性文件，一般以正式下发的文件为主，选用领导讲话时要确保内容的准确无误。

6. 其他专题文件汇编

除上述汇编形式外，比较常见的其他类型专题文件汇编还有规章制度汇编、工作规范汇编、调查研究文件汇编、学术文件汇编、范例类文件汇编、专门业务文件汇编、成果材料汇编等。

档案文件汇编一般包括几个部分：汇编题名；编辑说明；序言；目录；正文；附录等。

（二）档案文摘汇编

档案文摘是以提供档案文摘汇编为目的，不加评论和补充解释，简明、确切记叙文献重要内容的短文。

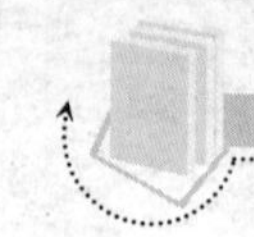

1．档案文摘汇编的主要特点

（1）信息密度高，容量大。文摘言简意赅地揭示文件的主要内容，利用者可用较短时间获得大量信息。

（2）具有引导作用，针对性强。文摘具有引导利用的作用，利用者可借用档案文摘汇编选择自己所需要的档案原件，有针对性地查阅利用。

（3）信息及时、更新快。档案文摘汇编编辑出版形式多样，可及时报道各种文件中的最新信息。

2．档案文摘的编写

独立使用的档案文摘有统一的格式，一般由以下项目组成。

（1）文摘号：即文摘在汇编中的顺序号，具有表示排列顺序和检索作用。

（2）文摘题名：即文摘的标题，概括揭示摘录文件的内容，可使用原文标题。

（3）原文作者：即档案文件的作者。

（4）原文出处：即档案原文的存址，可填写档案馆（室）名称和档号。

（5）文摘员：即编写档案文摘的人员，填写此项意在表示负责。

（6）正文：即对档案文件原文内容的概括介绍。撰写正文时应注意以下三点。

① 要忠于原文，客观、如实地叙述文件的主要内容，不能带有编写人员的主观意见。

② 档案文摘应具有自含性和独立性，使读者不阅读原文也能从中获得必要的信息。也就是说，档案文摘应是一片完整的短文，可以独立使用。

③ 文字要简练、准确，表述要清楚，要注意使用标准科学术语，一般不用图标、公式、缩写词等，篇幅一般在200～400字左右。

3．档案文摘汇编的形式

档案文摘汇编的编辑、出版形式比较灵活，可汇集成册，亦可在刊物上定期或不定期登载；可按专题加以汇集并公布，亦可不分专题随时公布。一次收录的文摘多可达数百条，少可收录三、五条，不拘一格，档案馆（室）可根据需要加以选择。

要密切结合社会需要选择档案文摘汇编题目，并将那些在科学研究、工作和生产中具有较高参考价值和推荐意义的档案文摘收录进来。比较常见的档案文摘汇编形式有三种：学术论文文摘汇编；科技成果文摘汇编；专题档案文摘汇编。

（三）档案参考资料

从广义来说，凡是可供人们进行工作和研究问题时参考的材料，如书籍、报刊、照片、图表等，都可成为参考资料。档案界通常所说的参考资料，是档案馆（室）根据档案内容综合编写出来的一种材料，它是档案提供利用的一种方式。

档案参考资料具有与其他提供利用方式不用的特点，主要表现为以下三个方面。

（1）档案参考资料的内容来源于档案，但又与档案原文不同，它是根据一定的专题对有关档案材料的内容加工编写而成的系统材料，具有问题集中、内容系统、概括性强的特点。

（2）编写出来的“产品”是一种介于档案文献与学术论著之间的“半成品”，是一种“三次文献”。

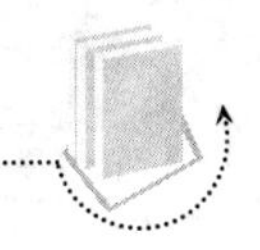

(3)其内容具有实际参考作用，但不具体指明内容的出处。

档案利用工作中编写的参考资料种类很多，名称不一，用途也较为广泛，归纳起来大致可分为三种类型：大事记；组织沿革；专题概要。

实训练习

1. 实训内容

学习档案的编研方法。

2. 实训方式

(1)每个小组选择一个本校的专业，到校档案室对近五年来该专业学生的就业情况问题进行调查。

(2)参考本模块任务三的内容，小组根据调查结果编写一份统计数字汇编，反映调查结果，并对该专业的发展进行预测。

3. 教师评判

教师根据各小组的统计数字汇编进行评分，并做出点评。

任务三 常用档案参考资料的编制

相关知识

一、大事记

大事记是按照时间顺序简要记述一定范围内发生的重大事件、重大活动的一种档案参考资料。

(一)大事记的种类

大事记的种类很多，名称不一，如“大事记”、“大事年表”、“大事记述”、“大事编年”、“大事记要”、“大事辑要”、“纪年”、“月表”、“日志”等。大事记可以作为一种独立的参考资料，也常常作为年鉴、专业辞书、史料汇编、专著等的附录附在正文之后。按照所记载的对象和内容，大事记大致可分为以下四种。

(1)机关大事记：记载一个机关在一定时期内的重要活动，如《珠海市档案局大事记》、《北京第一机床大事记》等。

(2)国家或地区大事记：记载全国或一个地区在一定时期内的重大事件，如《中华人民共和国大事记》、《新中国成立后西藏大事记》等。

(3)专题大事记：按照专题记载国家或某一地区、某一机关在一定时期内某一方面的重大事件，如《中华人民共和国外交大事记》、《穆棱县自然灾害大事记》等。

（4）个人生平大事记：记载著名人物的生平重要活动，通常也称为年谱，如《孙中山生平活动》、《鲁迅年谱》等。

（二）大事记的选择标准

1. 大事的选择

所谓大事、小事是相对而言的，受一定时间、空间的制约，此时此地为大事者，彼时彼地不一定为大事，反之亦然。因此在确定大事时，应从大事记对象的实际出发加以选择，一般可从以下三个方面进行分析判断。

（1）从影响方面分析。大事记所记述对象的范围内属全局性、典型性的事件以及对现实工作和历史发展有重要影响的事件和活动应作为大事，反之，那些局部的、只有一般意义的事件和活动可作为小事。

（2）从特色方面分析。反映大事记对象的性质、任务、主要职能活动等方面特点的事件和活动应作为大事，反之，那些反映非主要职能活动、不具有自身特点的事件和活动可作为小事。

（3）从背景方面分析。在大事记所记述的历史时期中反映党和国家方针政策以及本地区、本机关中心工作的事件和活动应作为大事，反之，那些只反映当时当地的一般性、常规性事件和活动的可作为小事。

2. 大事的范围

根据一些档案馆（室）编写大事记的经验，涉及以下方面的事件和活动可作为大事加以记述：

（1）有关路线方针、政策、法律、法令、规章制度的制定、贯彻和实施；

（2）有关重要会议和重大政治活动；

（3）有关地区或机构的组织沿革；

（4）有关各条战线的重大变革与成就；

（5）有关外交与外贸；

（6）事故、特殊事件等。

3. 大事材料的收集

编写大事记要广为取材以求全，审慎核准以存真，从而保证大事记能成为一部“信史”传于今人与后人。

大事材料的收集既要尽可能全面查阅有关档案文件，广为积累，也要寻找主要途径，重点搜索。以地区性大事记为例，事件收集大事材料可重点从以下几个方面着手。

（1）党政领导机关的简报、快报、月报、要闻简报、动态等。这些材料记载了该地区各个领域发生的各种类型的大事和要事，所述事实准确、清楚，是大事记材料的重要来源。

（2）报刊、电台、电视等新闻媒介的报道。尤其是当地的新闻媒介，经常宣传、介绍本地的一些大事、要事、奇事，从中可以获得一些值得载入大事记的材料。

（3）地方史志、年鉴等纪实性资料。这些资料系统地记述了该地区各方面的情况，其

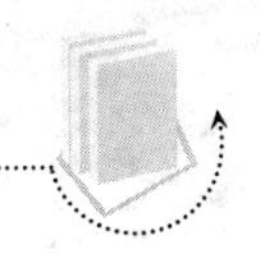

中包括一些重大事件和活动，可供编写大事记参考。编写历史较久远、时间跨度较长的大事记时，这一材料来源更为重要。

（4）口碑传闻。有些大事未见于正式记载，而在群众中流传。这种口碑传闻中也有一些确属事实，可以收入大事记中。

（5）有影响的大事。从本地区各机关编写的大事记中可以挑选出在全地区范围内具有影响的大事。

（6）大事记录。有些机关建立了日常的大事建立制度，由专人负责，按照事先确定的大事范围和记录要求，随时把发生的大事记录下来，这可成为编写大事记的系统材料来源。大事记录是保证大事记材料全面、准确的一个好方法。大事记录材料应随机关当年文件同时归档保存。

4. 大事材料的核准

大事记作为一种历史资料，应力求内容的准确无误。由于大事记材料来源广泛，其中失实或部分失实的情况并不少见，因此，大事记编写人员对所收集的材料要多闻阙疑，认真考订核准，以免将不实、不确之事录入大事记中。核准大事材料的方法很多，可将多种记载对照核实，也可向事件发生机关或当事人查询核实。

（三）大事记的体例和结构

1. 大事记的体例

（1）编年体大事记：即按年、月、日顺序逐年逐月逐日记载历史事实，一事一条。

【例 8-2】《广州大事记》（1949.10—1994.12）就是采用编年体，按时间先后顺序记载大事要事的。以下为其正文的摘录。

<u>1949 年</u>

10 月 6 日　中共中央华南分局在赣州决定成立广州市接管工作委员会。朱光、云青、肖桂昌、洪学智、李凡夫、陈育才、伍晋南、布鲁、张云天、林克泽、廖似光、陈健等 12 人为委员。朱光为委员会书记，云青、肖桂昌为副书记。

10 月 9 日　中共广州地下组织发出警告，各厂商不得将粮食、工厂、商业设备及货物迁移或破坏。

10 月 11 日　国民党政府要员纷纷逃离广州。次日，国民党中央党部及“政府”从广州迁往重庆。

10 月 11 日　国民党军队从广州撤退，并于下午 6 时左右炸毁海珠桥。一德路、太康路、回龙路房屋，长堤 50 多处码头及南华东路、同庆路、公正新街等处房屋数百间被震毁震坏，沉毁民船 100 多艘，大元茶居、李合记、金陵茶室倒塌，总计死、伤 400 ~ 500 人。

△　国民党广州市保安警察部队、市府常备自卫队 2000 多名官兵起义。这是由中共地下党策动、由共产党直接领导的国民党警察起义。

…………

（2）纪事本末体大事记：即以事件为中心，按事列目，然后按时间顺序从头到尾详细完整地叙述事件的始末。

（3）分类编年体大事记：即将史实先按内容或性质分类，然后分别按编年体写法，将同类的史实按时间先后顺序予以记载。

【例 8-3】《中华人民共和国大事记》采用的就是分类编年体。全书先分政治、财政经济、军事、文化教育、中外关系 5 大类，每类下再分若干属类，每个属类下将大事按年、月、日排列。如“财政经济”类下面再分“工业交通”、“农林水利”、“财政 • 金融 • 贸易” 3 个属类，内容摘录如下。

财政经济

工业交通

1949.11.7　陇（陕西省宝鸡）海（江苏省连云港）铁路全线通车，全长一千二百二十六公里。

1949.11.17—11.30　全国首届煤矿会议在北京举行。会议计划一九五〇年产煤三千多万吨。

…………

农林水利

1949.10.10　中共中央华北局发布关于新解放区土地改革的决定。

1949.11.8—11.18　水利部在北京召开全国解放区水利联席会议，傅作义部长致开幕词并作会议总结报告。李葆华副部长作关于水利建设方针和任务的报告。

…………

财政 • 金融 • 贸易

1949.10.1　新华社报道，人民币五百元及一千元新钞发行两周以来，各地物价保持平稳。

1949.12.2　中央人民政府委员会第四次会议通过一九五〇年度全国财政收支概算和关于发行人民胜利折实公债的决定。

…………

2. 大事记的结构

一部独立编印的叙述式大事记一般由以下部分组成。

（1）题名：即大事记的标题，应包括大事记的对象、内容、时间、名称等要素，如《珠海市二十年大事记（1979—1999）》等。有些大事记的题名虽无具体的时间范围，但有历史时期的名称，如《中国近代教育大事记》。

（2）编辑说明：亦称为前言或编者的话，其主要内容包括：

① 编写目的和读者对象；

② 指导思想和原则；

③ 时间断限和选材标准、材料来源；

④ 编排体例、结构及某些需要说明的编辑方法；

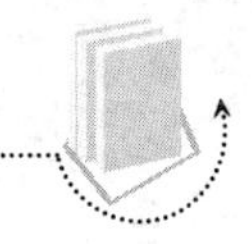

⑤ 编者情况。

【例 8-4】《广州市大事记》(1949.10—1994.12)的编辑说明摘录如下。

编辑说明

为简要记述新中国成立后广州市社会主义革命和建设的历程、各项事业取得的成就和经验，反映广州市历史的发展变化，我们编写了《广州大事记》(1949.10—1994.12)。我们力图以马克思主义的辩证唯物主义和历史唯物主义的观点，本着尊重历史、忠于事实、客观地反映历史的原则，向了解和研究广州历史的读者提供有价值的资料，并以此献给广州建城 2210 周年纪念。

本书选用材料以广州市档案馆的馆藏档案资料和《南方日报》、《广州日报》、《羊城晚报》和《广州市政》为主，同时参考了《中华人民共和国大事记》、近年来编史修志的一些成果及其他一些图书资料。

本书记载了广州市解放后政治、经济、科学文化、社会、外事等方面的大事要事：机构变化主要记载局以上机关以及一些重要单位；领导人的职务名称一般只在第一次出现时记载；国民经济指标完成情况只记有阶段性、有代表性或有特别意义的年份；外事活动以记载国家级贵宾来访为主，外国某方面代表团来访如系该国第一次亦予记载，改革开放后适当放宽。

本书采用编年体，按时间先后顺序记载大事要事。有连续性的大事要事，时间相距不长的，适当记其始末；虽有连续性，但情况复杂且时间较长的，则记作若干条。查不到准确时间的，按史学界惯例处理，日无考，记是月；月无考，记是季；季无考，记是年及月底、年底等。

参加本书编写的人员有詹立胜、莫健、钟信生。何裕坤、胡兆霜参加了初稿的修改。何裕坤、邝焕全参加了修改稿的修改(其中何裕坤负责 1949.10—1969 年、1991—1994 年，邝焕全负责 1970—1990 年)，林敦连、高衍、何裕坤负责全书审稿、定稿。

本书编辑过程中得到市领导的关怀与大力支持。部分历任广州市领导审阅了初稿，并提出了宝贵的修改意见，现任市领导热情地为本书题词，在此谨表示衷心的感谢。

由于编者水平有限，疏漏差错在所难免，希望广大读者批评指正。

(3) 序言：通常用来介绍大事记记述对象的概况，如介绍有关地区的历史发展，建制变化；介绍有关机关的组织沿革、基本职能；介绍有关专题的基本内容和特色；介绍有关人物的主要生平事迹的社会影响等。

(4) 目录：也称目次，是帮助读者查找大事条目的线索。对于大事记的目录编排体例编写，编年体大事记可按历史时期或年代列出大事条目所在页次，分类编年体可按所分类目列出大事条目所在页次。

【例 8-5】《广州市大事记》(1949.10—1994.12)目录摘录如下。

基本社会主义改造时期(1949 年 10 月—1956 年)
1949 年…………………………………………………(1)
1950 年…………………………………………………(12)
1951 年…………………………………………………(30)
…………

全面开始建设社会主义时期（1957年1月—1966年4月）
1957年……………………………………………（127）
1958年……………………………………………（150）
1959年……………………………………………（171）
…………
“文化大革命”时期（1966年5月—1976年9月）
1966年5月…………………………………………（294）
1967年……………………………………………（305）
1968年……………………………………………（318）
…………
社会主义建设新时期（1976年10月—1994年）
1976年10月…………………………………………（404）
1977年………………………………………………（407）
1978年………………………………………………（417）
…………
1994年………………………………………………（841）

（5）正文：这是大事记的主体部分，具体编写要求将在后文详述。

（6）按语和注释：按历史时期编排和分类编排的大事记，可在每个时期或类目之前加按语，简要介绍这一部分的历史背景和大事要点，起到总括下文、引导阅读的作用。大事记中某些记述历史事实的词句有特定含义，有些人物、地名、背景不为人所熟知，可以注释形式加以说明，以便读者理解。

（7）附录：即大事记的辅助材料，放在正文之后，以便读者查阅。附录的种类根据大事记的内容和读者对象的特点而定，参考书目、大事主题索引、人名索引、地名索引、行政区划图以及该地区、机关、企业具有代表性的数据或图表均可作为大事记的附录。

【例8-6】《广州市大事记》（1949.10—1994.12）将“中共广州市委、市人大常委会、市人民政府、市政协历任主要负责人名单”作为该书的附录，摘录如下。

附录

中共广州市委历任主要领导人一览表

（1949年10月—1987年12月）

年　限	届　次	机构名称	职　务	姓　名	任职时间
1949.10—1956.6		中共广州市委	书　记	叶剑英	1949.10—1952.9
			代理书记	朱　光	1949.12—1952.3
			第一书记	叶剑英	1952.10—1952.12
			第一书记	何　伟	1952.12—1954.10
			书　记	王　德	1954.11—1956.3
			书　记	王　德	1956.3—1956.6
1956.6—1959.3	第一届	中共广州市委书记处	第一书记	王　德	1956.6—1959.3
	第二届				
……		……			……

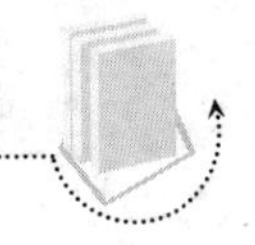

（四）大事记条目的编写方法

1. 编写要素

大事记的条目通常由大事时间和大事记述两部分组成。

（1）大事时间。大事时间应力求记载准确的日期，即写明某年、某月、某日，有些特殊事件还应写明确切的时、分、秒。对原材料来源中没有注明时间或时间不准确的事件，应尽力进行考证。日无可考者该条目附于月末，称为“是月”或“本月”；月无可考者该条目附于年末，称为“是年”或“本年”；年无可考者一般不记。历史事件除了公元年号外，同时还要标明当时的朝代年号。

（2）大事记述。大事记述是对史实的记述，是大事记中最重要的部分。编写大事记述不仅要有较高的思想水平、知识素养和文字能力，而且要讲究编写技巧，力求将丰富的史实凝聚于简洁的笔墨之中。

2. 大事记条目编写的基本要求

（1）一条一事，不能将几件事放在一个条目中综述。

（2）大事记述文字要简明。

（3）大事记述要注意将其始末因果交代清楚。

（4）编写大事记要以辩证唯物主义和历史唯物主义为指导，注意观点的正确。

（5）编写大事记可在客观记述的基础上作适当的评价。

3. 大事记正文的格式

大事记正文的格式主要包括大事条目的段落安排、大事时间的标示方式以及同一时间有两条以上大事条目的标示方式。

（1）大事条目的段落安排。

① 首行缩进式：每一条目的第一行都向右缩进两格。

【例8-7】首行缩进式段落安排示例如下。

1月3日　在2005年1月份从拱北口岸零关税进入内地的澳门CEPA货物增长两倍多，是去年全年进口值的70%。

② 首行悬挂式：每一条目的第一行日期向左突出。

【例8-8】首行悬挂式段落安排示例如下。

2日　拱北公安派出所被评为全国一级公安派出所，今日挂牌。

3日　珠海友通科技有限公司近日通过CMM（能力成熟度模型）三级认证。是珠海市第一家通过此类认证的企业。

③ 首行齐头式：每一条目的各行开头都齐头顶格书写，条目与条目之间空一行，并且将每一条目开头的月份字体变粗以示区分。

【例8-9】首行齐头式段落安排示例如下。

1月3日　珠海市六届人大常委会通过了《珠海市户外广告设施管理条例》，规定了在珠海市范围内各种户外广告的设置、发布设置权交易、公益广告、交通工具外表广告的管理办法。使珠海市的户外广告管理有法可依，使城市的空间资源有偿使用。

2月2日 拱北公安派出所被评为全国一级公安派出所，今日挂牌。

2月3日 珠海友通科技有限公司近日通过CMM（能力成熟度模型）三级认证。是珠海市第一家通过此类认证的企业。

（2）大事时间的标示方式。

① 年度突出，月日开头。这种方式广泛用于历史大事记中。时间跨度大、每年编入内容不多的（特别是有时整个月都无大事条目的）大事记，适宜用这种方式。

【例8-10】《广州市大事记》（1949.10—1994.12）中采用的就是“年度突出，月日开头”的标示方式，摘录如下。

1949年

10月6日 中共中央华南分局在赣州决定成立广州市接管工作委员会。朱光、云青、肖桂昌、洪学智、李凡夫、陈育才、伍晋南、布鲁、张云天、林克泽、廖似光、陈健等12人为委员。朱光为委员会书记，云青、肖桂昌为副书记。

10月9日 中共广州地下组织发出警告，各厂商不得将粮食、工厂、商业设备及货物迁移或破坏。

② 年月突出，日期开头。这种方式在现行大事记中较常见。时间跨度短（尤其是只有一个年度的），每月内容较多的大事记，采用这种方式较好。

【例8-11】《珠海市大事记》中采用的就是“年月突出，日期开头”的标示方式，摘录如下。

2005年1月

1日 CEPA补充协议开始实施。根据补充协议，港澳进入拱北海关的零关税商品范围进一步扩大，相关申请条件进一步放宽。港澳相关货物通关更加便利。

2日 拱北公安派出所被评为全国一级公安派出所，今日挂牌。

2005年2月

2日 珠海市委书记方旋到斗门区井岸镇南潮村参加保持共产党员先进性教育活动的主题党日活动。活动在南潮村村委会的会议室举行。

3日 在2005年1月份从拱北口岸零关税进入内地的澳门CEPA货物增长两倍多，是去年全年进口值的70%。

③ 同一天有两条以上的大事条目，可采取在首条前写时间，以后各条前面加“同日”或加“三角形”等符号进行区别的办法。

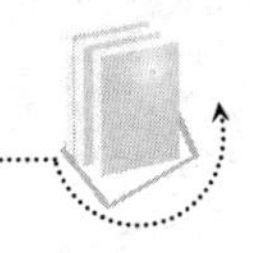

【例 8-12】同一天有两条以上大事条目的标示方式示例如下。

1 日 珠海市委书记方旋 1 月 1 日到珠海香洲朝阳市场、人民医院、拱北口岸慰问正在工作的市民和工作人员，送上新年的祝福。

▲ CEPA 补充协议开始实施。根据补充协议，港澳进入拱北海关的零关税商品范围进一步扩大，相关申请条件进一步放宽。港澳相关货物通关更加便利。

二、组织沿革

组织沿革是一种系统地记载某一机构、地区或行业的体制、职能等基本状况变迁过程的参考资料。

（一）组织沿革的作用和种类

1. 组织沿革的作用与特点

（1）组织沿革的主要用途如下：

① 便于查考和研究本地区、本机关、本系统的机关和人员发展变化情况；

② 可以为研究国家机关史、地方史、革命史以及各种专业史提供组织建设方面比较系统、全面的参考资料；

③ 可以为档案馆（室）编写立档单位历史考证提供系统材料，并有助于提高档案收集、整理、鉴定等业务工作的水平；此外，可以帮助利用者了解立档单位的情况和认识档案的价值。

（2）组织沿革的特点如下：

① 内容的专题性，即专门记载有关组织建设方面的情况；

② 事实的连续性，即展示有关方面自往而今的发展变化过程。

2. 组织沿革的种类

组织沿革的种类主要有以下三种。

（1）机关组织沿革：主要记载一个机关及其内部组织机关和人员的演变情况，如《珠海市地方税务局组织沿革》。

（2）地区组织沿革：主要记载一定区域内（如省、市、县等）所属党、政、群各级组织的设置和变化，如《广东省组织沿革》。

（3）专业系统组织沿革：主要记载一定专业系统（如教育系统、金融系统等）所属组织的设置和变化，如《珠海市卫生系统组织沿革》。

（二）组织沿革的内容和体例

1. 组织沿革的内容

组织沿革的内容主要包括机关名称改变、地址迁移、成立和撤并时间、隶属关系、性质和任务（职能）职权范围、领导人员变动、人员编制以及内部组织机构设置等变化情况。概括起来，组织沿革主要包括五大要素：

（1）单位性质和主要职能；

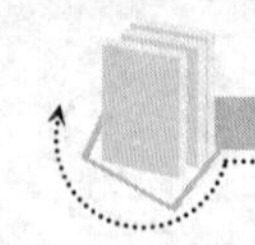

（2）隶属关系；

（3）人员编制；

（4）内部机构设置；

（5）领导成员的组成。

2. 组织沿革的体例

编写组织沿革通常采用编年法、系列法、阶段法等三种体例。这三种体例各有特点，在编写组织沿革时可根据自身的实际情况加以选择，在编写过程中亦可对几种体例作适当的结合或变通使用。

（1）编年法：即按年度记述某一机关（地区、专业系统）的组织概况。

编年法先将材料按年度分开，然后在每个年度中分别记述各方面的问题。其优点是每一年度中有关该组织的材料集中，且自成体系，便于按年度查找；缺点是每一方面的问题都分散在各个年度之中，内容分散，系统性不强，不便于把握某一方面问题的发展脉络，而且有些多年没有变化的情况在历年中反复记述，造成大量重复。这种体例适合历史较短、规模较小、组织机构不太稳定的机关组织沿革。

（2）系列法：即以组织或机构问题形成系列，分别记述其沿袭变化的始末概况。

系列法以组织机构为系列者，按机关内部组织机构的实际设置分别记述其各方面的发展与变化情况；以问题为系列者，可分为机构体制、职能与任务、隶属关系、机构与人员编制、干部任免、印信等若干方面分述其发展变化情况。在系列之下，通常按年度顺序加以记述。系列法的优点是：能够比较系统地揭示各个组织机构或各个方面问题的发展脉络，便于读者了解一个机构或一个问题的历史与变化。但由于这种体例将机构全貌按系列分割开来记述，故不便于读者了解每一段时间内整个机关的组织概况；而且内部机构设置比较复杂或变化比较频繁的机关不适宜按机构来设置系列。这种体例适合组织机构稳定，且各自独立性较强的机关以及地区或专业系统的组织沿革。

（3）阶段法：即根据机关（地区、专业系统）发展变化的特点划分为若干个历史阶段，在每个阶段中再分别记述各方面的情况。

阶段法在一定程度上吸收了前两种体例的优点，兼顾了时间和系列纵横两个方面的适当结合。阶段法与编年法的相似之处在于均以时间为主线，与系列法的相似之处在于均按问题分述情况。由于阶段法的时间段落比较长，避免了按年度记述的某些重复和完全按系列记述整体感不足的缺点，从而使各个方面的情况得到了相对集中，结构上也显得比较紧凑，可以使读者对机关各个阶段的概况一目了然。当然，阶段法也必然使一个年度或一个系列的全部情况有所分散。采用这种体例时一个十分重要的问题是合理地划分阶段，使之符合本机关的发展特点，并长短适当。这种体例适合具有一定发展历史的机关、地区、专业系统的组织沿革。

【例 8-13】下面以《×××市城市管理监察大队组织沿革》（1987—2001）为例，说明阶段法中每一阶段的具体编写方法（注：原文全部采用文字叙述式，为了更好地说明如何选择适宜体例和合适的表达方式，编者对原文进行了必要的改动，主要是将原文中有关领导和组织体系部分改用表格式来表达，原文缺省的内容略）。×××市城市管理监察大队组

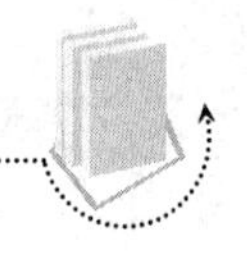

织沿革具体分为两个阶段，现摘录第一阶段中的内容如下。

第一阶段
单位名称：×××市城市管理监察大队
级别：正科
起止时间：1987年至1995年

小　　序

×××市城市管理监察大队于1986年4月由×××市政府成立批准，1987年5月由×××副市长授旗正式执证上岗。主要职责是查处违章建筑，维护市政公共设施、园林绿化和市容环境秩序，协同有关部门搞好市容卫生、建筑施工和公共交通秩序的管理和执法工作。×××市城市管理监察大队属于×××市建设委员会下属的科级事业单位，成立之初有在编人员47人，到1996年更名时人员增加到218人。

一、单位领导

设大队长、教导员各1名，历任如下：

职　务	姓　名	任职时间	备　注
大队长	陈平	1986—1989	名单按任职先后顺序排列
大队长	招高喜	1990—1993	
大队长	陈炎光	1994—1995	
教导员	招高喜	1988—1989	名单按任职先后顺序排列
教导员	王金平	1990—1991	
教导员	谭日深	1992—1995	

二、组织系统

1. 办公室　1987年至1995年。主管（略）。历任负责人如下：

职　务	姓　名	任职时间	备　注
（略）	罗海通	1987—1988	名单按任职先后顺序排列
（略）	罗瑞海	1989—1990	
（略）	江志强	1991—1994	
（略）	张佩英	1995	

2. 业务股　1989年至1995年。主管（略）。历任负责人如下：

职　务	姓　名	任职时间	备　注
（略）	曾钦泉	1989—1990	名单按任职先后顺序排列
（略）	梁小和	1991—1995	

3. 监察股　1990年至1995年。1995年更名为人事监察科。主管（略）。历任负责人如下：

职　务	姓　名	任职时间	备　注
（略）	林仲伦	1990—1994	名单按任职先后顺序排列
（略）	黎仁良	1995	

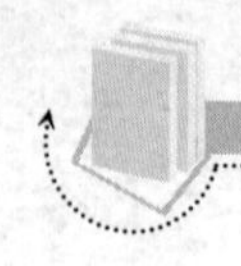

4. 财务科 1995 年。主管（略）。历任负责人如下：

职 务	姓 名	任职时间	备 注
（略）	杨元贵	1995	

5. 直属中队（略）
6. 香洲中队（略）
7. 拱北中队（略）

（三）组织沿革的结构与形式

1. 组织沿革的结构

组织沿革一般由封页或总题名、编者说明、目录、总序或概况、正文和附录几个部分构成。

（1）封页或总题名：包括组织沿革的标题、起止时间、编者等几项内容（如图 8-2 所示）。

广东省人民政府组织沿革

(1949年-1999年)

广东省人民政府办公室编

二〇〇〇年十二月一日

图 8-2 封页示例

（2）编者说明：主要说明组织沿革的编写目的、体例、材料来源、组织沿革编写工作的组织与参加人员等。

（3）目录：视内容的繁简和篇幅的长短，以阶段名称或问题名称为条目；单位时间短、阶段少的也可不设目录。

【例 8-14】××市税务局组织沿革（1953—1993）目录摘录如下。

目 录

一、概述……………………………………………………………1
二、××县建制时期的税务机构……………………………………2
附表：县建制时期的税务机构演变示意图

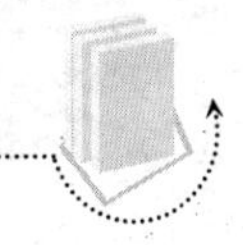

县建制时期基层所（站）演变示意图
三、××市建制时期的税务机构……………………………………………4
附表：市建制时期的税务机构演变示意图
××市税务局历任领导一览表
××市税务局系统各科、室及县区分局主要负责人一览表
一九九三年××市税务局人员构成统计表
附录
××市税务局机关各科、室职能……………………………………………9

（4）总序或概况：对单位名称、单位性质、主要职能、隶属关系、人员编制及其历史沿革作一总体概述。

（5）正文：由按照一定体例编写而成的、主要包括“五要素”的内容组成。

（6）附录：与组织沿革有关的各种图、表，可作为附录收于沿革之中。

2. 组织沿革的形式

组织沿革的表达形式大致有三种：叙述式；表格式；图示式。叙述式在此不多介绍，表格式参见表 8-2 和表 8-3，图示式如图 8-3 和图 8-4 所示。

组织沿革可以采用文字叙述或图表的形式，也可以图文并用。在编写中宜文则文，宜表则表。通常对历史沿革、主要职能任务用文字叙述，机构、人员变化用图表形式表述，这样既能减少篇幅，又条理清楚，方便查阅。

表 8-2 表格式一（编年法）

年　度	内部机构	人员编制		主要职能	主要负责人
		定编	实有		
1994	办公室				
	人事处				
	财务处				
1995	办公室				
	人事处				
	财务处				
	技术处				

表 8-3 表格式二（系列法）

年　度	办公室		财务处		人事处		技术处		单位领导人	
	编制	负责人	编制	负责人	编制	负责人	编制	负责人	姓名	任期
1994—1995										
1996—1997										
1998—1999										

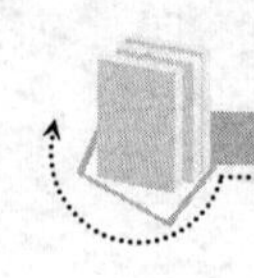

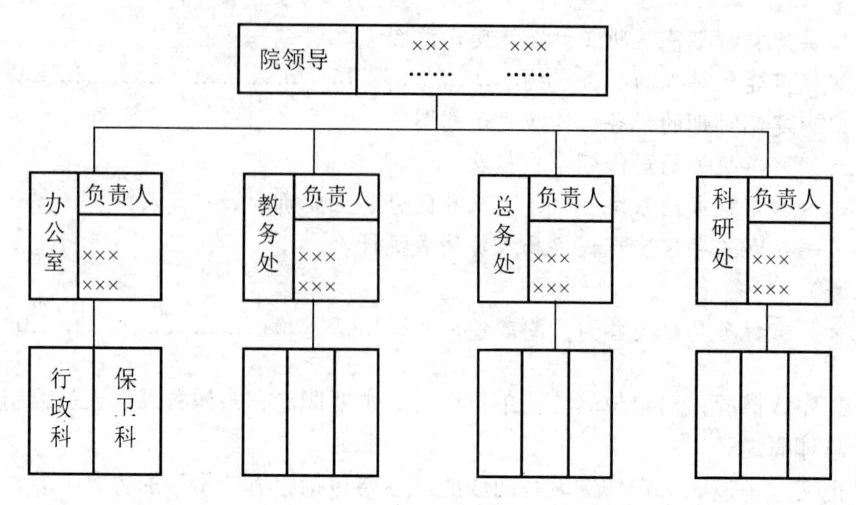

图 8-3　图示式（一）

中共珠海市（县）委隶属关系沿革示意图

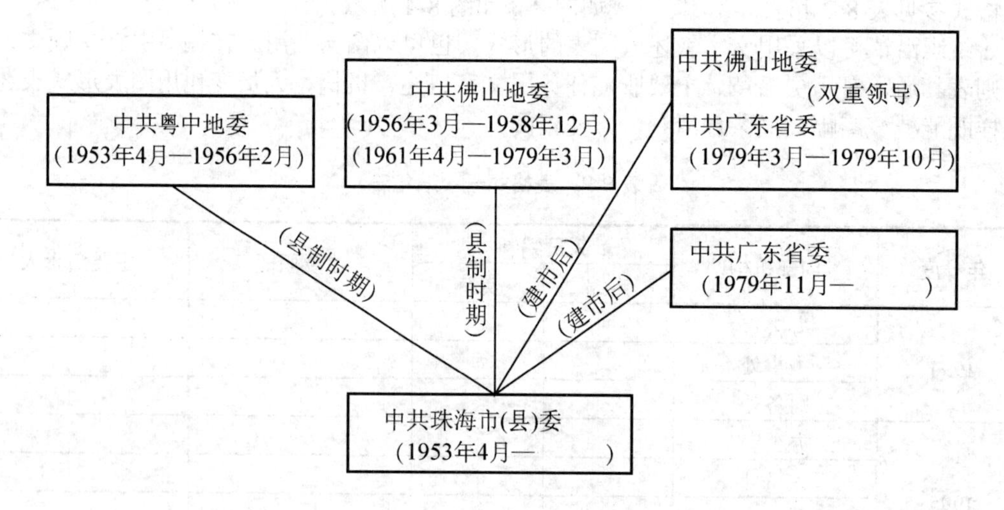

注：1953年珠海建县前和1959年至1961年4月并入中山县，珠海党组织隶属中共中山县委。

图 8-4　图示式二

三、专题概要

专题概要是以文章叙述的形式，简要说明和反映某一方面的工作、生产或其他社会现象和自然现象的产生、发展、变化的某种类型的专题资料，而非这种参考资料的具体名称，其一般称呼和专题的具体名称有很多，如《××专题概要》、《××专题资料》、《××基本情况》、《××简况》、《××综述》、《××简介》、《××汇编》等。有些专题概要只有主题名称，如《××地区矿产资源分布》、《发展中的南山邮电》，也有些专题概要直接用单位的

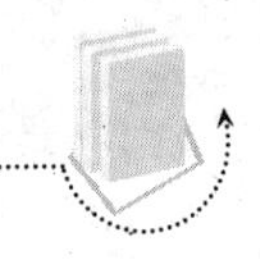

名称作为题名，如《中山大学》。

就专题概要的具体种类而言，大致有五种类型：基础数字汇集；会议简介；产品、工程设备、科研项目简介；地区（机关）综合情况简介；专门问题简介。

（一）专题概要的特点

（1）主题鲜明，内容统一。一部专题概要所提供的是某一方面的专门材料，往往具有特定的读者群和特定的作用范围。

（2）材料系统，重点突出。专题概要可以向读者提供某一方面的基本情况，即所谓概其全貌，领其要点，读者不必翻阅档案原件即可知晓有关问题之概要。

（3）题材灵活，适应性强。专题概要的题目可以是历史问题，也可以是现实问题；可以是社会问题，也可以是生产问题、技术问题、自然现象；可以综述一个领域，也可以介绍一个事件。专题概要的篇幅可长可短，其形式可文可图，其成果可以公开出版，也可以内部使用。因此，专题概要具有很强的适应性，可随时根据需要组织编写，及时提供给有关利用者。

（二）专题概要的选题和选材

专题概要的实用性如何在很大程度上取决于它的选题，科学合理的选题可使专题概要具有明显的利用价值，而不切实际的选题则往往使其成果无人问津。因此，编写人员要十分重视专题概要的选题环节，把好选题关。

1. 专题概要的选题依据

专题概要的选题必须依据两个条件：一是要考虑客观需要；二是要立足馆（室）藏实际，充分考虑材料及基础。两个条件缺一不可：如果没有一定的客观需要，就根本不需要选那个题目；如果仅仅有客观需要而没有相应的档案资料做基础，也就不可能编写出具有较高参考价值的实用的专题概要。

2. 专题概要的选材要求

专题概要的选材一要“专”，即紧紧围绕选定的题目查找材料；二要“全”，即应力求将有关该题目的材料收集得多一些，内容丰富一些，除馆藏档案外，也可以从版本较为可信的史志、年鉴和其他资料中选择一部分材料；三要“实”，即不能选用根据不足的材料，也不能将某些反映事件过程的材料作为结果性材料使用。

四、会议简介

会议简介是指利用会议的档案材料简要地介绍会议的全过程，以反映会议的基本情况的档案参考资料，属于专题概要的一种类型。由于会议简介为常用的专题概要类型，故在此特别专门介绍。

（一）会议简介的作用和种类

召开各种会议，决定方针政策，商讨工作事项，研究业务问题，是党政领导机关、企

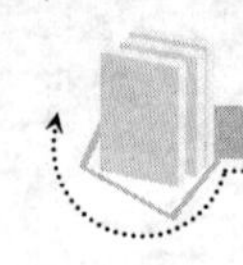

业事业单位、群众团体进行领导活动和工作活动的重要方式；了解会议情况，查找会议文件，则是机关工作人员十分常见的一种档案利用需求。一般来说，会议文件数量较多，常规性会议文件分别保存在不同年度中。将重要会议的基本情况编写成介绍材料，对于利用者了解会议简况、总结工作经验、查证某一问题或筹办新的会议都具有很好的参考价值。

会议简介的种类很多，大致可划分为以下几种类型。

（1）各种代表会议简介：如党代会、人代会、政协会议、工代会、团代会、妇代会等代表会议的简介。

（2）业务工作会议简介：一般由各专业部门编写，是介绍一个部门或一个专业系统召开的各种专业工作会议基本情况的参考资料。

（3）学术性会议简介：关于某一个或某一方面专题的学术讨论会、学术研讨会、学术交流会的简介材料均属此类。

（4）经济与科技会议简介：如《××产品鉴定会简介》、《××课题论证会简介》。

（二）会议简介的编写方法

会议简介一般由题名和正文两大部分组成。

（1）会议简介的题名：由会议名称加“简介”组成，会议名称一般要写全称。

（2）会议简介的正文：一般包括会议概况、会议议题、会议结果三方面的内容。会议概况要写清楚会议名称及届次、会议的时间、会议的地点、主持人、会议参加人员等。对于出席会议的重要领导人及来宾可标明姓名及职务，其他代表一般只标明人数即可，如有需要亦可将与会人员名单以附录形式附于其后。会议议题是简介的主体部分，其中应着重记述会议主要报告的题目，即内容要点、会议讨论的有关问题。会议结果应包括会议通过的决议、报告、提案等事项的名称及内容要点、选举结果等。对于选举结果，一般只标明选举出的主要领导人姓名及职务以及委员、候补委员的人数即可，需要时亦可将全部选举结果以附录形式附后。

会议简介的编写形式可根据需要分别采取文字叙述式、条目式、表格式等不同的形式。

【例 8-15】文字叙述式会议简介示例如下。

珠海县第一届第一次人民代表大会简介

会议时间：1954 年 6 月 30 日—7 月 6 日

大会主席团主席徐文县长，秘书长张贵一，大会代表资格审查委员会主任任俊（组织部长），提案审查委员会主任陈俊。参加会议代表共 153 人。

大会听取并批准了徐文同志的《一年来的工作报告》和任俊同志关于《珠海县今后工作任务》的报告，通过了《珠海县第一届第一次人民代表大会决议》。会议肯定了珠海建县一年来政府工作取得了较大成绩，在海洋、农村等方面已出现了新的面貌和新情况，人民生活逐步改善，提出了今后工作方向是以互助合作运动为中心，努力生产，为实行党在过渡时期的总路线而奋斗。

大会还听取了徐文同志所作的《宪法草案的讲解报告》，并作出了《关于拥护中华人民共和国宪法草案公布决议》。本次大会共收到代表提案 219 件。

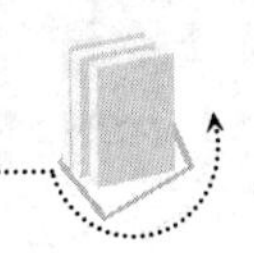

五、统计数字汇集

统计数字汇集（又称基础数字汇集），是以数字的形式反映一定地区（机构、行业）或某一方面基本情况的一种档案参考资料，是对档案材料中原有的统计数字的摘录、综合和汇总，属于专题概要的一种类型。统计数学汇集同样为常用的专题概要类型，故在此特别专门介绍。

（一）统计数字汇集的作用和种类

统计数字汇集把档案中分散记述的各个方面的数据按专题汇集起来，具有数据集中系统、内容简单明了等特点。因此，统计数字汇集可以为领导干部和工作人员了解情况、研究问题、总结经验提供系统的数据，可作为制订计划、指导工作的参考和依据；同时，它也可以作为宣传教育的典型材料，用真实的数据来反映某一方面的发展和变化情况。

统计数字汇集主要可划分为两种类型。

（1）综合性统计数字汇集。它是记载和反映一个地区、一个单位全面情况的数字汇集，内容广泛，篇幅较大，如《××局基础数字汇集》、《××公司基本情况统计》。

（2）专题性统计数字汇集。它是记载和反映一个地区、一个单位某一方面基本情况的数字汇集。专题可大可小，项目可多可少，可根据客观需要而定，如《××市历史天气情况数字汇集》、《××公司近五年销售情况统计》。专题性统计数字汇集的范围可大可小，可依据需要来确定其范围和内容。

（二）统计数字汇集的内容构成和编制方法

统计数字汇集一般包括总标题、编制说明和正文等三个主要部分，独立成册的单行本还应有封页、编辑说明、目录和附录。

正文是统计数字汇集的主体部分，它所记述和反映的客观内容主要是各种数量概念和数量关系，通常也称为数列。数列是构成统计数字汇集正文的基本要素。

统计数字汇集正文常见的编写形式主要有三种：一是文字记述式；二是表格式；三是图示式。

1\. 文字记述式

文字记述式是用文字叙述的形式分项介绍各种基础数字，其优点是采用文字阐述，便于交代各种关系，便于阅读和口头陈述。文字记述式由标题、前言、数列、说明四个部分组成。

（1）标题：是汇集的名称，由单位、内容、名称三部分组成，概括了汇集反映的内容。

（2）前言：简介汇集的主要内容涉及的空间、时间断限以及材料的来源和完整准确程度。

（3）数列：由统计对象（即数列标题）、时间或空间范围、统计指标（统计对象所含的方面）、统计数值四个方面组成。

【例 8-16】文字记述式中数列示例如下。

根据珠海市城市社会调查队对本城区 100 户居民家庭的抽样调查结果显示:

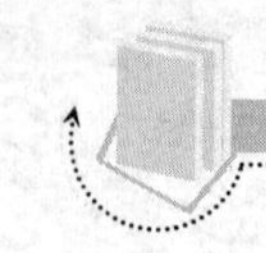

截止 2005 年年底，珠海市每百户城市居民家庭拥有家用汽车 12 辆，洗衣机 99 台，电冰箱 103 台，彩色电视机 159 台，影碟机 89 台，家用电脑 75 台，组合音响 51 套，摄像机 4 架，照相机 67 架，钢琴 5 架，移动电话 228 部。

在例 8-16 中，“每百户城市居民家庭”为统计对象，“截止 2005 年年底”为时间范围，“珠海市”为空间范围，“家用汽车”、“洗衣机”等为统计指标，“12”、“99”等为统计数值。

（4）“说明”：简要说明本汇集所要说明的问题。

2. 表格式

表格式是以表格形式反映各项基础数字的一种汇集，其应用最为广泛，优点是数列条理清楚，信息容量大，可处理较复杂的比较关系。表格式由总标题、横行标题、纵栏标题、指标数值四个部分组成。

【例 8-17】例 8-16 中的统计数据以表格形式可表述为表 8-4 的形式。

表 8-4　珠海市城市居民家庭平均每百户耐用消费品年末拥有量（2005 年 100 户抽样调查）

指　标	单　位	总平均	按人均可支配收入						
			最低收入户 10%	低收入户 10%	中等偏下收入户 20%	中等收入户 20%	中等偏上收入户 20%	高收入户 10%	最高收入户 10%
家用汽车	辆/百户	12	0	0	5	15	20	20	20
洗衣机	台/百户	99	100	90	95	105	95	110	100
电冰箱	台/百户	103	100	100	105	95	105	100	120
彩色电视机	台/百户	159	150	140	160	165	165	160	160
影碟机	台/百户	89	50	60	95	100	105	100	80
家用电脑	台/百户	75	50	50	70	75	70	120	100
组合音响	套/百户	51	30	30	60	70	40	50	60
摄像机	架/百户	4	0	0	5	5	0	10	10
照相机	架/百户	67	20	20	60	80	80	90	100
钢琴	架/百户	5	0	0	0	5	20	0	0
移动电话	部/百户	228	110	230	250	240	225	250	260

资料来源：珠海市统计信息网，有删减。

表 8-4 中，“珠海市城市居民家庭平均每百户耐用消费品年末拥有量（2005 年 100 户抽样调查）”是总标题，位于表格左端的各“指标”是横行标题，位于表格上方的“单位”、“总平均”、“按人均可支配收入”等是纵栏标题，表中各个数字为指标数值，四个部分共同构成一个完整的统计表。无论是横行标题还是纵栏标题，其下都可以再设一级或几级小标题。如表 8-3 的纵栏标题下就分别设了“最低收入户 10%”、“低收入户 10%”、“中等偏下收入户 20%”、“中等收入户 20%”、“中等偏上收入户 20%”、“高收入户 10%”、“最高收入户 10%”共 7 个小标题。

表格式按统计数列性质的不同可分为三种表格。

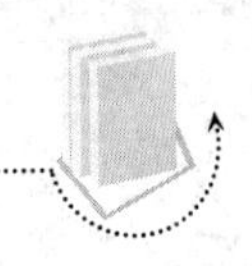

（1）空间数列表：反映同一时间条件下，不同空间上的某项或某几项统计数列的表格（参见表 8-5）。

表 8-5 ××市 2005 年档案机构及档案工作人员情况表

项目 地区	档案机构/个	档案工作人员/人				
		档案工作人员总数	档案专业技术人员			
			专业技术人员总数	高级职称	中级职称	初级职称
全市合计	776	30827	26619	589	7063	18967
市直属单位	270	8786	7286	252	3864	3170
××县	163	6152	5863	96	832	4935
××县	142	5026	4802	78	801	3923
××县	98	4987	4665	74	761	3830
××县	103	5876	4003	89	805	4037

（2）时间数列表：反映同一空间条件下，不同时间上的某项或某几项统计数列的表格（参见表 8-6）。

表 8-6 珠海市 1979—1988 年党支部和党员分布表

项目 年份		总计	工业	交通	农林水	商业、金融服务	文卫体科	机关团体	基建	其他
1979	支部	423	41	17	114	87	37	119	8	
	党员	6416	626	292	2618	927	337	1539	77	
1980	支部	467	44	22	108	108	48	128	9	
	党员	7044	652	367	2475	1129	474	1823	124	
1981	支部	522	54	24	115	116	47	105	16	
	党员	7518	720	435	2431	1375	463	1904	190	
1982	支部	555	54	24	108	134	49	174	12	
	党员	7873	770	403	2319	1503	517	2190	171	
1983	支部	524	60	31	113	140	55	157	18	
	党员	8147	787	460	2330	1602	519	2220	228	
1984	支部	649	80	35	111	163	71	164	24	
	党员	8762	860	542	2363	1897	653	2042	405	
1985	支部	735	88	39	117	183	78	191	39	
	党员	10285	1098	613	2386	2287	853	2696	352	
1986	支部	851	106	39	182	216	94	230	46	
	党员	11899	1352	595	2344	2638	1132	3280	568	
1987	支部	1009	171	45	129	211	102	308	43	
	党员	14109	2467	568	2478	2780	1163	4086	567	
1988	支部	1104	189	42	131	238	98	356	50	
	党员	15728	2787	638	2563	3169	1167	4843	561	

注：1.“工业”栏中包括国营、集体、乡镇及“三资”企业的工业企业；

2.“交通”栏中含运输、邮电；

3.“农林水”栏中包括农渔村支部和党员数以及各农林蚝场的支部和党员数。

资料来源：《中国共产党广东省珠海市（县）组织史资料（1949.11—1988.12）》。

（3）时空数列表：反映不同空间条件下，不同时间上的某项或某几项统计数列的表格（参见表 8-7）。

表 8-7　某集团公司各地分公司产品销售情况表

单位：台

地区 年度	合计	广州	重庆	武汉	昆明
2002	46 159	16 528	14 982	7 662	7 087
2003	68 431	19 963	15 674	12 481	20 313
2004	97 752	38 816	22 581	21 463	14 892
2005	76 864	23 659	20 516	19 580	13 109
2006	87 542	24 802	24 000	20 113	18 627

3. 图示式

图示式是以形象直观的图形来揭示一定数量关系的一种参考资料。常见的图示有柱形图、折线图、饼图、圆环图、XY 散点图、雷达图、曲面图、股价图、圆柱图、圆锥图、棱锥图等。

【例 8-18】用直方图表示某中学高中三年级毕业生高考成绩（如图 8-5 所示）。

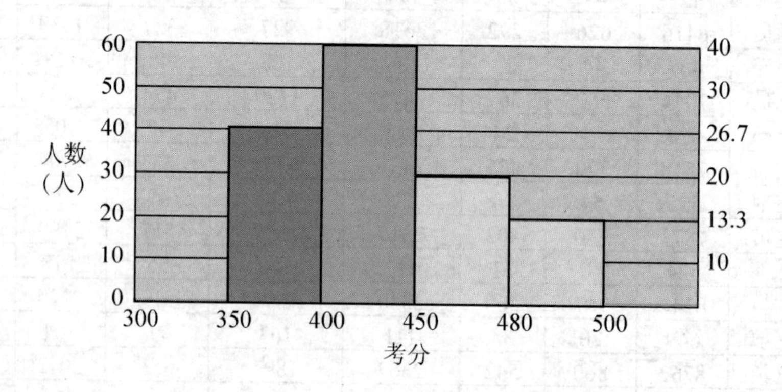

说明：横轴考分为组限；纵轴（左）人数为次数；纵轴（右）为比率。该图表示：350～400 分的有 40 名，占 26.7%；400～450 分的有 60 名，占 40%；450～480 分的有 30 名，占 20%；480～500 分的有 20 名，占 13.3%；共计 150 名考生。

图 8-5　直方图示例

【例 8-19】用折线图表示某公司 2006 年产品销售统计（如图 8-6 所示）。

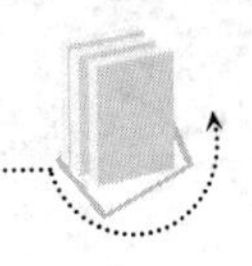

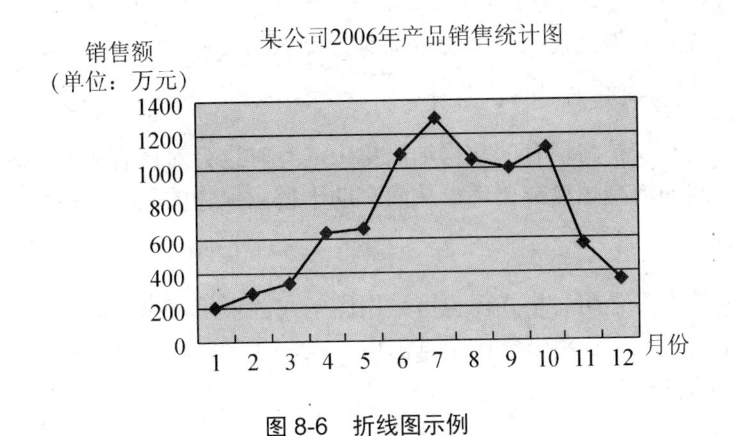

图 8-6 折线图示例

【例 8-20】用圆饼图表示某局机关工作人员文化结构（如图 8-7 所示）。

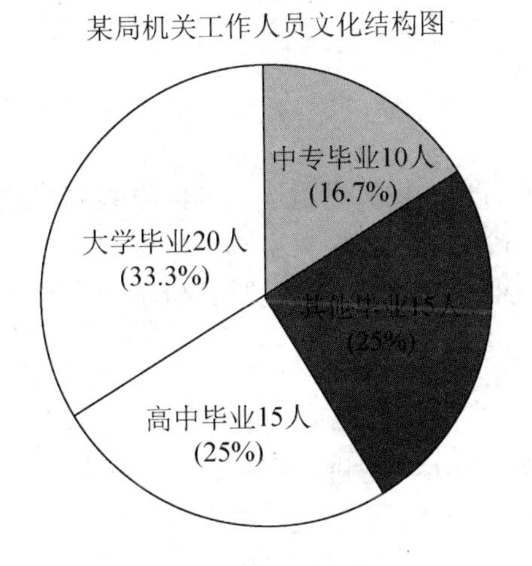

图 8-7 圆饼图示例

（三）统计数字汇集的编写要求

1. 科学地确定统计指标

统计数字汇集是由一系列统计数据汇合而成的，而这些数据对于读者的作用在很大程度上取决于该数据所反映的事物是否具有研究或其他实用价值，因此，选择统计指标时应对有关专题内容和读者的需要做认真分析，应选择那些能揭示该专题实质的统计指标。

2. 选好采集数据的年代断限

不同专题的统计数据汇集对有关数据的年限有不同的要求：有的要求时间尽可能长远一些，以反映有关方面的历史变迁；有的则要求具有代表性的一段时间的数据，以反映该事物在一定时期中的变化。

3. 数据准确

汇集中选用的数据要力求准确无误，各种数据要以来自权威的最后定论数字为准。数据的计量单位要统一，遇到前后不一的情况时，可加以换算或加以说明。

4. 根据主题特点可进行适当的统计分析

统计数字汇集不仅是将现有的数据加以集中，有时也会对已有的数据进行合理的归纳比较，计算数据间的增减幅度或比率，从而有助于揭示事物的发展变化情况。

5. 表式清楚

统计数字汇集大多采用表格式，也可采用图示式。采用表格式时，既可将每年的数据汇成一表，逐年续表，也可将多年的数据汇成一表，便于比较。采用图示式时要注意图形准确、规范，示意性能好。

实训练习

1. 实训内容

进一步了解档案的编研方法。

2. 实训方式

（1）每个小组选出一名同学，将各小组选出的同学共同组成一个编研小组。
（2）组织编研小组到学校办公室和档案室收集学校去年各项活动的相关资料。
（3）各小组根据编研小组得到的资料，编写一份学校去年大事记。
（4）各小组派代表在全班汇报。

3. 教师评判

教师根据各小组的学校去年大事记进行评分，并做出点评。